경연과 임금 길들이기

권 연 웅

권 연 웅 權延雄

1941년 중국 옌지延吉 출생. 서강대학교 사학과 졸업. 미국 하와이대학 사학과에서 석사학위 및 박사학위를 받았다. 1979년부터 경북대학교 사학과에서 강의하고, 2006년 정년퇴임하여 현재 명예교수로 있다. 경연에 관한 논문 십여 편과 법사상 등에 관한 논문 십여 편을 썼다.

경연과 임금 길들이기

초판 제1쇄 발행 2015. 6. 2.
초판 제2쇄 발행 2016. 7. 12.

지은이   권 연 웅
펴낸이   김 경 희
펴낸곳   (주)지식산업사
　　　　본사 ● 10881, 경기도 파주시 광인사길 53
　　　　　　　전화 (031)955-4226~7 팩스 (031)955-4228
　　　　서울사무소 ● 03044, 서울특별시 종로구 자하문로6길 18-7
　　　　　　　전화 (02)734-1978 팩스 (02)720-7900
　　　　한글문패 지식산업사
　　　　영문문패 www.jisik.co.kr
　　　　전자우편 jsp@jisik.co.kr
　　　　등록번호 1-363
　　　　등록날짜 1969. 5. 8.

책값은 뒤표지에 있습니다.

ISBN 978-89-423-1186-6 (93910)

이 책을 읽고 저자에게 문의하고자 하는 이는
지식산업사 전자우편으로 연락바랍니다.

들어가는 말

옛날에 국가가 생기면서 군주라는 최고 권력자가 나타났다. 국가가 전쟁에 이길수록 영토와 인구가 늘고, 군주의 권력이 더욱 커져서, 사람들의 삶에 엄청난 영향을 미쳤다. 착한 군주를 만나면 한숨 돌리고, 나쁜 군주를 만나면 목숨과 재산을 잃었다. 군주가 없으면 더 큰 혼란이 일어났다. 마치 산에 호랑이가 없으면, 여우와 늑대들이 마구 날뛰는 격이었다. 그래서 군주는 꼭 필요했고, 어진 군주가 바람직했다.

어찌하면 맹수 같은 폭군을 길들여서, 어진 임금으로 만들 수 있을까? 중국에서 유가儒家는 오랫동안 이 문제와 씨름했다. 일찍이 공자와 맹자가 '성군聖君'이라는 목표를 세웠지만, 실현하는 방법은 개발하지 못했다. 그 뒤 약 천 년 동안 한漢·당唐·송宋의 유학자들은 '군주 길들이기' 방법을 체계적으로 개발하고 제도화했다. 그들이 개발한 제도는 대략 세 가지였다.

첫째, 경연經筵은 군주에게 성군의 도리를 가르치는 제도인데, 태자나 세자도 서연書筵에서 예비 교육을 받게 했다. 둘째, 간쟁諫諍은 군주의 언행에 대한 비판으로, 간관諫官을 따로 두어서 이를 전담하게 했다. 셋째, 사관史官은 군주의 말과 행동을 감시하고 잘

4

잘못을 현장에서 기록하여 후대에 알리는 제도였다. 경연과 간쟁과 사관이 바로 군주를 길들이는 방법이었다.

경연은 매우 중요했다. 군주에게 유교 이념을 계속 주입하여, 그의 사고를 형성할 수 있기 때문이다. 이로써 군주가 간쟁을 받아들여 잘못을 고치고, 사관을 의식해서 언행을 바루도록 유도할 수 있었다. 이것은 고양이 목에 방울 달기만큼 어려운 일이어서, 천 년의 노력 끝에 송대宋代에야 경연제도가 완성되었다. 그러나 원元·명明·청淸 세 왕조에서는 경연이 퇴화하여 이름만 남았다.

한편 조선에서는 사정이 달랐다. 고려가 북송北宋의 경연제도를 처음 도입했을 때는 어린 싹에 불과했으나, 조선왕조가 들어서자 경연이 급속히 성장하여 중요한 정치제도가 되었다. 세종은 거의 매일 경연에서 경사經史를 연구했고, 성종은 늘 경연에서 신하들과 국정을 논의했다. 이후 국왕에 따라서 기복이 심했지만, 경연은 국왕과 신하들이 국정을 협의하는 정치 마당으로 자리를 잡았다.

경연제도의 모습은 실제로 어떠했나? 경연관들은 도대체 무엇을 어떤 방식으로 강의했나? 왜 조선의 국왕과 신하들은 경연에서 국정을 논의했나? 경연의 담론은 조선의 정치에 어떤 영향을 미쳤나? 중국에서 반짝했다가 곧 쇠퇴한 경연이 왜 조선에서는 그토록 활발했나? 이러한 의문들을 해명하면, 조선시대의 정치를 조금 더 잘 이해할 수 있다.

저자는 1975년부터 조선시대의 경연에 대하여 특별한 관심을 두었다. 당시 미국 하와이대학에서 박사 학위논문을 준비하다가, 유교 정치사상이 조선왕조의 정치에 어떤 영향을 미쳤나 하는 문제에 주목했다. 경연은 유교 정치사상과 실제 정치의 접점이었다. 경연 강의는 걸출한 유학자 개인의 사상이 아니라, 한 시대의 엘리트 집단이 공유하던 사상의 표출이었고, '경연정치'는 그들의 사상을 행동으로 전환하는 제도적 장치였다.

주제는 매력적인데, 연구 작업은 매우 어려웠다. 무엇보다도 중국과 조선의 경연에 대한 정보가 거의 없었다. 그래서 자료를 찾아내고, 접근방법을 스스로 개발했다. 연구의 초점은 조선의 경연이지만, 중국에서 원형을 찾고 고려에서 그 이식移植의 연결고리를 밝혔다. 특히 중국의 원형을 추적할 때 중국의 정사正史와 유서類書 등 방대한 사료를 섭렵하느라고 어려움이 많았다. 연구 방법의 모색은 더욱 힘들었다.

저자는 1979년 초 《The Royal Lecture of Early Yi Korea: Institution, Ideology and Politics》라는 제목의 박사 학위논문을 제출했다. 범위는 조선 초기 백 년까지, 내용은 경연의 제도 및 사상과 실제 정치를 다루었다. 제1장·제2장·제3장에서는 각각 중국·고려·조선에서 경연제도가 변천한 과정을 고찰했다. 제4장에서는 경연의 담론談論을 왕권의 제약이라는 관점에서 위임委任·간쟁諫諍·재이災異·절검節儉·이단異端 등 주제별로 재구성했고, 제5장에서는 주로 성종대 '경연정치'의 구조와 특성을 밝혔다.

그해 3월부터 경북대학교 사학과에서 강의하면서, 경연에 관한 논문을 여러 편 발표했다. 학위논문의 틀을 그대로 유지하면서, 내용을 많이 보탠 것이다. 또 범위를 늘려, 연산군·중종·영조 때의 경연에 관한 논문을 새로 썼다. 이 글들을 단행본으로 간행한다는 오래 전 계획을 이제야 실현하게 되었다. 경연 담론의 구조를 분석한 글들은 여기에 담지 못하고, 다음 기회로 미룬다.

이 책에 경연제도의 변천을 고찰한 글 여섯 편을 싣는다. 제1장은 중국에서 공자가 뿌린 군주 교육의 씨앗이 한대漢代에 싹트고 당대唐代에 성장하여, 송대宋代에 꽃피고 열매를 맺는 과정을 살핀다. 특히 북송의 경연은 중국 경연의 완결이자 뒷날 조선시대 경연의 모델이라, 여기에 초점을 맞추었다.

제2장은 고려시대의 경연을 훑어본다. 11세기에 송나라에서 발달한 경연이 12세기 초에 고려에 이식되었다. 그러나 경연의 어린 싹은 겨우 명맥만 유지했다. 고려의 문화가 송나라와 다르고, 무신집권 등 정치적 여건도 불리했기 때문이다. 다행히 고려 말에 성리학이 도입되어, 경연과 함께 조선에 계승되었다.

제3장은 조선 세종 때 경연이 획기적으로 발전하는 과정을 약술한다. 조선왕조의 강력한 숭유억불崇儒抑佛 정책으로, '유교화儒教化'가 급속히 진행되고, 경연도 놀랍게 성장했다. 세종은 거의 매일 경연을 열고, 집현전 학자들과 경사經史를 강독하여, 경연이 학문 연구의 중심이 되었다.

제4장은 성종 때 조선의 경연이 두 번째 비약하는 과정을 고찰한다. 성종은 하루에 세 번 경연을 열고, 많은 시간을 여기서 보냈다. 특히 조강朝講에 대신과 대간을 참석시키고, 강독 후 이들과 국정을 협의했다. 이로써 경연이 국정을 협의하는 최고 기구로 변했다. 이 새로운 정치 과정이 '경연정치'였다.

제5장은 연산군~중종 때 경연의 변천을 다룬다. 성종 때 최고로 성숙했던 경연은 연산군 때 두 차례 사화를 거친 뒤 폐지되었

다. 그래서 경연정치와 사화의 관계를 밝힌다. 중종반정으로 되살아난 경연은 기묘사화라는 시련을 다시 겪지만, 결국 조선왕조의 대표적인 정치기구로 정착한다.

제6장은 조선 후기 영조의 경연을 개관한다. 영조는 조선의 3백년 낡은 통치 체제를 수리하여, 왕조의 수명을 연장했다. 부진하던 경연도 이때 매우 활발해졌다. 영조의 경연이 조선 전기의 경연을 어떻게 계승했는지, 그리고 영조가 '탕평'이란 권력게임에 경연을 어떻게 활용했는지 살펴본다.

위의 글들은 1981년부터 1996년까지 발표했던 논문들의 내용을 보충하고 문장을 다듬은 것이다. 연산군과 중종 때의 경연은 함께 묶고, 영조대의 경연은 제3절을 새로 썼다. 지난 삼십 년 남짓 다른 연구자들이 쌓은 연구 성과도 일부분 반영했다. 저자에 앞서 경연을 조금 다룬 글 두 편이 있었음을 아울러 밝혀 둔다.[1]

이제 경연 연구를 책으로 내려니까, 40년 지나온 일들이 아련히 떠오른다. 좋은 인연이 참 많았는데, 일일이 헤아리기가 벅차다. 최근에는 영남고등학교 이재두 선생과 세명대학교 구완회 교수가 원고를 철저히 검증하여 완성도를 훨씬 높였다. 오래전에 가르친

---

1) 첫째는 중국 리광타오李光濤의 〈記朝鮮實錄中之《經筵》〉(《學術季刊》 제6권 제3기, 1958년, 46~68쪽)이다. 《성종실록》에서 경연 기사 94건을 골라서 열거하고, 그 내용을 짧게 소개했다. '모화慕華'라는 관점에서, 조선의 군주와 신하들이 중국의 경사經史를 열심히 공부했음을 밝히고, 본격적인 경연 연구의 필요성을 역설했다. 그의 《明淸史論集》(臺北 臺灣商務印書館, 1971)에도 실려 있다. 둘째는 이상옥李相玉의 〈경연에 나타난 경학과 제왕〉(《우석대논문집》 4, 1970년)이다. 국내에서 발표된 최초의 경연 연구라는 의미가 있다. 삼국시대에서 조선왕조에 걸쳐서 관련 자료를 대충 나열했는데, 《증보문헌비고》에 수록된 내용을 거의 그대로 소개한 것 같다.

품을 열 배 돌려받은 셈이다. 지식산업사 김경희 사장님은 저자의
원고를 꼼꼼히 읽고 글을 더 다듬도록 도와주셨다. 편집부의 고정
용 선생은 여기저기 군더더기를 없애고 낡은 표현을 다듬느라고
애쓰셨다. 네 분께 감사한다.

2015년 춘분절

권 연 웅

일러두기

1. 이 책은 오래전에 발표했던 논문들을 모아서 편집한 것이다. 머리말과 맺음말을 새로 쓰고, 일부 논문의 내용을 압축하거나 보충했으며, 간혹 오류를 확인하여 수정했다.

2. 어려운 용어는 대부분 쉬운 말로 바꾸었다. 한자를 모두 한글로 바꾸고, 필요하면 한자를 함께 적었다. 각주에서 20세기 중국과 일본 자료를 인용할 때, 중국어 및 일본어 발음 표기는 생략했다.

3. 본문에서 인용한 사료는 모두 저자가 번역했으며, 다른 번역본을 참고하기도 했다.

4. 각주에서 《조선왕조실록》의 표기 방식을 바꾼다. 전에는 어느 실록, 몇째 권, 몇 쪽의 앞·뒤를 밝혔다. 여기서는 왕대와 연월일 다음에 몇 번째 기사라고만 적었다. 이제 누구나 인터넷으로 해당 기사를 검색할 수 있다. 보기: 세종 2.3.16; 권7, 30앞→세종 2.3.16①.

5. 연월일은 원전의 한자 표기를 아라비아 숫자로 바꿨다. 즉위년을 '0'으로 표기했던 것은 그대로 두고, 윤달은 숫자 앞에 '+'라고 적었던 것을 '윤'으로 바꿨다. 보기: 즉위년 윤6월 12일은 0.+6.12 → 0.윤6.12.

6. 각주에서 서지書誌 정보와 추가 정보는 최소한만 제공하고, 참고문헌 목록은 따로 만들지 않는다.

7. 이 책의 토대가 된 저자의 논문은 다음과 같다.

순 서	논문 제목	게재 잡지 / 논집	연 도	출판사
제1장	〈송대宋代의 경연〉	《동아사의 비교연구》	1987	일조각
제2장	〈고려의 경연〉	《경북사학》 6집	1983	(경북대)
제3장	〈세종조의 경연과 유학〉	《세종조문화연구(I)》	1982	박영사
제4장	〈조선 성종조의 경연〉	《한국문화의 제문제》	1981	시사영어사
제5장	〈연산조의 경연과 사화〉	《황종동교수 정년논총》	1994	
	〈조선 중종대의 경연〉	《길현익교수 정년논총》	1996	
제6장	〈조선 영조대의 경연〉	《동아연구》 17집	1989	(서강대)

차 례

들어가는 말 / 3

제1장 중국의 경연제도···13

  1. 한과 당 : 맹아와 성장 / 15

  2. 북송 : 개화와 결실 / 24

  3. 남송 : 지속과 변화 / 40

제2장 고려의 유학과 경연·····································53

  1. 경연의 도입과 폐지 / 55

  2. 서연 : 부활과 변천 / 69

  3. 경연의 재정비 / 81

제3장 세종의 경연과 학문 연구··························93

  1. 태조~태종 : 준비 단계 / 94

  2. 경연관과 입시 방식 / 102

  3. 교재와 강의 빈도 / 113

  4. 경연과 학문 연구 / 119

제4장 성종의 경연과 경연정치·····························131
　1. 문종~예종조의 굴곡 / 133
　2. 경연관과 입시 방식의 변화 / 139
　3. 일정·교재·강의 방식 / 151
　4. 경연정치의 명암 / 163

제5장 연산군~중종 : 경연과 사화·····················177
　1. 연산군의 경연 폐지 / 178
　2. 중종과 경연의 부활 / 193
　3. 경연정치와 사화 / 206

제6장 영조의 경연과 탕평·····························221
　1. 경연의 종류와 빈도 / 224
　2. 교재와 강의 방식 / 236
　3. 경연과 탕평 게임 / 249

맺음말 / 269
찾아보기 / 283

제1장 중국의 경연제도

중국에서는 진시황의 첫 통일제국 이후 한漢·당唐·송宋·원元·명明·청淸 등 대제국이 오래 이어졌다. 대제국들이 장수한 비결은 효과적인 통치 시스템이었다. 소위 율령律令은 원래 법가가 개발하고 진나라가 전폭 수용했는데, 행정조직·인사관리·조세·형법·군사제도 등이 매우 체계적이고 효율적이었다. 한나라와 당나라는 법가의 율령을 유가의 예제禮制와 결합하여, 더욱 안정적인 시스템을 완성했다. 이 통치 시스템은 점차 한반도와 일본열도로 전파되어, 큰 영향을 미쳤다.

중국보다 천 년쯤 늦게 출발한 고구려·백제·신라는 중국의 율령과 유교를 일부 받아들여, 정치적 통합의 과정을 크게 단축했다. 외래문화와 토착문화의 갈등도 있었지만, 통치 시스템을 새로 개발하는 시행착오를 줄일 수 있었다. 뒤이어 고려와 조선왕조는 중국의 모델을 전폭 수용하여, 정치적 통합의 수준을 삼국보다 훨씬 높였다. 원래 중국의 통치 시스템은 대제국의 광대한 영토와 많은 인구를 통합할 수 있었다. 이를 고려와 조선처럼 작은 나라에 적용하니, 통합의 효력이 몇 배 더 강력해졌다.

경연은 중국에서 받아들인 정치제도 가운데 매우 특이한 사례였다. 일찍이 공자와 맹자가 뿌린 씨앗이 한나라 때 싹트고, 당나라 때 자라서, 송나라 때 경연이 꽃피고 열매를 맺었다. 그러나 경연은 원元·명明·청淸 세 왕조에서 시들고 겨우 흔적만 남았다. 한편 송나라에서 고려로 모종한 경연은 오랜 시련을 겪다가, 조선시대에 급성장하여 활짝 꽃피었다. 본고장 중국에서 퇴화한 경연이 조선에서 더욱 성숙한 것이다. 조선왕조는 바로 북송의 경연을 모델로 삼았다.

제1장은 북송北宋의 경연에 초점을 맞추어 중국 경연의 성장과정을 개관한다. 먼저 경연의 시원始原인 한漢과 당唐의 어전御前 강의를 훑어본다. 그 다음에 북송의 경연에 관하여 (1)경연관·(2)강의 교재·(3)강의 방식을 검토한다. 끝으로 남송의 경연도 같은 방식으로 다룬다. 송대의 경연에 관한 연구가 전혀 없었기 때문에, 저자가 생소한 자료들을 섭렵하고 단편적인 정보를 모아서 중국 경연제도의 윤곽을 재구성했다.[1]

경연에 관한 통시대적 자료는 청나라 때 편찬한 《연감류함淵鑑類函》과 《역대직관표歷代職官表》를, 북송의 경연에 관해서는 《속자치통감장편續資治通鑑長編》(이하 《속장편》)과 《송사宋史》를, 남송의 경연에 관해서는 《송회요집고宋會要輯稿》와 《송사》를 주로 참고했다. 《속장편》에는 남송의 경연에 관한 자료가 없고, 《송회요집고》

---

[1] 1970년대에는 중국의 경연에 관한 연구를 볼 수 없었다. 명나라의 이름뿐인 경연을 개관한 글도 뒤늦게 찾았다. 間野潛龍, 〈明代の進講〉(《明代文化史研究》, 京都 同朋社, 1979). 1990년대에 중국에서 나온 논문 두 편을 보았다. 張帆의 〈中國古代經筵初探〉(《中國史研究》 51, 1991年 3期)은 한대漢代부터 청대淸代까지 경연을 간략하게 개관했다. 朱瑞熙의 〈宋朝經筵制度〉(《中國文史論叢》 55, 上海 古籍出版社, 1996)는 송대의 경연에 초점을 맞춘 역작인데, 저자의 연구보다 9년 후에 나왔다. 이번에 글을 고치면서 약간 참고했다. 저자가 쓴 〈송대宋代의 경연經筵〉은 전해종全海宗 편 《동아사東亞史의 비교연구比較研究》(일조각, 1987)에 실렸다.

에는 북송의 경연에 관한 기사가 없다. 그 밖에 《한서漢書》와 《삼국지三國志》 등 정사正史와 《통감장편기사본말通鑑長編紀事本末》도 이용했다.[2]

1. 한漢과 당唐 : 맹아萌芽와 성장

경연의 원조는 공자孔子와 맹자孟子였다. 이들은 춘추전국시대(기원전 770~221)에 유가儒家라는 학파를 이끌었다. 유가는 당시 영향력이 별로 없었고, 진시황 때에는 극심한 박해도 받았다. 그러나 한나라가 유교를 지배 이데올로기로 채택한 덕분에, 유가가 중국문화의 주류가 되었다. 남북조와 당나라에 걸친 오륙백 년 동안, 유교는 불교의 그늘에서 부진하다가, 송나라 때에야 되살아났다. 한나라에서 당나라까지 천 년 남짓, 공자와 맹자가 뿌린 경연의 씨앗이 싹터서 계속 자랐다.

춘추전국시대는 엄청난 변화의 시기였다. 정치적으로는 주周나라의 봉건제가 해체되고, 끝없는 전쟁 속에서 통일제국이 움트고 있었다. 경제적으로는 농업과 상업이 성장하여, 사유재산이 발달하고 빈부 격차가 심해졌다. 사회적으로는 씨족 결합이 약화되고, 신분의 상승과 하락이 많았다. 구질서의 붕괴에 따른 극심한 혼란 속에, 제자백가諸子百家라는 사상가들이 나타났다. 이들은 난세에

---

2) 《속자치통감장편》과 《송회요집고》는 타이페이 간행본(臺北 世界書局, 1964)을 썼다. 전자는 황이주黃以周의 집보輯補를 부록했다. 후자의 표제標題는 《송회요집본宋會要輯本》이다. 《연감류함》과 《역대직관표》는 문연각文淵閣 사고전서四庫全書 영인본을 이용했다. 남송의 양중량楊仲良이 편찬한 《통감장편기사본말》의 〈강연講筵〉 항목에 북송의 경연 자료가 집중적으로 수록되어 있는데, 뒤늦게야 알았다.

대한 다양한 진단과 처방을 제시했는데, 특히 유가와 법가法家는
방식이 전혀 달랐다.[3]

유가는 예치禮治를 처방하고, 정명正名과 극기복례克己復禮를 표
방했다. 군주와 신하, 남편과 아내, 부모와 자식 등 사회 구성원들
이 각자 구실(이름)을 제대로 하며, 사리사욕을 버리고 예禮로 돌아
가라는 말이다. 예는 행동규범이며, 귀신에게 제사를 지내고 사람
들을 대하는 방식인데, 근본원리는 서열화序列化였다. 예라는 '길
들이기 프로그램'은 사람들이 앉고 서고, 걷고 절하고, 보고 듣고
말하는 행동을 철저히 규제했다. 예가 외형이라면, 인仁과 의義는
예의 내면이었다.

유가가 사람들을 길들이는 방법은 교화敎化, 곧 윗사람의 솔선
수범率先垂範이다. 그래서 공자와 맹자는 제후들을 만나서 예치禮
治를 권했으나, 그들의 반응은 냉담했다. 극심한 생존경쟁 속에서,
제후들은 법가法家를 모셔다 부국강병富國强兵을 추구했다. 공자는
인仁을 강조하고 맹자는 의義를 역설했지만, 제후들은 이利부터 챙
겼다. 공자는 초라한 모습으로 떠돌다가, '초상집 개'라는 조롱까
지 받았다. 맹자는 왕조를 끝장내는 역성혁명易姓革命까지 들먹였
으나, 제후들에게는 우이독경牛耳讀經이었다.

법가는 법치法治를 처방하고, 부국강병을 목표로 삼았다. 이들
은 정부조직·인재등용·조세·군사·형벌 등 효율적인 국가 경
영 프로그램을 개발하고, 이를 체계적인 성문법成文法으로 만들어
시행했다. 부국강병의 비결은 총동원이다. 국가가 토지와 백성을

---

3) 저자는 유가와 법가의 대립과 통합의 과정을 개관한 바 있다. 《한국유학사상
대계》Ⅷ, "법사상편", 제1장 〈유가 법사상의 역사적 맥락〉(한국국학진흥원,
2008), 15~64쪽. 그 내용을 여기서 약간 활용한다.

철저히 관리하여, 생산과 전쟁에 최대한 동원하는 것이다. 법가는 푸짐한 포상과 가혹한 형벌로 사람들을 길들였는데, 법가의 프로그램이 제대로 작동하기 위해서는 현명한 절대군주가 필수였다. 법가의 처방은 약육강식弱肉強食의 시대에 가장 매력적이었다.

제후국들의 생존경쟁은 치열했다. 춘추시대에 170여 개의 제후국들이 20여 개로 줄었고, 전국시대 말기에 일곱 강대국들이 싸우다가, 진秦나라가 기원전 221년에 천하를 통일했다. 후진국 진나라는 법가의 처방을 철저히 실천하여, 최후의 승리자가 될 수 있었다. 진나라는 중국을 통일하고, 다른 사상을 탄압했다. 유교 경서를 불태우고, 유학자들을 산 채로 묻고, 경서 가진 자를 사형에 처했다. 진시황의 '분서갱유焚書坑儒'는 정치 비판을 일삼는 유가를 '법대로' 엄벌한 것이다. 사상도 적자생존適者生存이었다.

그러나 막강한 대진제국大秦帝國은 곧 망했다. 왜 그랬나? 첫째는 과도한 수탈이다. 계속되는 전쟁과 만리장성 등 엄청난 토목공사로 민생이 피폐했다. 둘째는 가혹한 형벌이다. 이것은 혼란기의 극약처방인데, 진나라는 이를 남용하여 전국이 강제 노동하는 죄수들로 넘쳤다. 셋째는 통치 시스템의 결함이었다. 황제가 절대 권력을 휘두르는데, 그의 잘못을 바로잡는 안전장치가 없었다. 대신들도 속수무책이고, 언제 자신이 처형될 지 몰랐다. 법치는 창업創業에 강했으나 수성守成에는 약했다. 진나라가 망하자, 다 죽어가던 유가가 살아나서 법가와 손잡게 되었다. 환경이 바뀐 덕분이다.

진나라를 대신한 한漢나라(기원전 206~기원후 220)는 유교를 지배 이데올로기로 채택하고 유학자들을 관리로 임명했다. 진나라가

법치로 망했으니, 새 왕조는 예치가 필요했다. 황제가 된 유방劉邦
은 장군들의 거친 행동으로 골치가 아팠는데, 숙손통叔孫通이 예절
로 이들을 길들였다. 마상馬上에서 천하를 얻었다고 황제가 자랑
하자, 육가陸賈가 반박했다. 천하를 무력으로 얻었더라도, 무력으
로 지킬 수는 없다는 것이었다.[4] 한나라는 예치가 필요했고, 유가
는 그 전문가들이었다. 무제가 오경박사五經博士라는 관직을 설치
한 이래, 조정에 유학자들이 계속 늘고, 그들의 영향력도 커졌다.

유가는 소실된 경서들을 복원하고 주석註釋했다. 여기서 금문今
文과 고문古文, 진짜와 가짜의 논쟁이 시작되어, 훈고학訓詁學이 발
달했다. 또 법가의 율령과 음양가의 우주론을 수용하여 사상의 폭
을 훨씬 넓혔다. 교육과 실천도 중요했다. 그들은 스스로를 길들
이고, 백성들을 길들이고, 황제를 길들이려고 노력했다. 유학자
들은 가끔 황제에게 강의하고, 유교의 규범을 따르라고 가르쳤다.
가산賈山과 가의賈誼는 문제文帝에게 비판을 너그럽게 받아들이고,
민생에 힘쓰라고 권면했다. 문제는 진나라의 악법을 일부 폐지하
고, 세금을 자주 감면했다.[5] 그러나 어전강의는 아직 드물었다.

황제 길들이기는 매우 어려운 일이었다. 주나라 왕에 비하면,
통일제국의 황제는 열 배, 백 배의 영토와 인민을 직접 지배했다.
황제의 권력은 절대적이었고, 유학자들은 그의 비호를 받으며 복
무했다. 즉 유교가 '어용화御用化'되어, 군주에 대한 비판이 많이

---

4) 숙손통과 육가의 고사는 너무나 유명하며, 《한서漢書》의 〈열전列傳〉과 《자치
통감資治通鑑》 및 《통감절요通鑑節要》 등에 나온다. 육가는 황제에게 시서詩書
를 강의하고, 역대의 흥망을 논의한 12편의 주의奏議를 바쳤는데, 제목을 《신
어新語》라고 했다.

5) 가산의 충고도 유명하고, 그의 《가산지언賈山至言》은 간쟁諫諍의 모범이 되었
다. 문제는 '비방요언률誹謗妖言律'과 '협서율挾書律'을 없앴는데, 이들은 정치를
비평하거나 유교 경서를 가지고 있으면 사형에 처하는 악법이었다.

무디어졌다. 더구나 유가가 음양오행설陰陽五行說을 수용한 결과, '왕王'은 천天·지地·인人 삼재三才를 연결하는 축으로서, 백성과 천지의 조화까지 책임지게 되었다. 군주가 우주의 중심으로 올라가자, 그의 책임도 무한히 늘어났다.[6]

동중서董仲舒가 개발한 재이설災異說에는 군주의 지고至高한 권위와 무한한 책임이라는 양면이 있다. 군주는 천지와 인간 사회의 중심이다. 그가 정치를 잘못하면 백성들이 원망하고, 백성들이 원망하면 천지의 조화가 깨져서 천재지변이 생긴다. 가령 고조高祖 유방劉邦의 사당이 불타서, 무제가 그 원인을 묻자, 동중서는 그 책임을 황제에게 돌렸다가 죽을 고비를 겪었다.[7] 그러나 군주의 막중한 역할과 책임을 강조한 그의 말은 후대 경연관들의 금과옥조金科玉條가 되었다.

> 그러므로 인군人君은 마음을 바르게 함으로써 조정朝廷을 바르게 하고, 조정을 바르게 함으로써 백관百官을 바르게 하며, 백관을 바르게 함으로써 만민萬民을 바르게 하고, 만민을 바르게 함으로써 사방을 바르게 합니다. …… 이로써 음양이 고르고 풍우風雨가 때맞으며, 군생群生이 화합和合하고 백성이 늘어납니다.[8]

군주의 마음을 바르게 하는 일은 유학자들의 몫이었다. 이들은

---

6) 동중서의 글자풀이는 《춘추번로春秋繁露》권11에 나온다. 옛날에 삼三을 세로로 연결하여 왕王자를 만들었다는 그의 주장은 오류로 밝혀졌다. 한나라 때는 그렇게 썼지만, 그 옛날 갑골문甲骨文의 '왕'자는 전혀 다른 모양이었다.

7) 《한서》권56. 동중서; 권27, 〈오행지五行志〉제7상, 무제 건원建元 6년 6월 정유丁酉. 한 고조의 사당 열 곳 가운데, 요동의 사당이 이때 불탔다.

8) 같은 책, 권 56. 무제가 즉위한 다음 해에 다스리는 도리를 묻자, 동중서 등 백여 명이 대책對策을 올렸다. 인용문은 그가 올린 〈치도책治道策〉에 나온다.

언제부터 황제를 가르쳤을까? 전에는 대개 석거각石渠閣과 백호관
白虎觀의 고사故事를 경연의 원형으로 보았다. 전한前漢의 선제宣帝
는 감로甘露 3년(기원전 51)에 석거각에서, 후한後漢의 장제章帝는
건초建初 4년(서기 79)에 백호관에서 오경五經의 강의를 들었다. [9]
여기서 황제는 오경의 복원復原과 주석에 관한 유학자들의 이견異
見을 듣고, 시비를 판결했다. 이것은 후대의 경연과 전혀 달랐다.
이때는 황제가 최고 재판관이었으나, 뒷날 경연에서는 황제가 학
생이었다. 청대淸代의 학자들이 이러한 차이를 잘 지적했다.

　　삼가 상고하건대, 선제 때 석거각에서 강의하고 장제 때 백호관에서
강의한 것은 곧 대궐에서 강경講經한 시초이다. 그러나 여러 유학자들
을 시켜서 〔경서의〕 이동異同을 강의하고, 칙령勅令으로 평결評決했을 뿐
이다. 오직 환영桓榮과 장포張酺의 무리가 어전에서 강경한 것은 후세의
경연일강관經筵日講官과 비슷한 바가 있는데, 아직 정직定職으로 삼지
않았을 따름이다. [10]

여기에 나오는 환영과 장포는 황제의 '스승'으로 어전에서 강의
했다. 원래 후한의 광무제光武帝는 조회朝會가 끝날 때, 이따금 환
영에게 경서를 강의하게 했다. 환영은 태자도 가르쳤다. 이가 곧
명제明帝인데, 즉위 후에도 환영을 스승의 예로 대했다. 환영의 제
자인 장포도 명제의 어전에서 강의했다. 태자도 가르쳤는데, 뒷날
의 장제章帝이다. 장포가 장제에게 강의할 때, 먼저 스승과 제자의

---

9) 《한서》 권8, 〈선제기宣帝紀〉 감로甘露 3년. 《후한서後漢書》 권3, 〈장제기章帝
　紀〉 건초建初 4년.
10) 《역대직관표》 권24, 8앞.

예를 행하고, 강의가 끝나면 군주와 신하의 예를 베풀었다.[11) 형식은 경연과 비슷하지만, 황제가 태자 때의 스승을 예우했을 따름이다. 어전강의는 아직 제도화되지 않았고, 이를 담당하는 관직도 생기지 않았다. 그래도 유학자들이 태자에게 유교 경서를 가르친 것은 중요한 발전이다.

후한後漢이 멸망하고 중국이 분열되었던 약 4백 년 동안에도, 유학자들이 군주에게 경서를 강의한 기록들이 가끔 보인다. 예를 들어 《삼국지三國志》의 〈위서魏書〉를 보면, 조언曹彦이 산기상시散騎常侍로 시강侍講했다. 또 위魏의 제왕齊王은 정시正始 2년부터 《논어》·《상서》·《예기》를 공부했으며, 정시 5년에 《상서》의 공부를 마치고, 태부太傅와 대장군 및 시강侍講한 신하들에게 상을 내렸다.[12) 이러한 사례들도 경연의 맹아 같은데, 단편적인 기록뿐이라 아쉽다. 경연을 뜻하는 '강연講筵'이란 말은 남조南朝에서 처음 사용되었다.[13) 위진魏晉남북조시대는 새로운 통일제국을 준비하고 있었고, 어전강의의 싹도 꾸준히 자라고 있었다.

당唐나라(618~907)는 한나라에 이어 중국 역사상 두 번째 전성기를 이루었고, 불교·문학·미술·음악 등 다양한 분야에서 찬란한 업적을 남겼다. 특히 불교는 한나라 때 전래한 이래 점점 유행하여, 중국인의 사고와 삶의 방식을 크게 바꾸었고, 이때 활짝 꽃피었다. 도교道敎도 불교에 자극받아 종교의 모습을 갖추고 새로운 활력을 발휘했다. 한편 유교는 침체 속에서 서서히 재도약을

---

11) 《후한서後漢書》 권37, 환영, 권45 장포.
12) 《삼국지三國志》 권9, 〈위서魏書〉, 조상曹爽. 권4, 〈위서〉 삼소제기三少帝紀, 정시正始 5년 5월 계사癸巳. 정시 2년의 기사는 《송서宋書》 권17 〈예지禮志〉 4에 나옴.
13) 《진서陳書》 권34, 장정견張正見. 張帆 앞의 논문, 각주 1).

준비했고, 어전강의도 달라졌다. 태종은 공영달孔穎達과 안사고顔
師古에게 명하여, 오경의 다양한 주석들을 정리한《오경정의五經正
義》를 편찬했고, 공영달이 이를 태종에게 강의했다.[14] 강의의 성격
은 한나라 때 석거각과 백호관의 고사와 비슷하다.

마침내 중요한 변화가 일어났다. 현종玄宗은 마회소馬懷素와 저
무량褚無量을 시독侍讀으로 삼고, 하루씩 교대로 근무하게 했다.
황제는 스승의 예를 극진히 하여, 궐문에서 가마로 모시게 하고,
전각에서 몸소 맞이하고 배웅했다.[15] 또 집현전集賢殿 서원書院에
5품 이상의 시독학사侍讀學士와 6품 이하의 시강직학사侍講直學士
를 두어 어전강의를 전담하게 했다.[16] 현종이 강관講官을 임명하
고, 스승으로 예우하며, 매일 공부한 것은 중요한 변화였다. 어떤
경서를 어떤 방식으로 공부했는지는 알 수 없다. 현종은 재위 44
년 가운데 전반에는 국정과 학문에 힘썼고, 후반에는 자만하여 내
란을 초래했다.

숙종肅宗 · 대종代宗 · 덕종德宗 · 헌종憲宗은 경서를 공부한 기록
이 없다. 시강학사侍講學士의 직함은 존속했고, 한림원翰林院에 속
했다.[17] 목종穆宗이 즉위하자, 시강학사 위처후韋處厚와 노수路隨가
《상서》를 강의했다. 이들은 어린 황제를 위해서《주역》·《상서》·

---

14)《연감류함》권70, 1앞.

15) 개원開元 3년(715) 9월의 일이다. 연로한 저무량이 말을 타지 못하므로, 환
관들이 가마로 모시게 했다.《구당서舊唐書》의 〈현종본기〉와 열전은 물론,《자
치통감》과 《강목》등 통사에도 이 얘기가 나온다. 시독은 명칭일 뿐, 관직이
아니었다.

16)《신당서新唐書》권47, 〈백관百官〉2, 집현전서원集賢殿書院. 현종은 궁중 연
구소들을 몇 차례 개편한 끝에, 개원 11년 집현전 서원에 학사와 직학사들을
두었다. 시독학사와 시강직학사는 개원 13년에 설치했고, 둘 다 겸직이었다.

17) 山本隆義《中國政治制度の研究》(京都大, 1968), 269~271쪽 참조.

《시경》·《예기》·《효경》·《논어》에서 중요한 대목을 뽑아《육경법언六經法言》(전20권)을 편찬했다.[18] 경종敬宗은 경서를 공부하지 않다가, 최언崔郾의 힐책을 받았다.[19] 문종文宗은 왕기王起와 허강좌許康佐를 시강학사로, 유공권柳公權을 시서侍書학사로 삼고, 책을 읽다가 의문이 생기면 편전便殿으로 불러서 물었다.[20] 이를테면 소대召對였다. 문종 이후로는 어전강의에 관한 기록이 없다.

요컨대 당나라는 시독학사와 시강학사라는 관직을 두었고, 황제가 매일 공부하는 선례를 남겼다. 교재는《주역》·《상서》·《시경》·《예기》·《효경》·《논어》등 유교 경서였다. 당나라 신하들이 올린 글들은 이후 천 년 동안 황제교육의 단골 메뉴가 되었다. 송경宋璟의〈무일도無逸圖〉와《육지주의陸贄奏議》및 한유韓愈의〈불골표佛骨表〉가 대표적이다.〈무일도〉는《서경》의〈무일〉편을 요약한 괘도掛圖인데, 역대 군주들이 좌우에 두었다. 육지의 상주문上奏文은 경연 교재가 되었고,〈불골표〉는 성리학자들이 불교를 비판할 때 애용하는 이론적 무기였다. 오긍吳兢이 당 태종과 신하들의 언행록을 편찬한《정관정요貞觀政要》도 경연 교재로 손꼽힌다. 이들은 모두 송대 경연의 토대가 되었다.

---

18)《구당서》권16,〈목종본기穆宗本紀〉원화元和 15년 3월 임자壬子. 같은 책, 권159, 위처후 및 노수.〈목종본기〉에 따르면, 목종은 태액정太液亭에서《모시毛詩》의〈관저關雎〉편과《상서》의〈홍범洪範〉편을 공부했다.
19)《구당서》권155, 최언.
20)《연감류함》권70, 16뒤~17앞. 이들을 '삼시학사三侍學士'라고 불렀다.

2. 북송北宋 : 개화開花와 결실結實

공자와 맹자가 뿌린 군주 교육의 씨앗은 진나라의 모진 추위를 견디고, 한나라와 당나라에서 꾸준히 성장하더니, 마침내 송나라(960~1277)에서 꽃피고 열매를 맺었다. 경연제도는 특히 북송(960~1126) 초기에 급성장했다. 경연관의 직제가 갖추어지고, 황제가 격일로 강의에 참석하는 관례가 생겼으며, 교재가 풍부해지고 강의내용도 충실해졌다. 또 경연經筵과 강연講筵이 조정의 일상어가 되었다.[21] 경연제도의 급성장은 당시의 정치적 상황과 문화적 요인과 밀접한 관계가 있다.

흔히 중국 문물의 전성기로 한 · 당 · 송을 일컫는다. 송나라는 사회경제적으로 활력이 넘치는 시기였다. 강남 지역에서 농업 생산이 증가하고 상업이 발달하며, 인구의 지역 이동이 활발해졌다. 정치 엘리트도 소수의 대지주에서 중소지주 출신의 사대부 계층으로 확대되었다. 이전의 대지주 출신과 달리, 중소지주 출신은 과거에 합격하고 관직을 가져야 엘리트 지위를 유지할 수 있었다. 이러한 변화 속에서 고급문화가 확산되고 새로운 활력과 창의성이 넘쳐서, 이 시대의 학문과 예술은 한 · 당과 어깨를 겨루었다.

북송은 문학 · 사학 · 철학 분야에서 탁월한 업적을 이루었다. 문학으로는 구양수歐陽修와 소식蘇軾 등 여러 대가들이 주옥같은 글을 자랑했고, 역사학에서는 사마광司馬光과 범조우范祖禹 등이 《자치통감資治通鑑》 같은 걸작들을 남겼다. 철학에서는 주돈이周敦

---

21) '경연'의 '경經'은 경서를, '연筵'은 대자리를 뜻한다. '강연'의 '강講'은 학습을 뜻한다. 둘 다 '경서를 학습하는 자리'라는 말인데, 군주의 경우에만 쓴다.

頤·장재張載·소옹邵雍·정호程顥·정이程頤 등이 성리학性理學을 개발했다. 유학자들은 도가와 불교에서 빌려온 이론을 토대로, 만물의 존재와 사람의 본성(마음)에 관한 독특한 형이상학 이론을 만들었다. 성리학, 일명 신유학新儒學은 남송 때 더욱 발달했다.

그러나 송나라의 국제적 위상은 전혀 달랐다. 앞서 한과 당은 막강한 군사력으로 광대한 주변 지역을 정복하여, 대제국의 위력을 과시했다. 반면에 송나라는 만리장성 안쪽도 다 차지하지 못하고, 3백 년 동안 요遼와 금金 등 이민족 왕조에 시달리다가, 끝내 몽골의 침입으로 멸망했다. 북송과 남송은 전쟁할 때마다 참패하여 넓은 영토를 잃었고, 각각 요와 금에 막대한 공물을 바쳐야 평화를 유지할 수 있었다. 외교관계에서 송나라 황제는 북조北朝의 황제와 대등한 지위였다. 이념적으로는 중화中華를 자부하지만, 현실적으로는 굴욕적 관계를 감수하는 처지였다.

심각한 외환外患에 어떻게 대응할 것인가? 왕안석王安石 등 실용주의자들은 제도 개혁을 통한 부국강병을 추구했으나, 다수의 저항으로 좌절되었다. 이것은 법가의 노선이고, 이들의 개혁정책은 기득권을 위협했으며, 성공할 전망도 흐렸기 때문이다. 대다수의 신하들은 황제의 마음가짐에서 해답을 찾았다. 바로 경연이 해결의 열쇠였다. 그들은 경서에서 정치의 원리를 배우고, 역사책에서 정치를 잘하고 잘못한 사례를 찾았다. 군주가 경사經史를 공부하여 성현의 가르침을 실천하면 국가가 흥하고, 그렇지 않으면 망한다고 믿었다. 범조우는 나이 어린 철종哲宗에게 이렇게 충고했다.

폐하께서 오늘 배우고 안 배우심에 앞날의 치란治亂이 달렸습니다.

배우기를 좋아하시면, 천하의 군자君子들이 흠모하여 조정에 서려고 할
것이며, 곧은길로써 폐하를 섬기고 덕업德業을 보좌하여 태평太平에 이
를 것입니다. 배우지 않으시면, 소인小人들이 모두 그 마음을 움직이고
간사한 아첨에 힘써서 부귀를 훔칠 것입니다.[22]

이러한 상황에서 경연은 급속히 성장할 수 있었다. 북송 초기의
3대 62년은 경연의 준비기였다. 태조太祖(960~976) 때에는 어전강
의가 없었지만, 태종太宗(976~997)은 방대한《태평어람太平御覽》을
읽었고, 한림원에 시독侍讀을 두고 경서에 대해 물었다.[23] 진종眞宗
(997~1022)은 한림원에 시독학사와 시강학사를 두고, 함께 경서를
공부했다. 인종仁宗(1022~1063)·영종英宗(1063~1067)·신종神宗
(1067~1085)·철종哲宗(1085~1100)의 4대 약 80년은 경연의 전성
기였다. 특히 인종의 재위 41년간 경연제도가 획기적으로 달라졌
다. 경연관, 강의 교재, 강의 절차, 강의 방식을 차례로 살펴보자.

첫째, 북송은 경연관직을 더욱 정비하고, 우수한 인재를 경연관
으로 임명했다. 앞서 당나라는 한림원에 시독학사와 시강학사를 두
었다. 송 태종은 한림원에 시독을 두었고, 진종은 한림원에 시독학
사 세 명과 시강학사 한 명을 두었다. 이들을 궁중 도서관에 머물
게 하고, 수시隨時로 불러서 만났다. 바로 소대召對였다.[24] 이로써
'시독'과 '시강'이라는 명칭이 확정되었다. '학사'라는 명칭은 붙였다
떼었다 했다. 인종은 품계가 낮은 학자를 숭정전崇政殿 설서設書에

---

22)《송사》권337, 범조우. 당시에 저작랑 겸 시강이었는데, 철종이 여름에 경
   연을 중지하려 하자 이와 같이 반대했다.
23)《속장편》권24, 태종 태평흥국 8.11.29.《연감류함》권70, 13앞뒤.
24) 같은 책, 권45, 신종 함평咸平 2.7.26.《송사》권162,〈직관〉2, 한림시독
   학사.

임명했다. 이리하여 경연관은 시독·시강·설서의 세 계층이 되었다. 경연관이 모두 몇 명이었는지는 아직 밝히지 못했다.

경연관은 최고 엘리트로서, 한림원 등 황제의 측근에서 뽑아서 겸직시켰다. 사마광·왕안석·소식蘇軾·여공저呂公著처럼 한림학사(정3품)가 시독을 겸하는 경우가 많았다. 대개 중서성과 문하성의 대단臺端(종6품) 이상, 태을궁太乙宮이나 우신관佑神觀 같은 궁관宮觀의 관원, 그리고 용도각龍圖閣과 천장각天章閣 같은 궁중 도서관의 학사·직학사直學士·대제待制 등을 시독이나 시강에 임명했다.[25] 대간臺諫을 경연관에 임명하는 관행도 인종 때 비롯되었다.[26] 인종은 포의布衣인 정이程頤를 설서로 임명했고, 휘종은 은일隱逸인 채숭蔡崇과 여권呂權을 설서에 임명하고, 관복이 아닌 사복士服으로 경연에 입시하도록 허용했다.[27] 이렇게 재야 학자까지 발탁했다.

경연관은 황제를 교육하는 요직이기에, 학식이 뛰어나고 인품이 훌륭한 신하를 뽑았고, 전직이나 현직 경연관의 추천을 받았다. 가령 양안국楊安國이 노사종盧士宗을 추천하자, 인종은 경연관 전원과 함께 이틀 동안 그의 강의를 듣고, 천장각 시강에 임명했다.[28] 경연관의 언행이 부정하면 파직했다. 시강 임우林瑀는 《주역》에 밝았는데, 인종의 사주四柱가 수괘需卦에 해당하니 잔치를 자주 즐기라는 등 황당한 소리를 하다가 파직되었다. 철종 때에는

---

25) 앞과 같음.
26) 《속장편》 부록 《영락대전永樂大典》 권12399, 인종 경력慶歷 2.2.3. 《송사》 권162, 〈직관職官〉 2, 한림시독학사翰林侍讀學士·한림시강학사翰林侍講學士.
27) 《송사》〈직관〉 2, 숭정전설서崇政殿說書.
28) 같은 책, 권330, 노사종.

주종周種을 숭정전 설서에 임명했다가, 어사대御史臺의 반대로 해임했다. 탐오하고 간사하고 아첨하는 자를 황제의 측근에 둘 수 없다는 것이다.[29]

둘째, 강의 교재는 〈표 1-1〉과 같이 경經과 사史로 체계화되었다. 경서는 정치의 체體, 곧 원리를 담은 책으로, 《시경》·《상서》·《주역》·《예기》·《춘추》·《주례》 등 육경六經과 《논어》·《효경》·《맹자》를 공부했다. 《상서》와 《논어》는 정치에 관한 성현들의 교훈이라 옛날부터 중시했고, 《맹자孟子》는 사마광이 신종에게 추천했으며,[30] 인종은 《효경孝經》도 공부했다. 《시경詩經》은 서정시를 도덕적 교훈으로 풀이한 《모시毛詩》를 가르쳤다. 《예기禮記》는 왕안석의 지적처럼 내용이 잡다하고 교훈이 부족해서,[31] 오히려 《주례周禮》를 더 중시했다. 《춘추春秋》는 《좌전左傳》을 공부했고, 《주역周易》은 가장 어려운 교재였다.

역사는 정치의 용用, 곧 실제를 서술한 책으로, 역대 왕조의 정사正史인 《사기史記》·《한서漢書》·《후한서後漢書》·《당서唐書》 등을 공부했다. 인종이 공부한 《정요政要》는 《정관정요貞觀政要》로 추정된다. 신종 때는 사마광 등이 편찬한 《자치통감資治通鑑》을 경연의 교재로 사용했는데, 이 책은 중국 역사학의 고전이 되었다. 그밖에 송나라 역대 황제들의 좋은 언행을 편찬한 '보훈寶訓'을 공부했다. 《삼조보훈三朝寶訓》은 태조·태종·진종의 언행록이고, 《이

---

29) 《속장편》 부록, 《영락대전》 권12399, 인종 경력 2.2.12(임우). 철종 소성紹聖 4.6.17(주종).
30) 《송사》 권336, 사마광.
31) 《속장편》 〈습보拾補〉 권3하, 신종 희녕熙寧 1.10.3. 당시의 《예기》는 〈대학〉과 〈중용〉을 포함했다.

조보훈二朝寶訓》은 인종과 영종의 언행록이다. [32] 인종이 공부한
《정설正說》은 《진종황제정설眞宗皇帝正說》로 짐작되며, 《조종성훈
祖宗聖訓》과 《삼조경무성략三朝經武聖略》 등과 합쳐서 《삼조보훈》을
편찬한 것 같다.

〈표 1-1〉 북송의 경연 교재

황 제(재위)	강 독 교 재
진 종(25년)	경서 : 《춘추(좌전)》, 《상서》
인 종(41년)	경서 : 《논어》, 《효경》, 《상서》, 《춘추》, 《주역》, 《시경》, 《주례》 사서 : 《당서》, 《한서》, 《후한서》, 《(정관)정요》, 《정설》, 　　　《조종성훈》, 《삼조경무성략》 기타 : 《노자》, 《당시》
영 종(4년)	경서 : 《논어》 사서 : 《사기》
신 종(18년)	경서 : 《예기》, 《상서》, 《시경》, 《주례》 사서 : 《후한서》, 《자치통감》
철 종(15년)	경서 : 《논어》, 《맹자》, 《상서》, 《예기》, 《시경》 사서 : 《삼조보훈》, 《이조보훈》

　요컨대 경연의 교재는 경사자집經史子集 가운데 경과 사였고, 제
자諸子와 문집文集은 배제되었다. 유교와 다른 사상은 이단異端이
라고 배격했고, 문예文藝는 잔재주(末技)라 군주의 배울 바가 아니
었다. 인종이 《노자老子》를 공부한 것은 과도기적 현상이었다. 인
종은 평소에 《태현경太玄經》을 자주 읽으며, 시독 왕공진王拱辰에
게 자랑했다. 시독은 황제에게 이런 책을 읽지 말고, 육경과 역사
책을 공부하라고 충고했다. [33] 인종이 당시唐詩를 공부한 것도 일

---

32) 《속장편》 권480, 1뒤. 예컨대 철종이 원우元祐 8년 1월 9일에 공부한 《보
　　훈》에는 인종의 고사가 나온다. 여기서 인종은 《한서》를 읽다가 무제가 상림
　　원上林苑을 만든 일을 비판했다.
33) 《송사》 권318, 왕공진. 《태현경》은 한나라 양웅揚雄의 저술로, 인간 만사를
　　81개의 도식圖式으로 나타내고, 각 도식에 9개의 찬贊을 덧붙여, 모두 729개

시적인 일로써, 그 뒤로는 이런 일이 별로 없었다. 북송은《자치통감資治通鑑》이외에, 범조우가 편찬한《제학帝學》(8권)과《당감唐鑑》(12권)을 후대에 경연 교재로 남겼다.

셋째, 강의 절차는 대개 인종 때에 마련되었다. 일정은 격일隔日이 원칙이었다. 인종은 즉위 직후 짝숫날에 경연에서 공부하고, 홀숫날에 국사를 처리하기로 했다가, 몇 달 후 경연을 매일 열기로 바꾸었다.[34] 경연의 장소는 처음에 숭정전崇政殿의 서무西廡, 즉 서쪽 거느림채였다가, 이영각邇英閣과 연의각延義閣을 새로 지은 뒤에는 이영각이었다.[35] 신종과 철종 때에도 장소는 같았고, 일정은 격일제였다. 신종은 짝숫날에 경연을 열기로 결정하고, 실제로는 홀숫날에 열었다.[36] 즉 일정은 격일제였고, 홀숫날 또는 짝숫날이었다. 진종이 시작한 소대召對의 관행도 계속되었다. 소대는 정식 경연이 아니라, 황제가 아무 때나 경연관을 불러서 공부하는 약식 경연이다.

경연의 일정에는 춘강春講과 추강秋講이 있었다. 봄 학기는 2월에 시작하여 5월 3일(단오 직전)에 끝나고, 가을 학기는 8월 상순에 시작하여 동지 열흘 전에 끝났다.[37] 봄과 가을에 석 달씩, 도합 반년 정도의 기간에 격일 강의라면, 실제로 강의한 날짜는 1년에 약 3개월 정도였다. 날마다 강의한 인종에 견주면 많이 줄어든 셈이

의 찬으로 설명한다. 인종은 이 책을 이용해서 길흉을 점쳤다.

34)《속장편》권99, 인종 건흥乾興 1.11.15. 이후 경연은 홀수 짝수 구별이 없어졌다. 진종이 건흥 원년 2월에 죽고 인종이 즉위했다.

35) 숭정전에서 강의한 기록은 건흥 1.12.9 이후 여러 번 나온다. 이영각의 신축은《속장편》권116, 인종 경우景祐 2.1.28.

36)《속장편》권358, 신종 원풍元豊 8.7.28. 홀숫날에 경연을 열었음은 이후의 경연 기사에서 확인된다.

37) 위와 같음. 철종 즉위 후 중서성의 건의에서 신종 이후의 관행임을 언급했다.

다. 이런 원칙을 꼭 지킨 것은 아니어서, 겨울에도 춥지 않으면 강의한 것 같다.[38] 경연이 몇 시쯤 시작해서 몇 시쯤 끝났는지 알려주는 단서를 아직 찾지 못했다.

경연에는 누가 참석했나? 인종이 즉위하여 경연을 개시하던 날에는 강독관 네 명이 입시入侍했고, 평일에는 두 명씩 번갈아 입시했다.[39] 시독·시강·설서들이 어떻게 조組를 짰는지는 알 수 없다. 인종은 때때로 대신들을 불러 강의를 참관하게 했다.[40] 사관史官들도 인종 때부터 경연에 참석했고, 강독관들이 기록하던 《이영기주邇英記注》, 즉 경연일기도 사관들이 맡았다.[41] 철종 때는 재상과 대신들이 초강初講과 경순更旬에 입시했다. 초강은 춘강과 추강의 처음이고, 경순은 매달 1일, 11일 및 21일이다. 이때는 경연 참석자가 거의 서른 명에 이르렀다.[42] 요컨대 평일의 경연에는 강독관 두 명과 사관이 입시했고, 대신들은 한 달에 세 번 정도 참석했다.

강독관은 서서 강의했다. 진종은 경연관들을 예우하여 의자에 앉게 했고, 이로써 '좌강坐講'의 관행이 생겼다. 인종 즉위 초, 어

---

38) 《속장편》 권436, 철종 원우元祐 4년 12월 끝 부분.
39) 개강일 참석은 《속장편》 권99, 인종 건흥 1.11.15. 강독관은 하루씩 근무하고 교대했는데, 황제의 특명으로 열흘 동안 계속한 적도 있다. 《송사》 권330, 전상선錢象先.
40) 예컨대 《속장편》 권99, 인종 건흥 1.12.9. 권101, 인종 천성天聖 1.9.17; 권102, 천성 2.2.7; 권104, 천성 4.윤5.9; 권105, 천성 5.9.6.
41) 《속장편》 권362 첫머리, 신종 원풍 8.12.1 및 권176, 인종 지화至和 1.8.27. 사관은 두 명이 황제의 좌우에서 기록한 것 같다. 한 명이 죄다 기록하기 어렵고, 고대부터 좌사左史·우사右史라는 오랜 전통이 있었다.
42) 위와 같음, 원풍 8.12.1 및 권176, 지화 1.8.27. 원우 6년부터는 대신들이 평일의 경연에도 입시했다. 평소에 재상들이 정사를 보고할 때는 황제가 말이 없는데, 오직 경연에서 강독할 때는 황제가 말을 했기 때문이었다. 권455, 원우 6.2.11.

린 황제가 안석案席에 꿇어앉아서 강의를 듣자, 손석孫奭이 어탑御
榻 가까이 서서 강의하겠다고 자청하여 '입강立講'으로 바뀌었다.
강독관은 책을 들고 서서 강의하고, 다른 신하들은 둘러앉아서 들
었다. 그 뒤 신종 때 시독 여공저呂公著와 시강 왕안석은 좌강으로
예우할 것을 제안했다. 신종은 이 문제를 예원禮院에 보냈고, 여
기서 찬반이 갈라졌다. 찬성자들은 조종祖宗의 관행대로 강독관을
예우하자고 주장했고, 반대자들은 사좌賜坐가 황제의 권한인데 신
하가 이를 요청함은 잘못이라고 했다. 이 문제를 매듭짓지 못한
채, 종래의 입강이 계속되었다.[43]

강의하고 토론한 내용은 기록해서 보존했다. 인종 때부터《이영
연의기주邇英延義記注》를 편찬했는데, 황제와 경연관이 논의한 내
용을 실었다. 앞에서 말했듯이, 처음에는 경연관이 기록하다가,
뒤에는 사관이 경연에 참석하여 기록하고 관리했다. 훗날 철종은
사원史院에 보관되어 있던 인종 때의《이영연의기주》십여 권을 읽
고 귀감으로 삼았다. 또 이를 본받아《이영각기주邇英閣記注》를 편
찬했는데, 경연관과 사관이 함께 맡았다. 또 철종 때는 강의한 다
음 날에 강의록講義錄을 제출하는 관례가 생겼다.[44] 이로써 경연의
기록이 더욱 충실해졌다.

교재 하나 떼는 것을 종편終篇, 철장徹章, 또는 필강畢講이라고

43)《속장편》〈습보拾補〉권3상, 신종 희녕 1.4.19. 좌강과 입강의 유래가 이 논
란의 과정에서 밝혀졌다. 송나라는 태상시太常寺 아래에 예원禮院을 두었는데,
후자를 오히려 우대했다.
44) 인종 때 기주記注 편찬은 숭정전 설서 가창조賈昌朝의 주청으로 이루어졌다.
《송사》권285, 가창조.《속장편》권464, 원우 6.8.24. 철종이 이를 읽었음은
《속장편》권464, 원우 6.8.27.《이영각기주》의 편찬은 같은 책, 원우 6.8.24.
이때부터 연의延義라는 말을 빼고 그냥《이영기주》라고 부른 것 같다. 강의록
의 제출은《속장편》권438, 원우 5.2.7.

했는데, '책씻이'와 포상으로 축하했다. 진종은《춘추》의 강독을 마치자, 시독과 종실宗室 등을 숭정전에 불러 잔치를 열었다. 시독에게는 그릇·비단·의복·금대金帶 등을 주고 벼슬을 더했다.[45] 인종은 평시에도 강의 뒤에 시종들에게 조촐한 잔치를 베풀었고, 종편한 뒤에도 대개 잔치를 했다.[46] 철종은 개강할 때, 삼성三省과 추밀원樞密院, 강독관 및 사관을 참석시켰고, 강의가 끝난 뒤 이들에게 잔치를 베풀고 은銀과 비단 등을 차등 있게 주었다. 또 강독관의 월급인 직사전職事錢을 10관에서 30관(3만 전)으로 올리고, 설서에게는 차등을 두어 20관을 주었다. 물론 책거리 잔치도 했고, 강독관을 승진시키는 것도 관례가 되었다. 이러한 상사賞賜의 관행은 반복되었다.

넷째, 강의 방식은 강경講經과 독사讀史를 달리했다. 경서는 옛 글로 쓴 성현의 가르침이라, 내용을 자세히 강의함이 마땅했다. 역사책은 문장이 간명하고 분량이 많아서, 통독하기에 적합했다. 《속자치통감장편》에 수록된 기사를 보면, '강상서講尙書', '독한서讀漢書'하는 식으로 늘 양자를 구별했다. 그러나 강경講經이나 독사讀史나 목적은 똑같이 정치적 교훈을 가르치는 것이다. 예컨대 조사민趙師民은《시경》의〈소민小旻〉편을 인종에게 강의할 때, "저 샘물처럼 흘러서 모조리 쓸려가서 패망하리라."라는 대목을 이렇게 풀이했다.

물이 처음 나옴은 왕정王政을 폄과 같습니다. 순행順行하면 통하고,

45)《속장편》권51, 함평 5.1.20.
46) 같은 책, 권116, 경우 2.2.28. 권124, 보원寶元 2.10.23. 권159, 경력 6.11.17.

통하므로 청결하며, 역행逆行하면 막히고, 막히므로 흐리고 부패합니다. 현인을 쓰면 왕정이 통하고 세상이 청평淸平하며, 간사한 사람이 진출하면 왕의 은택恩澤이 막혀 세상이 흐리고 부패합니다. 유왕幽王이 도리를 잃어 간사한 사람을 쓰고 바른 사람을 물리치니, 바른 사람이 간사한 사람을 이기지 못했습니다. 비록 착한 사람이 있더라도 다스림을 이룰 수 없고, 모두 장차 서로 끌려서 오탁汚濁에 빠진 것입니다.[47]

훌륭한 경연관들은 시 한 편을 강의할 때에도 반드시 그 정치적 교훈을 설명하고, 때로는 이를 역사적 사실과 연결했다. 사서를 강의할 때는 구체적인 사실을 들어 정치의 보편적 원리를 천명했다. 가령 여공저呂公著는 신종에게 《한서》를 강의할 때, 삼대三代의 정치와 한나라와 당나라의 군신君臣들을 논했다. 정치의 원리에 관하여 삼황三皇의 무위無爲의 도道와 불교 및 도교의 허적虛寂의 이치를 논의한 끝에, 황제와 경연관은 다음과 같이 의견을 주고받았다. 경연관은 유교·불교·도교의 원리를 함께 논의하면서, 군도君道에 초점을 맞추었다.

　여공저 : 이 도道는 고원高遠한데 요堯와 순舜이 이를 능히 알았겠습니까?
　신종 : 요와 순이 어찌 몰랐겠는가?
　여공저 : 요와 순이 비록 이를 알았으나, 지인知人과 안민安民을 항상
　　　　　어렵게 여겼습니다. 바로 그렇기 때문에 요와 순인 것입니다.
　　　　　　　　　　　　　　〈중략〉
　신종 : 무제武帝는 비록 급암汲黯이 우직하다고 생각했으나, 반드시

47) 《송사》 권294, 조사민. 《속장편》 권155, 경력 5.4.6.

관冠을 쓰고서 접견했다. 후에 비록 죄를 얻었으나, 오히려 2천
석의 녹祿으로 종신終身했다.

여공저 : 무제가 급암에게 베푼 것은 죽이지 않은 것에 지나지 않습니다.

〔신종 : 당 태종은 권지權智로써 신하들을 제어했다.〕

여공저 : 태종이 왕업을 이룬 것은 그가 능히 자기를 굽히고 간諫하는
말을 따랐기 때문입니다.[48]

　경연관들은 교재에서 교훈적인 내용을 강조하고, 부적절한 부
분을 생략했다. 가령 인종에게 《당서唐書》의 열전列傳을 강의할
때, 감계鑑戒가 되는 내용만 다루었고, 《춘추좌전春秋左傳》에서도
부도덕하거나 권계勸戒하기에 부족한 내용을 뺐다. 신종에게 《사
기史記》를 강의할 때도 여불위呂不韋처럼 신하의 대역부도한 일들
은 생략했다. 손석孫奭은 무도無道한 군주가 나라를 망친 대목에
이르면 꼭 반복해서 일깨웠다. 여공저는 경전의 상세한 주석은 대
강 얘기하고, 치란治亂과 안위安危의 요점으로서 교훈이 되는 내용
은 거듭 얘기했다.[49]

　경사의 내용을 생략한다고 황제가 이의를 제기한 적도 있다. 가
창조賈昌朝가 《춘추좌전》을 강의하면서 제후의 음란한 일을 생략
하자, 인종은 육경의 내용이 모두 후왕後王을 경계하는 것이므로
생략하지 말라고 했다.[50] 또 《시경》의 〈신대新臺〉는 위衛나라 선공

---

48) 《속장편》 권288, 원풍 1.3.8. 인용문의 〔 〕부분은 《속장편》에 없으나, 《송
　사》 권336, 여공저에 있다. 무제가 승상과 대장군을 부를 때는 옷차림이 느슨
　하다가, 급암이 온다면 의관을 갖추었다.
49) 같은 책, 권120, 경우 4.9.28. 경우 4.10.26). 권285, 희녕 10.10.3. 권
　110, 천성 9.7.28.
50) 《연감류함》 권70, 14앞, 〈시강侍講〉 2.

宣公이 제 며느리를 가로챈 일을 풍자한 내용이다. 경연관들이 이를 강의하지 않으려 하자, 인종이 반대했다. 성인이 《시경》을 산정刪定할 때 이 시를 남긴 것은 권계勸戒하려는 뜻이며, 군주는 선과 함께 악도 알아야 한다고 말했다.[51] 그러나 이러한 불만이 자주 일어나지는 않았다.

강의를 잘하기로는 여공저를 꼽았는데, 간결한 말로 이치를 곡진曲盡하게 설명한다는 평을 받았다. 사마광은 그의 강의를 들을 때마다 자신의 말이 번다함을 깨닫는다고 했다. 한편 양안국楊安國은 27년 동안 강의했는데, 항상 주석註釋을 인용할 뿐 추가 설명이 없었고, 비유도 저속했다. 강의 방식 때문에 탄핵을 받은 경우도 있었다. 소식蘇軾은 치란治亂과 성쇠盛衰, 정사正邪와 득실得失에 관한 내용은 반드시 거듭 설명하여 이해시켰는데, 군주가 신하를 죽이고 대신이 소신을 죽인 사실을 경연에서 자주 얘기한 것이 문제가 되었다.[52]

군주에게 제왕학帝王學을 가르치는 경연은, 신하들의 공부와 달랐다. 여공저는 영종 즉위 초에 《논어》〈학이學而〉편을 강의하다가, 《상서》〈열명說命〉편의 '왕인구다문王人求多聞'이라는 대목을 인용하면서, 제왕학의 요체를 다음과 같이 설명했다. 이 말도 후대 경연관들이 즐겨 인용하는 금언이 되었다.

인군人君의 학문은 마땅히 옛날의 성군인 요堯·순舜·우禹·탕湯·문왕文王·무왕武王이 용심用心한 바를 보고, 천하와 국가를 다스리는

51)《속장편》권154, 경력 5.2.11.
52)《송사》권336, 여공저. 권294, 양안국. 권338, 소식. 《속장편》권422, 원우 4.2.15.

중요한 도리를 구하는 것이며, 박사博士나 제생諸生이 장구章句를 다듬
고 훈고訓詁를 해석하는 것과는 다릅니다.[53]

경연관들은 자못 경건하고 근엄한 태도로 강의했다. 손석孫奭은
나이 어린 인종이 한눈팔거나 발장난을 치면, 강의를 중단하고 서
있다가, 황제가 자세를 고친 뒤에 계속했다.[54] 범조우范祖禹는 강
의 전날 밤부터 의관을 바르게 하고 마치 어전御前인 듯 강의를 연
습했으며, 아침에 강의할 때는 정치하는 도리를 개진하고 시사時
事와 고사故事를 들어 교훈으로 삼게 했다.[55] 정이程頤는 경연에 들
어가기 전에 반드시 재계齋戒한 뒤에, 생각과 정성을 다하여 가르
쳤다. 하루는 강의가 끝난 뒤 어린 철종이 난간에 기대어 버들가
지를 꺾었다. 물러가던 정이는 정색을 하고 황제의 어질지 못한
행동을 나무랐다. 그는 나이 오십이 넘어서 숭정전 설서에 임명되
자, 즉시 상소하여 황제 교육법을 논의했는데, 다음 구절이 후대
에 자주 인용되었다.

대개 하루 가운데 현사賢士와 대부大夫를 접接하는 때가 많고, 환관과
궁녀를 가까이하는 시간이 적으면, 자연히 기질이 변화하고 덕기德器가
이루어집니다.[56]

---

53) 《통감장편기사본말》권53, 〈영종황제英宗皇帝〉강연講筵 가우 8.12.2.
54) 《속장편》권99, 건흥 1.11.15.
55) 《연감류함》권70, 4뒤.
56) 정이의 근엄한 태도는 《연감류함》권70, 4앞. 상소문은 《속장편》 원우
1.3.24 및 《송사》권427(정이)에 나온다. 인용문의 원문은 "大率一日之中, 接
賢士大夫之時多, 親寺人宮女之時少, 則氣質變化, 自然而成."이다.

경연에서 정치의 원리와 실례를 공부하다 보면, 자연히 현재의
정치를 논의하고 과거와 비교하게 되었다. 신종 때에는 왕안석의
'변법變法'을 놓고 개혁파와 보수파가 치열하게 다투었고, 그 논쟁
이 경연에서도 일어났다. 사마광司馬光은 자기가 편찬한 《자치통
감》을 신종에게 강의했는데, 이 책과 그의 강의는 보수파의 입장
을 대변했다. 가령 조참曹參이 소하蕭何의 후임으로 재상이 되었
는데, 소하의 법을 바꾸지 않아서 천하가 태평했다는 대목이 그렇
다. 변법보다는 수성守成을, 법치法治보다는 인치人治를 앞세우는
보수주의를 대변한 것이다. 여기서 황제와 사마광은 다음과 같이
의견을 나누었다.

> 신종 : 한漢나라는 소하의 법을 지켜 오래도록 바꾸지 않았는데, 잘한
>   일이다.
> 사마광 : 어찌 한나라뿐입니까? 무릇 도道는 만세가 되도록 폐가 없습
>   니다. 하夏·상商·주周의 자손이 우임금과 탕왕, 문왕과 무왕의
>   법을 지켰더라면, 어찌 쇠란衰亂이 있었겠습니까?
> 신종 : 사람과 법은 역시 서로 표리表裏일 뿐이다.
> 사마광 : 적임자를 얻는다면, 법이 좋지 않더라도 무엇을 걱정하겠습
>   니까? 적임자를 얻지 못하면, 비록 법이 좋더라도 시행함에 선
>   후를 잃습니다. 그러므로 사람을 얻기는 급히 하고 법을 세움은
>   천천히 하는 것입니다.[57]

---

57)《속장편》〈습보拾補〉 권6, 희녕 2.11.7. 조참이 소하의 방식을 그대로 지켰
   다는 얘기는 《자치통감》 권12, 혜제 2년 대목에도 나온다.

이틀 뒤, 변법파의 여혜경呂惠卿이 경연에서 《상서》를 강의하면서, 사마광의 말을 조목조목 반박했다. 삼대의 법이 시기에 따라 바뀌었고, 소하의 법 가운데서 혜제惠帝는 협서율挾書律과 삼족령三族令을 폐지했고 문제는 비방령誹謗令과 요언비축법妖言秘祝法을 없앴는데, 사마광이 현재의 변법을 빗대었다고 말했다. 이에 황제는 사마광을 경연에 불러서 의견을 물었다. 사마광이 대답하기를, 삼대의 법에 대한 여혜경의 주장은 《주례》를 오해한 탓이지만, 한나라의 법에 대한 견해는 옳다고 했다. 여기서 두 사람이 변법에 대한 논쟁을 벌였고 다른 두 신하도 가담했다.[58] 보수와 변법의 정치 노선이 신종의 경연에서 정면으로 충돌한 것이 매우 흥미롭다.

경연 강의가 모두 이렇게 알차지는 않았다. 정이程頤가 지적했듯이, 대개 강관은 서안書案 곁에 서서 몇 줄 풀이하고는 물러나고, 다른 신하들은 공수拱手하고 말없이 앉아 있을 뿐이었다. 또 여름과 겨울에 각각 석 달씩 방학하여 공부하는 기간이 짧았다. 경연관들도 모두 업무가 많아서, 강의에 전념할 수 없었고,[59] 양안국 같이 주석을 그대로 읽는 경연관들도 많았을 것이다. 그래서 경연은 형식에 그치기 쉬웠다. 비록 이러한 한계는 있었으나, 경연 강의를 계속하면 황제의 생각과 행동에 큰 영향을 미칠 수 있었다. 그러나 휘종에 이르러 경연은 유명무실해졌고, 북송은 곧 멸망했다.

요컨대 경연제도는 북송에서 완성되었다. 황제가 경사經史를 공부하는 관행을 만들고, 경연관의 직제를 정비했으며, 강의 교재도

---

58) 《속장편》〈습보拾補〉 권6, 희령 2.11.9 및 《송사》 권336, 사마광. 한나라는 진나라의 악법들을 단계적으로 고쳤다. 가령 유교 경서를 가지고 있으면 죽이고, 삼족을 연좌시키고, 국정을 비판하면 죽이는 법령들이다.
59) 《속장편》 권381, 원우 원년 6월 말미에 수록된 정이의 상소.

체계화했다. 경연에서 군주와 신하가 경서를 공부하며, 정치의 원
리를 탐구하고 역사책을 읽으면서 왕조가 흥하고 망하는 원인을
모색했다. 또 현재의 정치를 경사에 비추어 고치려고 했다. 황제
가 지속적으로 경사 강의를 들었으니, 유학자들이 군주 길들이기
에 성공한 셈이었다. 공자 이후 약 천오백 년이나 걸렸다. 송나라
황제들의 권력이 한과 당의 황제들에 견주어 미약하고, 송나라 유
학자들의 발언권이 큰 것은 경연의 발달에 유리한 조건이었다.

3. 남송南宋 : 지속과 변화

고종高宗이 남경에서 즉위할 무렵, 송나라의 운명은 바람 앞의
등불 같았다. 1127년 금金나라에 참패한 송나라는 중원中原을 잃
었고, 휘종과 흠종欽宗 부자는 포로로 잡혀갔다. 휘종의 아들 하
나가 강남으로 겨우 도망쳐서 왕조를 이은 것이 남송(1127~1279)
이다. 남송은 영토의 상실과 군사적 패배 이상으로 정신적 상처
가 컸다. 비록 경제적으로 번창했으나, 북송 때의 창의적이고 적
극적인 기상은 많이 줄었다. 불리한 전쟁과 치욕적 평화의 딜레마
에 빠진 남송은 실질보다도 명분이나 허식虛飾을 추구했다. 이러
한 경향은 경연에서 더욱 심하여, 겉모습은 화려했으나 내용이 부
실했다.

남송은 북송의 경연제도를 그대로 계승했다. 경연은 고종高宗
(1127~1162) · 효종孝宗(1162~1189) · 광종光宗(1189~1194)의 삼조
三朝 약 70년 동안 자리가 잡혔고, 영종寧宗(1194~1224) 30년 동안
이 전성기였다. 그 후 이종理宗(1224~1264)의 40년을 포함한 마지

막 50여 년 동안은 내리막이었다. 남송의 경연은 사료가 부족하여 실상을 파악하기가 어렵다. 비록 《송회요집고宋會要輯稿》에 〈경연〉 항목이 있으나, 상소문과 칙령 같은 틀에 박힌 내용만 실려 있고, 경연의 생생한 모습이 아니다. 다만 《송사宋史》의 〈직관지職官志〉에 경연관의 직제가, 《송회요집고》에 경연의 일정과 교재가, 《송사》의 〈열전列傳〉에 단편적 일화들이 실려 있다. 이를 토대로 남송 경연의 윤곽을 그려 본다.

첫째, 경연관의 직제는 시독侍讀·시강侍講·설서說書의 골격을 그대로 유지하면서, 임명 대상만 늘렸다. 《송사》의 〈직관지〉는 경연관에 관한 정보를 잘 요약했다. 고종은 건염建炎 원년(1127)에 시종관 네 명을 강독관으로 처음 임명했다. 중서성과 문하성의 대단臺端 이상을 시독과 시강으로 겸직시키는 관례가 계속되었고, 일반 관원이 이를 겸하기도 했다.[60] 품계가 낮은 사람을 숭정전 설서에 임명하고, 궁관宮觀에 임명된 관리들이 경연관을 겸직하던 관행도 지속되었다.[61]

대간臺諫이 경연관을 겸하는 일은 남송에서 더욱 심해졌다. 북송에서는 인종 이후 대승臺丞이 시독을 겸하는 경우가 많았으나, 간장諫長이 겸한 적은 없었다. 남송에서는 고종이 중승中丞과 간의諫議를 시강에 임명한 이래, 언관言官에 임명하면서 으레 경연관을 겸직시켰다. 정언正言과 전중시어사殿中侍御史를 시강에 임명하

---

60) 가령 종경宗卿 범충范沖과 비서소감秘書少監 주진朱震 및 이부원외랑吏部員外郎 장식張栻은 고종의 특명으로 시강을 겸했다. 《송사》 권162, 〈직관〉 2, 한림 시독학사·한림시강학사·숭정전설서.

61) 주승비朱勝非 등 6명은 만수관사萬壽觀使로서, 탕사퇴湯思退는 예천관醴泉觀, 유장劉章은 우신관佑神觀의 관원으로서 시독을 겸했다. 보문대제寶文待制 호전胡銓은 우신관 제거提擧로서 시강을 겸했다. 《송사》, 위와 같음.

고, 대관臺官과 간관諫官을 설서에 임명했다. 영종은 대승臺丞·간
장諫長·부단副端·정언正言·사간司諫 등을 모두 경연관에 임명했
다. 그 밖에 사관인 수주修注와 수주관修注官을 각각 설서와 시강에
임명했다.[62] 업무가 많은 대간과 사관을 경연관에 임명하면, 역할
분담에도 어긋나고, 공연히 번거로울 뿐이다.

　경연관들의 구성은 《송회요집고》에 실린 추은推恩 명단에도 나
타난다. 황제는 교재 하나를 뗄 때마다 경연관들에게 상을 내렸
다. 가령 고종은 《상서》를 종편終篇하고 시독·시강·설서 등 세
명에게, 《주역》을 종강하고 시독과 시강 등 네 명에게 상을 내렸
다.[63] 효종도 시독·시강·설서 등 경연관 4~5명에게 추은한 기
록이 두 번 나온다.[64] 광종의 경우에는 포상한 기록이 있으나, 경
연관의 명단은 없다. 영종은 추은한 기록이 11회나 되고, 상을 받
은 경연관 수도 많았다. 특히 즉위 초에는 매번 8~9명이었는데,
거의 절반이 대간이고, 사관이 시독을 겸한 경우도 있다.[65]

　이종理宗과 도종度宗의 경연에 관한 기록은 《송회요집고》에 실
리지 않았으나, 《송사》의 〈본기本紀〉에 경연관을 임명한 기사가
약간 실려 있다. 이종은 즉위한 다음 달에 경연관 일곱 명을 임명
했는데, 진덕수眞德秀 등 시독 세 명과 갈홍葛洪 등 시강 네 명이
었다.[66] 이종이 재위 40년 동안 경연관을 임명하고 경사를 강독

---

62) 《송사》 권162, 〈직관〉 2. 부단副端은 전중시어사殿中侍御史의 별칭.
63) 《송회요집고》 제57책, 〈숭유崇儒〉 7, '경연經筵', 고종 1뒤 및 6앞뒤.
64) 같은 책, '경연', 효종 4뒤, 5뒤, 8뒤.
65) 추은 11회의 시기와 대상자 명단은 저자의 〈宋代의 經筵〉(《東亞史의 比較硏
　　究》) 38쪽 〈표 2〉에, 그 전거는 37쪽의 각주 81)에 있다. 여기서는 생략한다.
66) 《송사》 권41, 〈이종본기理宗本紀〉, 가정嘉定 17. 윤8.3. 17.9.16. 갈홍葛洪
　　은 사흘 뒤에 권공부상서權工部尙書에 임명되면서 시독으로 승격했다. 가정
　　17.9.19.

한 기사가 가끔 나오는데, 자료가 빈약해서 경연의 실상을 파악할 수가 없다.[67] 도종은 즉위하던 해 11월에 시독 두 명, 시강 세 명, 설서 두 명 등 경연관 일곱 명을 임명했다.[68] 대간과 사관을 경연관으로 임명한 결과, 경연관의 수가 3~4명에서 7~8명으로 늘었다.

남송은 북송에 견주어 유명한 경연관이 적었다. 남송에도 주희朱熹·호안국胡安國·이도李燾·진덕수·정초鄭樵·원추元樞 같은 경학과 역사학의 대가들이 있었지만, 이들 가운데 경연관으로 활동한 사람은 별로 없다. 조정이 구차한 안일에 빠지고, 이름난 학자들이 조정에서 소외되었기 때문이다. 주희는 경연에서 강의한 기간이 매우 짧았고, 이도 역시 경연관 노릇을 제대로 하지 못한 것 같으며, 정초나 원추는 경연관이 된 적이 없다. 겨우 호안국이 고종의 인정을 받아《춘추》를 강의하여《춘추호전春秋胡傳》을 남겼고, 진덕수는 곡절이 많은 벼슬살이 가운데《대학연의大學衍義》를 편찬했는데, 이 책들이 후대에 경연 교재가 되었다.[69]

둘째, 남송의 경연 교재는 대체로 북송과 같았다. 고종은 경서로《논어》·《맹자》·《상서》·《주역》·《춘추》를, 역사는《삼조보

<hr>

67) 〈이종본기〉 말미의 논평에서, 황제가 중년에 기호에 탐닉하고 정사에 태만하여 간신이 권력을 차지했으며, 경연에서 성명性命을 강의해도 헛된 얘기에 불과하다고 했다. 같은 책, 권45 끝. 이 책의 〈열전〉에 이종의 경연에 관한 기록이 단편적으로 나온다.

68) 같은 책, 권46, 〈도종度宗본기〉 경정景定 5.11.5.

69) 《대학연의》43권은 총론과 격물格物·치지致知·성의誠意·정심正心·수신修身·제가齊家의 6단계로 구성되었다.《대학》의 8단계 가운데 치국治國과 평천하平天下는 빠졌다. 진덕수는 경서와 사서에서 각 항목에 관련된 내용을 뽑아서 실었다.《대학연의》라는 제목은《대학》의 뜻을 부연한다는 말이다. 내용은 "격물치지지요格物致知之要"가 전체의 절반 이상을 차지하고, 그 가운데 '변인재辨人材'와 '심치체審治體'의 두 항목이 각각 10권, 도합 20권으로 책의 절반에 가깝다.

훈》과 《자치통감》을 공부했다. 《논어》를 10년 만에, 《삼조보훈》을 22년 만에 마칠 정도로 진도가 느렸다. 효종은 경서로 《상서》·《주역》·《주례》를, 역사서로 《삼조보훈》·《진종황제정설》·《육지주의陸贄奏議》를 강독했고, 광종은 《상서》와 《삼조보훈》 및 《통감》을 공부했다. 영종은 재위 30년 동안 10여 가지 책을 공부했는데, 경서로는 《논어》·《맹자》·《상서》·《시경》·《주역》·《춘추》를, 사서로는 《자치통감》·《제학帝學》·《삼조보훈》·《이조보훈》·《고종성정高宗聖政》·《효종성정》·《고종황제보훈》 등이었다. 책 하나에 대개 10년 이상 걸렸으며, 《자치통감》은 무려 24년이 걸렸다. 즉 경서 가운데 5경과 《논어》와 《맹자》를, 역사는 보훈 3종과 성정 2종과 《자치통감》을 공부했다.[70) 교과과정은 경서와 역사서의 균형이 잘 잡혔다.

셋째, 강의 일정과 강의 방식도 북송의 선례를 따랐다. 춘강은 2월 중순에 개강하여 단오절에 종강하고, 추강은 8월 중순에 시작해서 동지에 끝났다. 개강일은 매번 택일했는데, 봄 학기는 2월 상순에, 가을 학기는 8월 상순에 각각 정했다.[71) 강의는 짝숫날에 하는 것이 원칙이나, 꼭 지키지는 않았다. 매달 초하루와 보름에는 정기적으로, 특별한 사정이 있으면 임시로 휴강했다.[72) 북송 진종의 선례를 따라서, 고종 때부터 국상國喪 중에도 경연을 열었

---

70) 남송의 경연 교재에 관한 상세한 정보는 저자의 논문 〈송대의 경연〉의 〈표 3〉(42쪽) 및 각주에 실려 있다.

71) 《송회요집고》'경연', 고종 1뒤 및 3뒤. 실제로는 춘강을 3월에 시작하고 추강을 9월에 시작한 경우도 있다. '경연' 광종 2뒤(시독의 말).

72) 《송회요집고》'경연' 고종 소흥 1.1.13. 휴강의 사유로는 황제의 생일, 산재일散齋日, 추방일秋防日, 매우 춥거나 더운 날, 금나라 사신의 체류, 대례大禮 연습 등이었다. 각 사례의 시기와 전거典據는 〈송대의 경연〉 40쪽에 실려 있다.

다.[73] 경연의 일정은 영종寧宗 때 크게 바뀌었다. 하루 걸러 하던 강의를 날마다 하고, 또 하루에 조강朝講 한 번만 강의하던 것을, 홀숫날에는 만강晩講을 추가하여 두 번씩 했다.[74] 즉 이틀에 한 번 하던 강의가 이틀에 세 번으로 늘었다.

입강立講은 인종 이후의 관행으로, 남송에서도 그대로 지속되었다. 영종이 진종 때의 좌강坐講을 부활시켰다는 기록이 있는데, 일시적인 일을 과장한 것 같다. 영종 가정嘉定 원년에 경연관들이 올린 차자箚子에 '좌강을 명했다.'는 말이 나오며, 이듬해의 차자에서도 좌강을 실시했다고 얘기했다. 경연관을 예우했다고 칭송하는 말인데, 좌강을 실시한 경위나 시기 등 자세한 내용은 언급하지 않았다. 영종은 즉위 초에 경연을 개시하고 좌강을 명했다가, 이틀 만에 다시 폐지한 적이 있는데, 이 일을 말한 것 같다.[75]

경연관들의 강의록講義錄 제출은 남송에서도 계속되고, 다른 것이 추가되었다. 고종은 경연일에 시종관侍從官들이 교훈적인 고사故事 한두 가지를 적어 올리라고 명했다. 또 휴강일에는 《춘추》의 구의口義, 즉 강의록을 1회분씩 제출하도록 했다. 뒤이어 고사 제출을 경연관과 한림학사 및 중서성과 문하성의 관리들까지 확대했다.[76] 제출한 고사는 부본副本을 강연소講筵所에 보내어, 《이영기주邇英記注》, 즉 경연일기에 반영하도록 했다. 후에 영종은 경연일

---

73) 《송회요집고》'경연' 고종 소흥 7.8.9.
74) 같은 책, '경연' 영종寧宗 경원 1.1.21. 짝숫날에는 조강朝講에서 일강一講하고 만강晩講에서 양강兩講 · 일독一讀, 홀숫날에는 만강에서 양강 · 양독兩講兩讀했다. 양강 · 양독은 경서 두 가지와 역사책 두 가지를 아울러 공부한다는 말이다.
75) 《송사》권37, 〈영종寧宗본기〉 1.
76) 《송회요집고》'경연,' 고종 건염 4.8.4, 소흥 2.7.15, 소흥 4.10.7.

과 휴강일을 막론하고 고사를 제출하게 했다.[77] 처음에는 황제가 매우 진지했다가, 점차 허례허식虛禮虛飾으로 바뀐 것 같다.

한편 경연관에 대한 은사恩賜는 남송 때 더욱 후해졌다. 시독·시강·설서 등 경연관과 사관은 경연에 참석할 때마다 음식을 대접받는데, 사식賜食 1흡과 법주 2되씩이었다. 경연관은 또 한식·단오·동지에 절료節料 즉 상여금을 받았는데, 단오와 동지는 각각 춘강과 추강이 끝나는 때였다. 관문전觀文殿 대학사 이상은 동전 150관貫과 술 열 병, 자정전資政殿 대학사 이상은 동전 100관과 술 여덟 병, 대제待制 이상은 동전 50관과 술 여섯 병, 그 이하는 동전 30관과 술 네 병을 받았다. 해마다 봄에는 황제가 차茶와 먹(墨)을 경연관들에게 하사했다.[78]

또 황제가 교재 하나를 뗄 때마다 '추은推恩'이란 명목으로 경연관들에게 상을 내렸다. 포상은 가자加資와 잔치와 물품하사였다. 가자, 즉 승진은 품계 한 등급을 더해 주었고, 벼슬이 없는 백신白身은 진의부위進義副尉에 임명했다. 잔치는 종강 후 하루 이틀 지나서 황성사皇城司에서 베풀었다. 하사품은 금대金帶·아홀牙笏·안마鞍馬·붓·먹·벼루·벼루상자·은銀·비단·향香·차茶 등을 차등 있게 주었다.[79] 참으로 푸짐한 포상이었다. 한편 경연에 시립侍立한 사관의 경우에는, 경연일기를 편찬하여 세 번 제출하면, 역시 승진시키는 것이 관례였다.[80]

---

77) 소흥 26년 및 29년의 변화는《송회요집고》'경연' 고종 소흥 26.7.24, 소흥 29.3.4. 영종 때의 고사 제출은 영종 경원 1.4.25.

78)《송회요집고》'경연' 효종 소흥 32.9.7.

79) 같은 책, '경연', 고종 소흥 9.7.28. 북송에서 2등급 올리던 것을 1등급으로 줄였다.

80) 같은 책, 효종 순희 1.12.1, 순희 7.5.11. 효종이 순희 7년 5월에《삼조보

경연에서 간쟁諫諍이 사라진 점도 큰 변화였다. 북송의 경연관들은 강의 도중이나 강의가 끝난 뒤에 직언하는 경우가 많았고, 사관史官에게도 상주上奏를 허용했다.[81] 남송에도 경연관들이 강의 뒤에 진언進言할 수 있었으나, 그렇게 한 사례는 보이지 않는다. 한번은 효종이 강의 끝에 입시入侍한 신하들에게 차를 대접하면서, 자기의 허물을 지적해 달라고 간곡히 부탁했다. 이날 경연에는 시독 한 명과 시강 세 명 및 사관이 참석했는데, 이들은 황제가 성명聖明하여 잘못이 없다고 대답했다. 황제가 실망하여 직언하라고 권했으나, 이들은 물러가서 생각해 보겠다고 대답했다.[82] 이처럼 경연이 겉치레는 번듯한데 내용은 부실했다.

남송은 북송의 경연을 계승했으나, 군주를 올바로 인도한다는 사명감이 없었다. 《송회요집고》의 기록들은 오히려 경연관들이 황제에게 아첨하고 황제로부터 상을 받은 내용이다. 경연관들이 황제를 찬미하는 글은 으레 "이 내용을 사책史册에 기록하여 후대에 알리십시오."라는 말로 끝난다. 경연은 이렇게 변질된 채 남송이 망할 때까지 지속되었다. 일부 도학자道學者들은 투철한 사명감이 있었으나, 모두 황제로부터 소외되어 역할이 미미했다. 그래도 주희 등이 편찬한 《자치통감강목》과 진덕수의 《대학연의》, 호안국의 《춘추호전》 등은 후대의 경연 교재가 되었으니, 남송도 경연의 발달에 한몫을 한 셈이다.

한편 남송은 성리학性理學이라는 새로운 유학을 후대에 남겼다.

훈》의 강독을 마쳤을 때 사관에게 추은하여 3년치 마감磨勘 즉 근무평가를 감면해 주었다.
81) 같은 책, 고종 소흥 28.5.18. 이해 추강부터 《이영기주》도 편찬하기로 했다.
82) 같은 책, 효종 건도 2.10.5.

남송의 주희 등은 북송의 주돈이와 정이 형제 등이 개발한 이론을
완성하여 새로운 학문 체계를 이루었다. 이들은 불교에서 배운 인
성론과 스스로 개발한 이기론을 결합하여, 인간과 자연을 아우르
는 형이상학 이론을 만들었다. 주희의 가르침은 한때 위학僞學으
로 탄압을 받았으나, 몽골이 원元나라를 세우고, 곧 주자학朱子學
을 지배 이데올로기로 삼았다. 주희와 같은 시대의 육구연은 학문
방법론을 달리했는데, 명나라의 왕수인王守仁이 이를 더욱 개발하
여, 양명학陽明學이 한때 세상을 풍미했다.

　송나라 유학자들은 성리학과 예학에 관한 많은 저술을 남겨서,
후대에 지대한 영향을 끼쳤다. 후에 명나라 성조(영락제)가 송·원
성리학자들의 저술을 모아서《성리대전性理大全》이라는 책을 간행
하자, 곧 조선에 보냈고, 나중에 조선에서 다시 구해 갔다. 주자학
이 조선에 유행하면서, 주자가 편찬을 주도한《소학小學》,《가례家
禮》,《근사록近思錄》은 경서에 버금가는 대접을 받았다. 또 주돈이
의〈태극도설太極圖說〉에서 비롯한 도설의 전통이 권근의〈입학도
설入學圖說〉로 계승되고, 이황의《성학십도聖學十圖》로 집대성된다.
중국에서는 주자학과 양명학이 경쟁했는데, 조선에서는 주자학을
받들고 양명학을 이단으로 탄압했다.

　본래 경연은 유교의 산물이었다. 일찍이 공자와 맹자는 제후국
을 순방하며 왕도를 가르쳤으나 별로 호응을 얻지 못했다. 그 뒤
한나라가 유교를 국시로 채택하고, 황제나 태자가 유학자들의 경
서 강의를 들었으나, 어전강의는 아직 제도화되지 않았다. 당나라
는 시독학사와 시강직학사라는 관직을 설치하여 어전강의를 맡겼
다. 특히 현종은 이들을 스승의 예로 대하고 날마다 강의를 들었

으나, 그 뒤로는 어전강의가 다시 부진했다. 유교가 아직 활력을 얻지 못했기 때문이다. 마침내 북송 때 유학이 발달하고 학자-관료층이 성장하자, 경연제도가 정비되었다. 이데올로기·엘리트·제도의 세 요소가 맞물린 것이다.

송대의 경연제도는 경연관직·강의 교재·강의 방식에서 주목할 만한 변화가 있었다. 첫째, 경연관으로 시독侍讀학사와 시강侍講학사를 두었고, 품계가 낮으면 설서說書에 임명했다. 충원 방식도 다양해졌다. 경연관은 한림원 등 여러 문한직을 비롯하여 양성兩省과 대간 등 근시 가운데서 학식과 덕망이 탁월한 사람을 골라 임명했다. 북송의 경우에는 그 시대의 석학들이 거의 다 경연관을 역임했다. 남송에서는 대간을 모두 경연관에 임명하고, 사관도 경연관에 임명했다. 경연관은 대체로 네 명을 임명하여 두 명씩 교대로 입시토록 했는데, 시독과 시강이 반드시 두 명씩 동수는 아니었다.

둘째, 강의 교재가 '경經'과 '사史'의 두 가지로 체계화되었다. 경서는 성현이 말씀하신 정치의 원리를 담은 책이었다. 6경인《상서》·《시경》·《주역》·《춘추》·《예기》·《주례》, 그리고《논어》와《맹자》가 기본 교재가 되었다. 《예기》의〈중용中庸〉편과〈대학大學〉편은 남송 말에 별도의 책으로 분리되나, 경연 강의에는 아직 반영되지 않았다. 또 남송에서는《주례》의 비중이 줄어들었다. 이리하여 '5경'과 '4서'의 체계가 확립되어 갔다. 송대 유학자들의 경전 주석은 후대에 큰 영향을 미쳤는데, 주희의《시전詩傳》과 호안국의《춘추호전》이 대표적이었다.

한편 역사서는 역대 왕조의 흥망의 자취로 정치의 실례를 담은 책이었다. 송대에는 《자치통감》과 《자치통감강목》 같이 방대한 통사通史를 편찬하고, 경연에서도 경서와 사서를 함께 강독했다. 조종祖宗의 치적을 기린 '보훈寶訓'도 편찬하여 강독했다. 북송에서는 《한서》·《후한서》·《당서》 같은 정사 이외에 《자치통감》·《삼조보훈》·《제학》·《정관정요》·《육지주의》 등을 공부했다. 남송에서는 왕조사를 빼고 《통감》에 치중했다. 진덕수는 경서와 역사서를 결합하여 《대학연의大學衍義》라는 교재를 새로 만들었는데, 이것도 후대의 경연에서 필독서가 되었다.[83]

셋째, 경연의 일정과 절차 등 강의 방식이 정비되고, 강의 분위기가 매우 엄숙해졌다. 경연은 바로 군주의 마음을 바르게 하기 위한 것이며, 이것이 국가의 흥망을 좌우하므로, 경연관들의 사명은 실로 막중했다. 그래서 어떤 경연관들은 마치 종교의식을 거행하듯이 강의했고, 이들의 경건하고 진지한 자세는 후대의 경연관들에게 모범이 되었다. 황제는 겸손한 마음으로 성현의 가르침을 배우고, 역대 군주의 잘잘못에 비추어 자신을 반성하려고 했다. 그러나 이러한 진지함은 남송에 이르러 점점 사라졌다.

송나라는 어전강의를 제도화하여 경연이란 새로운 전형을 만들었고, 다른 왕조들이 이를 본받았다. 중국에서는 요遼·금金·원元을 거쳐서 명明과 청淸이 계승하고, 동방에서는 고려와 조선이 수용했다. 중국에서 경연관의 직제는 후대로 갈수록 더욱 분화되었으나, 경연 강의는 이따금 거행하는 의식으로 변하고 경연관에 대

---

83) 진덕수는 《시경》에 나오는 〈칠월〉이란 전원시田園詩의 내용을 〈칠월도七月圖〉로 만들어 황제에게 바쳤다. 당나라 송경의 〈무일도無逸圖〉와 같은 성격이다. 역대의 군주들은 두 괘도를 가까이 세워두고 마음에 새겼다. 또 진덕수는 《심경心經》을 편찬했고, 원나라 정민정程敏政이 이를 증보하고 주석했다. 이 《심경부주心經附註》가 훗날 조선에서 수기修己 교과서가 되었다.

한 예우도 나빠졌다. 한편 고려가 북송에서 들여온 경연은 제대로 자라지 못하다가, 조선왕조에 들어와서 괄목할 정도로 성장했다. 특히 고려 말에 도입된 주자학이 조선왕조의 지배 이데올로기가 되어 경연에서도 위력을 발휘했다.

그렇다면 송대에 전성기를 누린 경연이 원·명·청 때는 왜 부진했나? 정치적 상황이 달라졌기 때문이다. 이들 세 왕조 가운데 원과 청은 이민족 왕조였다. 이들은 주자학 이데올로기로 인구의 절대다수인 한족漢族을 길들였지만, 유학자들이 이민족 황제 자신을 길들이게 할 이유가 없었다. 또 황제권이 극도로 강해졌다. 이들 세 왕조는 북송이나 남송보다 영토와 인구가 두 배 이상 많았으며, 이를 장악하기 위하여 황제에게 권력을 극도로 집중했다. 명나라가 재상을 없앤 것은 이를 잘 보여 준다. 맹수가 너무 크게 자라서, 조련사가 감당할 수 없게 된 셈이다.

유가는 황제 길들이기에 실패했나? 꼭 그렇지는 않다. 유교는 전근대 중국의 지배 이데올로기이자 중국인들의 생활 방식이었고, 유교 규범은 중국인의 사회생활과 정치생활에 깊이 침투했다. 그래서 유학자들은 경연이 아니더라도 황제의 생각과 언행에 다양한 방법으로 영향을 끼칠 수 있었다. 황제는 즉위할 때까지 경사를 공부하며 유교의 가르침을 체득했고, 즉위한 뒤에도 유교의 규범과 관행을 준수했다. 청나라의 강희제康熙帝는 그 대표적 사례로 손꼽힌다. 유가가 황제 길들이기에 절반은 성공한 셈이었다.

제2장 고려의 유학과 경연

　한국사에서 중국문화의 수용은 세 단계로 진행되었다. 삼국과 통일신라는 초급 단계로서, 한자와 한문학, 유교와 불교, 통치제도(율령), 예술과 과학기술 등을 필요한 만큼 받아들였다. 토착전통이 워낙 강력해서, 외래문화의 도입과 보급이 들쭉날쭉하고 제한적이었다. 고려는 중간 단계로서, 중국의 제도와 문물을 훨씬 더 많이 받아들였고, 토풍土風과 화풍華風의 갈등도 컸다. 조선왕조는 최고 단계로, 유교와 통치제도 등 중국문화를 최대한 수용하여, 마침내 소중화小中華를 자부했다.

　고려는 삼국과 달리 중국의 통치제도를 적극 도입했다. 중앙과 지방의 정부조직, 형벌과 조세제도, 과거제도, 지배 이데올로기 등 중국의 모델을 많이 수용했다. 지배계급의 한문 실력도 이와 함께 늘었다. 그래서 고려는 이전보다 높은 수준의 정치적 통합을 이루었으나, 한계도 있었다. 가령 과거제도로 새로운 엘리트 집단을 만들어, 신라의 골품제와 후삼국의 무장武將 세력을 청산했다. 그러나 무신집권 백 년에서 보듯이, 새로운 시스템은 아직 불안정하고, 갈등도 많았다.

　고려와 중국의 관계도 매우 복잡했다. 중국에서는 당나라가 망한 후, 오대五代(907~960)의 혼란기를 거쳐, 마침내 송宋나라가 통일을 이루었다. 그러나 송나라는 거란족의 요遼나라, 여진족의 금金나라, 몽고족의 원元나라 등 강력한 이민족 왕조에 시달렸다. 고려는 이들과 어려운 외교관계를 맺으면서 실리를 취하고, 중국의 문물제도를 도입했다. 정부조직 · 형률 · 대장경 · 청자靑瓷 · 성리학 등이 대표적 사례였다.

경연은 중국 제도의 수용 가운데 특별한 경우였다. 이 제도는 중국에서 완성되자 곧 고려에 도입되었다. 그러나 모종해 온 경연은 고려의 척박한 풍토에서 거의 성장하지 못했다. 고려는 여전히 불교 국가여서 유교가 열세를 면하지 못했고, 유학자들이 정치를 주도했으나, 무신집권 같은 일탈도 길었다. 그래서 경연은 오래 사라졌다가 다시 살아났고, 조선왕조에 이르러 뒤늦게 꽃피었다.

고려의 경연은 중국의 문물을 수용한 사례로서, 그리고 조선시대 경연의 선례라서 매우 중요하다. 그러나 이에 관한 체계적인 연구가 없어서, 저자가 대략 윤곽을 그려 보았다. (1)경연관, (2)강의 교재, (3)강의 방식에 초점을 맞추고, 유학의 발달이라는 문화적 요인과 무신집권이나 원의 간섭 같은 정치적 요인들을 배경으로 삼았다. 이로써 북송北宋의 경연과 조선의 경연을 연결하는 고리를 확인하려고 한다.

1. 경연의 도입과 폐지

고려는 예종(1105~1122) 때 경연을 도입했다. 당시 고려왕조는 918년에 개국한 지 2백 년이 지나서, 통치 시스템이 안정되고 귀족문화가 한창 꽃피고 있었다. 건국 후 백 년 동안, 고려는 중국식 제도 개편으로 후삼국의 그늘을 완전히 벗어났다. 정부조직은 당나라의 3성 6부를 본받고, 송나라의 재정·감찰·군정기구를 추가했다. 또 과거제도로 학자-관료라는 새로운 정치 엘리트를 배출하여, 호족 출신의 무신(공신) 집단을 대체했다. 전시과와 녹봉제로 관료의 경제적 기반도 마련하고, 지방관을 파견하여 중앙집권을 강화했다. 그 뒤 다시 백 년이 지난 예종 때, 고려는 중국의 모델에 더욱 가까워졌다.

고려의 문화는 삼국 및 통일신라와 차이가 컸다. 앞 시대에는 토착문화의 전통이 강해서, 중국문화의 수용은 매우 제한적이었다. 불교는 토착문화와 접합하며 널리 퍼졌지만, 유교와 한문을 이해하는 지식인은 적었다. 이와 달리 고려는 건국 초부터 서울과 지방에 학교를 세우고 시험으로 인재를 선발한 결과, 한학漢學을 배운 지식인이 늘고 이해 수준도 높아졌다. 그래도 고려의 문화적 풍토는 송나라와 상당한 차이가 있었다. 송에서는 이미 11세기에 새로운 유학이 활력을 발휘하여 불교를 제압했으나, 12세기 고려에서는 불교가 여전히 우세했고, 화풍華風에 대한 토풍土風의 저항도 거셌다.

고려 유학의 부진不振은 불교의 흥성과 대조적이다. 불교가 국가와 개인의 생활 전반에 침투한 반면, 유교의 역할은 정치 분야

에 국한되었다. 최승로崔承老는 성종에게 올린 〈시무時務 28조〉에
서, '수신修身'을 불교에 양보하고, '치국治國'만 유교의 영역으로
삼았다.[1] 본래 수기修己와 치인治人이 유교의 사명인데, 유학자가
그 근본을 포기한 셈이었다. 사실 치국에서도 유교는 제 몫을 다
하지 못했다. 국방 대책까지 불교에 미루어,《팔만대장경》을 목판
에 새기는 데 국력을 기울였다. 종법宗法이라는 유교식 친족 규범
은 아예 받아들이지 않았다.

    그렇다고 고려가 유학의 불모지는 아니었다. 고려는 한漢·당唐
유학의 전통을 통일신라로부터 이어받았다. 태조가 불교와 풍수
지리에 탐닉하는 것을 비판한 최응崔凝 같은 유신儒臣이 그 증거였
다.[2] 앞서 말한 최승로의 글도 조정에서 유가의 존재를 과시했다.
더욱이 광종이 과거를 실시하고 성종이 문치文治에 주력한 결과,
한학漢學이 급속히 발달했다. 문종 때부터는 사학私學이 활발하여
'12공도公徒'를 일컬었다. 이제 고려에서는 중국의 문학과 경학과
역사학을 공부해야만 권력 엘리트가 될 수 있었다. 자연히 한문과
유교의 이해 수준이 앞 시대보다 훨씬 향상되었다.

    당시의 교육과 학문은 과거제도와 밀접한 관계가 있었다. 고려
의 과거제도에 제술製述과 명경明經이 있었으나, 유교 경서를 시험
하는 명경업 출신은 매우 적었고, 한시漢詩를 짓는 제술업 출신이
절대다수였다. 이것은 경학經學을 홀대하고 시문詩文을 숭상하던
당시의 풍조를 반영한다. 실제로 고려의 학자들은 유교의 이론적
탐구나 종법宗法의 실천에 무관심했다. 대개 중국의 시문詩文을 열

---

1)《고려사高麗史》권93, 19앞(최승로). 최승로는 불교의 폐단을 열거하고 시정
   을 요구하면서도, 불교신앙 자체는 배척할 수 없었다.
2)《보한집補閑集》상권. 1앞.《고려명현집高麗名賢集》2(대동문화연구원, 1973).

심히 모방하고, 경사經史는 교양으로 공부하여, 유학을 포함한 한
학漢學 또는 한문학이 발달한 셈이었다.

고려의 한학은 12세기 전반, 예종과 인종 때에 활짝 꽃피었다.
예종은 개경에 있는 국학國學의 교육을 강화하고, 지방에 향교를
설립했으며, 예의상정소禮儀詳定所를 세워서 유교식 국가 예제禮
制를 정비했다. 또 청연각淸讌閣과 보문각寶文閣 등 도서관을 궁중
에 설치하고 학자들을 임명하여, 경사를 연구하고 문장을 연마하
게 했다. 인종 때는 '이자겸의 난'과 '서경의 반란' 같은 지배 세력
의 갈등 속에서도《삼국사기三國史記》를 편찬하고《상정고금예문詳
定古今禮文》을 간행했다. 바야흐로 화풍이 오름세였다.

이 무렵 중국에서는 세력 판도가 급변하고 있었다. 그동안 고
려는 송나라와 요나라에 조공을 바쳤는데, 예종 10년(1115) 무렵
부터 새로 일어난 금金나라가 요나라를 압도하기 시작했다. 고려
는 요나라의 책봉冊封을 거부하고, 송나라에 더욱 근접했다. 송나
라 휘종은 고려와 동맹하여 금나라를 견제하려고 했다. 그래서 고
려의 사신들을 특별히 환대하고, 대성악大晟樂과 투호投壺 등을 고
려에 하사했다. 예종도 중국의 문물을 적극 받아들여 화답했다.
이것이《고려도경高麗圖經》의 저자 서긍徐兢이 고려에 온 배경이었
다. 사신 일행은 출발을 준비하다가, 예종의 부음訃音을 듣고 일
정을 늦추어, 인종 원년(1123)에 왔다. 이처럼 국내와 국제 정세가
경연의 도입에 매우 유리했다.

예종은 원년(1106) 12월 3일에 경연과 비슷한 어전강의를 처음
실시했다. 이날 문덕전文德殿에서 평장사 윤관尹瓘이《상서尚書》의
〈무일無逸〉편을 강의하고, 지추밀원사 오연총吳延寵이《예기禮記》

를 강의했는데, 왕이 평장사 최홍사崔弘嗣 등 유신儒臣 21명과 함
께 들었다. 강의가 끝난 뒤에 왕이 술과 음식을 내렸다.[3] 이 강의
는 예종 때 경연의 전형을 보여 준다. 이름난 문신 한두 명이 경서
가운데서 한두 대목을 강의하고, 왕과 여러 문신들이 함께 들었으
며, 뒤풀이 주연酒宴으로 끝났다.

그러나 그 뒤로 십 년 동안 다시는 이런 기록이 없다. 기록의 누
락이 아니라, 사실상 공백으로 보인다. 예종 11년 4월 1일, 왕이
서경에 행차하여 대동강에서 뱃놀이를 즐겼다. 그가 평양에 머무
른 것은 풍수지리설에 따른 연례행사였다. 이때 수행했던 지제고
知制誥 최약崔瀹이 글을 올려 왕의 잘못을 비판했다. 군주는 매일
유신儒臣들과 더불어 경사經史를 토론해야지, 경박한 문사文士들과
더불어 글귀나 다듬어서는 안 된다는 말이었다. 그 글의 요지는
다음과 같다.

옛날에 당唐 문종文宗이 시학사詩學士를 두려고 하자, 재상이 아뢰기
를, "시인은 대개 경박하니, 이들이 고문을 맡으면 성청聖聽을 어지럽
힐까 두렵습니다."라고 해서, 문종이 이를 그만두었습니다. 제왕은 마
땅히 경술經術을 좋아하고 날로 유사儒士와 더불어 경사經史를 토론하
고 정치를 자문해야 합니다. 〔백성을 교화하고 풍속을 이루기에 겨를이
없거늘〕 어찌 어린애처럼 문장 다듬기나 일삼고, 경박한 시인들과 자주
어울리고 풍월을 읊조려, 천심天心의 순정淳正함을 잃겠습니까?[4]

---

3) 《고려사》 권12, 26뒤~27앞. 《예기》의 어느 대목인지는 기록하지 않았다.
4) 《고려사》 권95, 8앞(최충), 《고려사절요》 권8, 13앞뒤. 괄호 〔 〕 안의 구절은
《고려사절요》에만 있다. 최약이 시문에 서툴러서 트집을 잡는다고 측근들이
헐뜯자, 왕은 그를 지방관으로 내보냈다. 친지들과 전별餞別할 때, 그는 자신
의 충정을 나타내는 시를 멋지게 썼고, 예종은 바로 그를 불러들였다. 최약은

넉 달 뒤, 예종은 경연을 위한 관청을 만들고 강의를 개시했다.
11년 8월에 청연각淸讌閣을 궁중에 짓고, 여기에 학사學士(종3품),
직학사直學士(종4품), 직각直閣(종6품)을 한 명씩 두어, 아침저녁으
로 국왕에게 경서를 강론하게 했다. 또 교감校勘(종9품) 네 명을 두
었는데, 두 명은 어서원御書院의 교감으로 충당하고, 두 명은 다
른 관원이 겸직하게 했다. 청연각은 학사들이 숙직하고 출입하기
가 어려웠다. 그래서 11월에 보문각寶文閣이라는 건물을 따로 짓
고, 홍루紅樓 아래의 남랑南廊을 고쳐서 정의당精義堂이라는 회강會
講 장소를 만들고, 그 좌우 양쪽에 이들의 휴식처도 마련했다.[5]

청연각과 보문각은 궁중 도서관이었다. 김연金緣의 〈청연각기淸
讌閣記〉에 따르면, 두 건물은 회경전會慶殿 옆, 연영전延英殿 북쪽,
자화전 남쪽에 있었다. 한 곳에는 송나라 황제의 어제御製와 조칙
詔勅과 서화書畵를 보관하고, 또 한 곳에는 경서를 모아 두어 원로
학자들과 함께 선왕의 도리를 공부했다.[6] 서긍의 《고려도경》에 따
르면, 동쪽의 보문각에는 중국 황제들이 내린 조서詔書를 모시고,
서쪽의 청연각에는 사서史書와 제자백가와 문집들을 간직했다.[7]
모두 송나라 제도를 모방한 것이다. 〈청연각기〉에 "문각文閣의 경
연에 유아儒雅를 초청한 것은 선화宣和의 제도를 본받은 것"이라는
예종의 말이 나오는데, '선화'란 송나라 휘종을 가리킨다.[8]

최충崔冲의 증손으로 뒤에 벼슬이 예부상서 한림학사에 이르렀다. 《고려사》
권95, 8뒤(최충).

5) 《고려사》 권76, 28앞. 여기서 아침저녁으로 국왕에게 경서를 강론했다고 하
는데, '아침저녁'은 그저 상투적인 표현이다.

6) 같은 책, 권96, 6앞뒤.

7) 《고려도경高麗圖經》 권6, 궁전2, 연영전각. 장서가 만 권이라고 했다.

8) 《고려사》 권96, 7앞. 周藤吉之 《高麗朝官僚制の研究》(東京 法政大學 出版局,
1980) 제8장 〈高麗前期の寶文閣〉을 참조. (원래 1964년 《朝鮮學報》 90집에

보문각을 신축하고 나서, '청연각학사'를 '보문각학사'로 바꾸었
다. 새로 대제待制(정5품)를 두고, 서열은 종4품의 급사중給舍中 및
중서사인中書舍人과 같게 했다. 또 제학提學·동제학同提學·관구管
句·동관구同管句를 두고, 중추원의 내신內臣이 겸하게 했다. 대신
이 학사에 임명되면, '대학사'라고 불렀다.[9] 이어서 한림원翰林院의
직제도 바꾸어, 한림학사승지翰林學士承旨 한 명과 한림학사 두 명
은 정3품, 시독학사侍讀學士 한 명과 시강학사侍講學士 한 명은 정4
품으로 했다. 그 밖에 겸직으로 지제고知制誥 여러 명을 한림원과
보문각에 두었다.[10] 이로써 우수한 학자들을 충분히 확보했다.

마침내 예종은 11년(1116) 12월 초에 경연을 개시했다. 유학자
들이 어전에서 강의하는 제도를 정식으로 도입한 것이다. '경연經
筵'이란 말은 위의 〈청연각기〉에 처음 나온다. 이 글은 예종이 12
년(1117) 4월 2일에 여기서 잔치를 베풀었을 때, 문하시랑(정2품)
김연이 왕명으로 쓴 것이다.《고려사》의 〈인종세가仁宗世家〉와 〈의
종세가毅宗世家〉에도 경연이란 말이 여러 번 나온다. 그 밖에 의종
때 김자의金子儀가 지은 윤언이尹彥頤의 묘지명墓誌銘에 "매번 경연
에서 진강進講하니, 인종이 보대寶帶를 하사하신 것이 여러 번이었
다."는 구절이 있다.[11]

실렸음.) '선화'는 송 휘종의 연호로, 1119년~1125년에 해당한다.

9)《고려사》권96, 7앞. 이규보李奎報의《동국이상국집東國李相國集》권33에도 이
   런 얘기가 나온다. 이 글은《동문선東文選》권30 '비답批答'에도 실려 있다.

10) 같은 책, 권76, 24앞뒤 (〈백관지〉예문관). 최제숙〈고려 한림원고〉《한국사
    논총》(성신여대) 제4집(1981)을 참고. 예종~인종의 경연을 서연이라고 일컬
    었다.

11) 같은 책, 권96, 7앞(청연각기). 권16, 19뒤 (인종 10.4.21); 권18, 17뒤
    (의종 16년 2월 신해). 김용선(편)《고려 묘지명墓誌銘 집성》(한림대 출판부,
    1993), 115쪽. 한편 박경산朴景山의 묘지명에는 "예종이 향학嚮學하여 처음으
    로 보문각을 짓고 서연書筵이라 일컬었다."고 했다(같은 책, 163쪽). 당시 경

예종은 보문각을 설치한 때부터 서거할 때까지 6년 동안 경연에 참석했는데, 《고려사》의 〈예종세가〉는 이 기간에 24회, 1년 평균 4회의 어전강의를 기록했다. 여기에 원년의 기사를 합치면 모두 25건이다. 이를 정리한 것이 〈표 2-1〉이다. 아마 《고려사》를 편찬할 때, 일부가 누락되었을 것이다. 특정한 대목을 거듭 강의한 것으로 미루어, 경연은 이따금 부정기적으로 실시한 것 같다. 가령 예종 15년 6월에는 세 번이나 경연을 실시했으나, 그 전 7개월과 그 뒤 5개월 동안은 경연에 관한 기록이 전혀 없다. 〈표 2-1〉에서 예종 때 경연의 몇 가지 특징을 찾을 수 있다.[12]

첫째, 강독관은 당시의 유명한 학자들을 거의 망라했다. 예종 원년의 윤관尹瓘(평장사)과 오연총吳延寵(지추밀원사)은 2품 대신이었고, 11년 이후에는 모두 3품 이하의 시종侍從이었다. 박경인朴景仁, 고선유高先柔, 지창흡池昌洽, 한교여韓曒如, 박승중朴昇中, 호종단胡宗旦, 홍관洪瓘, 김부일金富佾, 한안인韓安仁, 이영李永, 박승중, 정극영鄭克永, 김부식金富軾 등이 모두 그렇고, 김연金緣(문하시랑)만 2품이다.[13] 무슨 까닭인지 시독학사와 시강학사의 직함은 나오지 않는다.

연과 서연을 혼용한 것 같다.
12) 김충렬은 《고려유학사》(고려대 출판부, 1984)에서 '왕이 주재한 강학기록 講學記錄'에 예종과 인종 때의 경연 기사를 열거하고, 그 성격을 잘 밝혔다 (109~117쪽).
13) 강독관 한교여와 한안인은 같은 사람이다. 예종 12년 말에 동지추밀원사 겸 한림학사승지에 임명되면서 '안인安仁'이라는 이름을 하사받았다. 김연은 후에 인존仁存으로 개명했다. 호종단은 송나라 사람으로 고려에 왔다가 예종에게 발탁되었다.

〈표 2-1〉 예종의 경연 기록

연 월 일	장 소	교 재(편명)	강 독 관
1.12. 3	문덕전	《상서》(무일), 《예기》	윤관(평장사), 오연총(지추밀)
11.11.11		《상서》(요전 · 순전)	박경인(한림학사승지)
11.12. 1		《상서》(삼모*)	고선유(보문각교감)
11.12.23		《예기》(중용 · 투호)	지창흡(내시양온령)
12. 1.30		《주역》(건괘)	한교여(추밀원지주사)
12.11.10		《시경》(관저)	박승중(한림학사)
12.11.24		《예기》, 《상서》(무일)	김연(문하시랑), 호종단(기거랑)
12.12.20		《상서》(홍범)	김연 + 재추 청강
13. 1.28		《상서》(순전)	홍관(보문각학사)
13. 2.10		《시경》(노송)	김부일(보문각대제)
13. 2.19		《주역》(태괘)	한안인(한림학사승지)
13. 6. 6	청연각	《상서》(열명)	이영(보문각학사)
13.윤9.24		《노자》	한안인(한림학사승지)
13.11. 1		《주역》(복괘)	한안인
14. 8. 1		《상서》(홍범)	박승중(한림학사)
14.11. 9		《예기》(중용)	박승중(한림학사)
15. 6. 5		《상서》(홍범)	박승중(한림학사)
15. 6.10		《예기》(월령)	정극영(국자좨주)
15. 6.28		《상서》(태갑)	김연
15.11.26		《시경》(반수)	김부일
16. 3.19		《예기》(월령), 《상서》(열명)	박승중(한림학사) · 김부식(기거주)
16.윤5.17		《상서》(홍범)	박승중(한림학사)
16.윤5.28		《시경》(운한)	임존(기거사인)
16. 6. 1	장령전	《예기》(월령)	박승중
17. 1.26	청연각	《주역》(건괘)	김부식(중서사인)

*삼모三謨: 대우모 · 고요모 · 익직

둘째, 강의 교재는 《상서尚書》 12회, 《예기禮記》 7회, 《시경詩經》 4회, 《주역周易》 4회, 《노자老子》 1회, 두 가지 교재를 함께 쓴 것이 세 번이다. 《상서》를 가장 자주, 거기서도 특히 교훈적인 〈홍범洪範〉 4회, 〈무일無逸〉 · 〈열명說命〉 · 〈순전舜典〉 각 2회, 〈태갑太甲〉 · 〈요전堯典〉 · 〈대우모大禹謨〉 · 〈고요모皋陶謨〉 · 〈익직益稷〉을 각 1회 강의했다. 《예기》는 〈월령月令〉 3회, 〈중용中庸〉 2

회, 〈투호投壺〉 1회, 미상 2회 등이고, 《주역》은 〈건괘乾卦〉 2회, 〈태괘泰卦〉와 〈복괘復卦〉 각 1회였다. 《시경詩經》에서는 〈관저關雎〉·〈반수泮水〉·〈운한雲漢〉편을 강의했다.[14] 《노자》를 강의한 것은 북송에서 그랬듯이 예외적이었다. 강의한 대목으로 미루어, 어느 책을 처음부터 강의한 것이 아니라, 그때그때 강의할 대목을 고른 것 같다. 역사책은 전혀 강독하지 않았다.

셋째, 강의 방식이 느슨했다. 일정이 없이 이따금 실시했고, 강의 장소는 청연각이었다. 원년의 문덕전은 청연각을 짓기 이전의 일이고, 16년의 장령전長齡殿은 왕이 서경에 머물던 때였다. 강독의 목적은 국왕 교육이 아니라, 국왕의 학문 권장이었다. 유학자들이 국왕과 여러 동료들 앞에서 학식을 자랑하는 의식이고, 특히 '문난問難'은 학문의 우열을 겨루는 게임이었다. 예종 12년 1월 30일에 한교여가 《주역周易》의 〈건괘乾卦〉를 강의할 때, 왕은 박승중과 김부일에게 문난을 시켰고, 토론이 끝난 뒤에는 참석자들에게 술을 내렸다. 같은 해 12월 20일에는 재추宰樞가 참석하여 청강하도록 했고, 뒤끝에 잔치를 베풀었다. 또 13년 1월 28일에는 참석자들에게 시를 짓게 하고, 뒤풀이를 했다. 모두 문풍文風을 북돋는 취지였다.

예종 때 경연을 북송의 경연(제1장)과 비교해 보자. 첫째, 경연관의 직제는 대체로 비슷하지만, 다른 점도 있다. 송나라 경연관은 시독—시강—설서의 세 계층으로 구분되어 있었다. 시독과 시강은 한림원이나 궁중 도서관(용도각·천장각·단명전 등)에 속한 학사

---

14) 《시경》의 〈노송魯頌〉에는 네 편의 시가 실렸다. 한 편만 골라서 강의했을 터인데, 〈반수〉로 추측된다. 두 편은 준마駿馬를 읊었고, 다른 한 편은 매우 길기 때문이다.

가운데서 뽑았고, 설서는 숭정전에 속했다. 고려 예종의 경연관이
한림원과 보문각의 관원들로 구성된 것은 송나라 제도와 비슷하
고, 한림원의 시독학사(1명)와 시강학사(1명)가 모두 정4품인 점은
다르다. 고려에는 설서 같은 하위직이 없고, 시독학사나 시강학사
가 입시入侍한 기록도 보이지 않는다.

   둘째, 강의 교재도 매우 달랐다. 북송에서는 6경과 《논어》·
《맹자》 같은 경서와 함께, 《사기》·《한서》·《자치통감》 등 역사
책을 체계적으로 공부했다. 이와 달리, 고려 예종이 경연에서 사
용한 강의 교재는 매우 단순하여, 경서로는 《춘추》와 《주례》를 제
외한 4경 가운데 자주 인용되는 대목을 한두 편 강의했을 뿐이
다. 《논어》와 《맹자》는 강의하지 않았고, 《자치통감》 등 역사책은
전혀 공부하지 않았다. 예종은 세자 때 《논어》와 《정관정요》를 공
부한 바 있으며, 즉위 11년에 김연과 박경인 등에게 명하여 《정
관정요》의 주해본註解本을 편찬했으나, 두 책을 경연에서는 공부
하지 않았다.[15]

   셋째, 강의 일정과 입시入侍 절차가 달랐다. 송에서는 황제가 홀
숫날에 시무視務하고 짝숫날에 경연에 참석하며, 봄 학기와 가을
학기가 있었다. 고려에서는 그런 일정이 없고, 왕이 아주 이따금
경서 강의를 듣는 정도였다. 강의 절차는 고려 쪽 자료가 부실해
서, 비교하기가 어렵다. 참석자의 구성을 보자. 북송에서는 평일
의 경연에 설서說書 두 명, 시독이나 시강 한 명 및 사관史官이 입
시했고, 특별한 날만 대신들이 참석했다. 이와 달리 고려에서는

---

15) 《고려사》 권14, 18앞뒤(예종 11.12.25); 권96, 4앞 및 11앞. 김연(인존)은
   예종이 세자일 때 《논어》를 강의하고 《논어신의論語新義》를 편찬했다.

늘 여러 신하들이 참석했다. 송에서는 좌강坐講과 입강立講이 있었는데, 고려의 경우에는 관련 정보가 없다. 조선시대처럼 신하들이 부복俯伏했을 것이다.

넷째, 경연의 분위기도 전혀 달랐다. 북송의 경연관들은 오늘 강의가 내일 국가의 흥망을 좌우한다는 믿음에서, 엄숙한 태도로 강의하고 황제의 언행을 고치려고 애썼다. 반면에 고려 예종의 경연은 분위기가 느슨했고, 강의가 끝난 다음 주연을 베풀고 시를 짓기도 했다. 또 왕이 보살계菩薩戒를 받고 불사佛事를 일삼아도, 경연관들이 이를 따지지 않았다. 고려의 경연은 국왕 길들이기가 아니라, 왕이 유학자들을 존중하는 의식이었다. 예종 16년 여름에 가뭄이 길었는데, 왕이 청연각에서 경연을 실시하자 비가 왔다는 이야기는 기우제祈雨祭를 연상시킨다.[16]

인종(1122~1146)은 예종의 문치文治를 계승하여, 학문을 진흥하고 경연을 계속했다. 〈표 2-2〉는 인종 때 경연의 모습을 잘 보여준다. 첫째, 강독관들은 예종 때처럼 최고 석학이자 국왕의 측근들이었다. 김부일金富佾(정당문학)·정항鄭沆(승선→한림학사)·정지상鄭知常(승선)·윤언이尹彦頤(국자사업→보문각직학사)·김부식金富軾(평장사→문하시중)·김부의金富儀(한림학사) 등이 모두 그러했다.

---

16) 이에 관한 두 가지 이야기가 전한다. 하나는 왕이 박승중에게 명하여《상서》의 〈홍범〉편을 강의했더니, 그날 마침 큰 비가 왔다는 것이다.《고려사》권 125 박승중. 또 하나는 왕명으로 임존이《시경》의 〈운한〉편을 강의하고 박승중이《상서》의 〈홍범〉편을 강의했더니, 가뭄 끝에 단비가 내렸다고 한다.《익재난고益齋亂藁》권9상. 두 이야기는 예종 16년 윤 5월 17일 박승중의 〈홍범〉편 강의 및 28일 임존의 〈운한〉편 강의에서 유래한다. 〈운한〉은 극심한 가뭄을 당하여, 왕이 자책하며 비를 비는 내용이라, 후자가 더 그럴듯하다.

〈표 2-2〉 인종의 경연 기록

연 월 일	장 소	교 재 (편명)	강 독 관	기 타
5. 3.23		《상서》(홍범)	김부일(정당문학)	서경 체류
5. 3.24	기린각	《상서》(열명 · 주관)	정항(승선)	서경 체류
5. 3.25	기린각	《상서》(무일)	정지상(승선)	시(詩), 잔치
7. 8. 2	서적소	《송조충의집》	정항(승선)	
10. 3.11	기린각	《주역》(건괘)	윤언이(국자사업)	문난
10. 3.12		《예기》(중용)	정항(승선)	
11. 5.18	숭문전	《주역》, 《상서》	김부식(평장사)	문난
11. 5.20		《상서》(홍범)	김부의(한림학사승지)	
11. 5.24		《예기》(중용)	윤언이(국자사업)	
11. 7.11	수락당	《주역》(건괘)	김부식	
11. 7.15		《주역》(태괘)		
12. 6. 3	수락당	《예기》(월령)	김부의(한림학사)	
12. 6.16	수락당	《시경》(칠월)	정항(한림학사)	
12. 7.17		《예기》(월령)	윤언이(보문각직학사)	
12. 8.23	명인전	《상서》(열명)	김부의(한림학사)	
13. 8.11	천성전	《당감》	정항(한림학사)	대신 청강
16.11.21	집현전	《주역》(대축 · 복괘)	김부식(문하시중)	문난 잔치
17. 3.25		사마광유표 · 훈검문	김부식	

*빈 칸은 기록이 없음을 뜻함.

둘째, 강의 교재는 약간 달라졌다. 《상서尙書》(6회) · 《주역周易》
(5회) · 《예기禮記》(4회) · 《시경詩經》(1회), 이렇게 4경 가운데 자주
인용되는 대목을 강독한 것은 이전과 같다. 반면에 《송조충의집宋
朝忠義集》과 《당감唐鑑》 같은 간단한 역사책과 사마광司馬光의 〈유
표遺表〉 및 〈훈검문訓儉文〉을 추가한 것은 새로운 변화였다.

셋째, 강의 절차와 방식 등은 예종 때와 비슷했고, 횟수는 줄었
다. 인종의 재위 24년 동안에 18회니까, 1년에 한 번 미만으로 예
종의 4회보다 적었다. 강의 장소는 예종 때와 달리 일정하지 않았

다. 이자겸의 난으로 대궐이 불타서, 왕이 여러 별궁으로 옮겨 다녔기 때문이다. 수창궁에 머물 때는 명인전明仁殿이나 인근의 서적소書籍所에서, 대명궁이면 숭문전崇文殿이나 수락당壽樂堂에서, 인덕궁(연경궁)이면 천성전天成殿에서, 서경에 행차하면 기린각麒麟閣에서 강독했다. 강관講官 한 명이 경서에서 자주 인용되는 대목을 강의하고, 다른 유신들도 청강했는데, 때로는 문난問難도 했다. 뒤풀이로 왕이 주식酒食을 내리고 시를 짓게 하기도 했다. 인종 때의 경연도 이따금 거행하는 유교 의식이었다.[17]

경연의 횟수는 적었지만, 문난問難은 활발했다. 10년 3월 11일에는 승선 정항, 예부낭중 이지저李之氐, 기거주 정지상이 문난했고, 11년 5월 18일에는 한림학사승지 김부의, 지주사 홍이서洪彛敍, 승선 정항, 기거주 정지상, 국자사업 윤언이 등이 문난했다. 인종이 국자감에 행차했을 때, 김부식이 《주역》을 강의하고 윤언이가 문난한 일화가 남아 있다. 본래 윤언이는 《주역》에 정통하여 《역해易解》까지 저술한 바 있는데, 이때 어려운 질문을 퍼붓자, 김부식이 온 낮에 땀을 뻘뻘 흘렸다고 한다. 전에 김부식이 비문碑文 때문에 재상 윤관의 체면을 깎았는데, 이번에 그 아들이 앙갚음한 셈이었다.[18]

예종과 인종의 경연은 성장의 한계를 보여 준다. 비록 경연제도가 고려에 도입되었으나, 그냥 어린 묘목으로 성장이 멎었다. 경연을 당시의 불사佛事와 비교하면, 유교와 불교가 차지하는 비중

---

17) 고려 궁궐과 전각의 명칭은 잦은 변경으로 헷갈린다. 김창현, 《고려 개경의 편제와 궁궐》(경인문화사, 2011)을 참고. 인종 10년에는 경서 강의를 거듭했다고 정항·윤언이·정지상에게 고급 허리띠를 하사했다. 《고려사》 권16, 19뒤.
18) 《고려사》 권96, 26앞(윤언이). 이 일은 인종 16년 11월 21일의 강경 및 문난과 관련이 있는 것 같다.

의 차이가 분명해진다. 경연의 횟수는 예종이 24회, 인종이 18회
뿐인데, 예종과 인종이 참석한 대규모 불교 행사는 각각 56회와
49회로, 경연의 두 배 이상이었다. 불사는 대개 며칠씩 계속되어
서, 소요되는 시간과 비용은 경연의 열 배 이상이었다. 비록 불사
가 현세적 기복祈福 행위이고, 술과 노래와 춤을 곁들인 축제라고
하더라도, 불교는 왕의 삶에서 유교보다 훨씬 큰 몫을 차지했다.[19]

　이렇게 초보적인 경연이나마 인종 이후 백 년 이상 단절되었다.
인종의 뒤를 이은 의종毅宗(1146~1170)은 재위 25년 동안 경연에
참석한 기록이 겨우 두 건이다.[20] 왕이 워낙 유흥遊興에 빠져서,
경연을 사실상 폐지했을 것이다. 더구나 무신武臣들이 의종을 폐
위한 뒤에는, 경연이 완전히 사라졌다. 본래 무신의 반란이 문신
들의 권력 독점에 대한 반발이라, 경연은 결코 허용될 수 없었다.
또 무신들이 왕을 마음대로 바꾸고 허수아비로 만들었으니, 국왕
의 교육은 별로 의미가 없었다. 무신정권(1170~1270) 백 년 동안,
경연은 자취를 감추었다. 그래도 경연의 뿌리는 살아남았다. 또
무신정권이 과거시험으로 지방의 인재를 많이 발탁함에 따라서,
학자-관료층의 저변이 오히려 넓어졌다.

---

19) 예종과 인종의 불교행사는 김종명의 《한국 중세의 불교의례 : 사상적 배경
　　과 역사적 의미》(문학과지성사, 2001)에 실린 수치를 합산했다. 가령 예종이
　　거행한 불사는 연등회 10회, 소재도량 8회, 인왕회(백고좌) 12회, 팔관회 7
　　회, 불정도량 5회, 금광명경도량 4회, 나한재 1회, 장경도량 1회, 제석도량 2
　　회, 반야도량 6회 등이다.
20) 《고려사》 권17, 21뒤(1.7.3) 및 권18, 17뒤(16.2.14).

2. 서연 : 부활과 변천

　무신집권이 끝나고 원元의 간섭이 시작되자, 정치적·문화적 상황이 달라졌다. 충렬왕 이후 역대 국왕들은 원나라 황제의 사위가 되었고, 이것이 경연(서연)에 영향을 미쳤다. 고려국왕은 원에서 지내는 시간이 많았고, 세자가 대도(북경)에서 성장하기도 했다. 국왕은 멀리서 국정을 수행하기가 어려웠고, 왕권도 미약했다. 원나라는 고려의 내정에 간섭하고, 심지어 국왕을 폐위하고 귀양도 보냈다. 반면에 고려국왕은 원나라 황제의 부마駙馬로써 황자皇子들과 동등한 대우를 받았고, 때로는 쿠릴타이의 권력투쟁에도 참여했다. 국왕의 지위는 양면이 있었으나, 모두 경연 발달에 장애가 되었다.

　한편 두 나라 사이에 교류가 활발해지면서, 주자학이 고려에 쉽게 도입되었다. 원나라는 주자학을 지배 이데올로기로 채택하고, 과거시험에서 주자의 경서 해석을 정답으로 인정했다. 국왕·관리·군인·상인·유학생 등 많은 고려인들이 북경에 왕래했고, 거기서 과거에 합격하고 벼슬하는 경우도 많았다. 자연히 고려인들이 《사서집주四書集註》등 주자의 저술을 공부하고, 고려에 도입했다. 이렇게 이식된 신유학이 점점 성장하고 뿌리를 내렸다. 주자학에 대한 이해가 깊어지고, 주자의 가르침을 실천하는 사람들이 늘었는데, 이것이 서연 즉 경연 발달의 원동력이 되었다.[21]

---

21) 고려 말의 주자학 도입에 관한 연구가 너무 많아서 언급을 생략한다. 경연과 직접 관련된 글은 다음과 같다. 도현철, 〈이색의 서연 강의〉, 《역사와 현실》62, 2006. 윤훈표, 〈고려 말 개혁정치와 경연제도의 개편〉, 《사학연구》93, 2009. 김인호, 〈여말선초 군주수신론과 《대학연의》〉, 《역사와 현실》29, 1998.

원나라의 충격으로 고려의 무신집권이 끝나고, 유학자들의 어전御前강의가 부활했다. 그러나 명칭이 '경연'에서 '서연'으로 바뀌었다. 원나라는 고려가 중국 황제만 쓸 수 있는 관제와 명호名號를 함부로 쓴다고 지적하고, 주제넘는 용어를 모두 격하하라고 지시했다. 이에 따라서, 충렬왕 원년에 '폐하'나 '짐朕' 같은 용어와 3성 6부 등 여러 관청의 명칭을 바꾸었다. 경연은 서연書筵으로 격하되었는데, 서연이란 본래 황태자나 세자를 위한 교육제도였다. 《고려사》 편찬자들은 〈백관지百官志〉 '보문각寶文閣' 대목에서 서연의 변천을 이렇게 요약했다.

> 충렬왕 이후 보문각은 헛되이 이름만 있었다. 충목왕이 처음 즉위하자, 대신들이 청하여 서연관을 두고 네 번番으로 나누어 하루씩 시독侍讀하게 했다. …… 공민왕 원년에 서연을 열고, 역시 번을 나누어 입시入侍하게 했다. 신우辛禑 원년에 5품 이하 네 명을 시학侍學으로 삼고 양 번兩番으로 나누어 진강進講하게 했으며, 체관遞官할 때 4품으로 승진시켰다. 공양왕 2년에 경연이라고 개칭하고, 영경연사領經筵事 · 지경연사知經筵事 · 강독관講讀官을 두었다.[22]

위의 기록과는 달리, 《고려사》 〈열전〉에는 충렬왕 · 충숙왕 · 충혜왕 때에도 서연을 열었다는 기사가 더러 나온다. 충렬왕 즉위 초에는 국자사업國子司業 최옹崔雍이 매일 《자치통감》을 강론했다.[23] 충

---

22) 《고려사》 권76, 29앞(협주). 공양왕은 원년 11월에 즉위하고, 12월에 경연관을 임명했다. 2년에 경연관을 임명했다는 협주夾註는 《고려사》 편찬자의 착오인 것 같다.
23) 같은 책, 권99, 9뒤(최옹).

선왕 때는 서연에 관한 기록이 없지만, 충숙왕 때는 윤선좌尹宣佐, 윤신걸尹莘傑, 백원항白元恒이《자치통감》을 진강進講했다.[24] 충혜왕도 서연을 열었고, 대신 안진安震과 이제현李齊賢, 낭관 원송수元松壽와 민식閔湜이 시강했다.[25] 이로써 서연이 있었음이 분명하다. 고려에서《자치통감》을 처음 강의한 것인데, 요약본인《통감절요》로 추측된다.[26]

1344년에 충목왕이 8세의 어린 나이로 즉위하자, 판삼사사判三司事 이제현이 서연을 열자고 도당都堂에 건의했다. 여기서 그는 신유학의 군주 교육론을 개진했다. 먼저《효경孝經》과 4서를 차례로 공부하여, "격물치지格物致知와 성의정심誠意正心의 도道"를 배우고, 다음에 6경을 차례로 배우라는 것이다. 또 교사驕奢 · 음일淫佚 · 성색聲色 · 구마狗馬를 멀리하면, 덕성德性이 저절로 이루어진다고 했다.[27] 고려가 주자학을 수용함에 따라서, 4서가 필수과목이 되고《대학》의 수기론修己論을 강조했음이 주목된다.

이 제안에 따라 재상에서 주부注簿까지 48명을 선발하여 교대로 시독하게 했다.[28] 참으로 거창한 시작이다. 이들의 명단은 1품 대

---

24) 《고려사》권109, 8앞(윤선좌).《고려사절요》권24, 4앞(충숙왕 원년 윤 3월)에도 윤신걸(전 선부의랑) · 윤선좌(사헌집의) · 백원항(전 전교령)이 왕에게 《통감》을 강의했다고 기록되었다. 이때 충혜왕은 상왕上王으로 연경燕京에 있었다.

25) 《고려사》권107, 8앞뒤(원송수).

26) 원래 사마광 등이 편찬한《자치통감》은 본문만 294권의 거질巨帙이다. 북송 휘종 때 강지江贄가 이를 50권(1/6)으로 요약한 것이《통감절요通鑑節要》인데, 강지의 호를 붙여서《소미통감小微通鑑》이라고도 부른다. 남송에서 이 책을 간행할 때, 주자학의 정통正統 이론에 따라서 내용을 일부 고쳤다. 흔히《통감절요》를 그냥《통감》이라고 불렀다.

27) 《고려사》권110, 34앞뒤.

28) 같은 책, 권37, 4뒤~5뒤(충목왕 즉위년 6월 을묘). 6월에 을묘일이 없고, 계유(16일) 이후이므로, 을해(18일)나 을유(28일)의 착오인 듯하다.《고려사절요》에는 이 날짜나 해당 기사가 없다.

신 세 명, 정2품 다섯 명, 종2품 여덟 명, 정3품 11명, 당하관 21
명으로, 요직을 거의 망라했다. 여기에는 무관직 세 명(상장군·상호
군·대호군), 대언(승지) 다섯 명, 대간과 사관들까지 포함되었다. 하
지만 이들이 모두 서연에 입시했는지, 누가 어떤 방식으로 입시했
는지, 알려 주는 자료가 없다. 또 이들의 서연관 직함도 기록하지
않았다. 교재는, 《천자문》을 밀직부사 안진安震과 국자좨주 전숙
몽田淑蒙이, 《정관정요》를 찬성사 박충좌朴忠佐가 가르쳤음을 확인
할 수 있다.[29] 아래의 기사는 《천자문》을 가르칠 때의 소박한 장면
을 그대로 보여 준다.

> 안진 : 음音과 뜻에 정통하셔야 합니다.
> 전숙몽 : 전하께서는 단지 음만 익히시고, 뜻을 알려고 하지 않으십니
> 다. 전하께서 글자를 모르셔도 신은 괜찮지만, 그래서는 안 됩
> 니다.
> 충목왕 : 사부께서 근래에 뜻을 강의하지 않아서 익히지 못한 것이오.
> 전숙몽 : 전하께서 익히지 않으시고, 도리어 신의 잘못이라고 하십니다.
> 신이 강의하지 않은 것이 아닙니다.[30]

그러나 충목왕이 즉위한 지 4년 뒤에 12세로 요절하여, 강의도
함께 끝났다. 뒤이어 12세에 즉위한 충정왕은 3년 만에 폐위되었
다. 서연에 관한 유일한 기록은 김광재金光載를 사부師傅로, 이강

---

29) 안진과 전숙몽은 《고려사》 권125, 35뒤~36앞; 박충좌는 같은 책, 권109,
7앞뒤.
30) 《고려사》 권125, 35뒤~36앞(전숙몽).

李岡을 시독으로 삼았다는 것뿐이다.[31] 사부라는 서연관직이 처음 나오는데, 언제 생겼는지 알 수가 없다. 사부는 본래 경연이 아니라, 세자(태자) 서연書筵의 직함이다. 경연이 서연으로 격하되면서, 직제도 당연히 바뀌었을 것이다. 충렬왕에서 충정왕까지 여섯 왕들이 78년간 재위했는데, 거의 다 폐위와 복위를 겪었고, 충혜왕은 귀양길에 죽었다. 서연이 있어도, 부실할 수밖에 없었다.

공민왕(1351~1374)에 이르면, 서연의 윤곽이 좀 더 드러난다. 왕은 즉위하고 약 8개월 지난 원년 8월 19일(기미)에 서연을 개시하면서, 서연관 16명을 임명했다.[32] 1품 일곱 명과 2품 여덟 명으로, 모두 대신들이고, 3품은 한 명뿐이다. 이들의 명단에 서연관 직함은 기록되지 않았다. 이들 이외에 4품 이하의 낭관郎官도 임명했을 것이다. 왕은 서연을 개혁정치의 산실로 삼고, 여기서 현안들을 협의하려고 했다. 서연을 시작하던 날, 공민왕은 다음과 같이 하교下敎했다.

> 원로대신 · 대부 · 사士는 교대로 입시하여 경사經史와 법언法言을 진강하고, 무릇 권세로 빼앗은 전택과 노비, 해묵은 소송, 억울한 옥사獄事와 지체된 옥사를 심리하라. 첨의감찰僉議監察은 곧 나의 이목耳目이니, 시정時政의 잘잘못과 민간의 이해利害를 직언하여 감추지 마라.[33]

공민왕은 서연에서 대신들과 개혁을 논의하려고 했으나, 이들은 오히려 정면으로 반대했다. 왕이 전민변정도감田民辨整都監을

---

31) 《고려사》 권110, 7앞(김광재) ; 권111, 7앞(이강).
32) 같은 책, 권38, 11뒤.
33) 같은 책, 권38, 12앞.

설치하여 권신들이 뺏은 공전을 환수하자, 김영후金永煦는 서연에서 도감의 혁파를 요청했다. 왕은 "내가 아름다운 말을 듣고자 서연을 개설했는데, 경의 말은 실로 내 뜻과 어긋난다."고 말하고, 병을 핑계로 자리를 떴다. 인승단印承旦도 빼앗았던 공전과 여러 해의 전조田租를 물어내게 되자, 도감을 없애자고 제안했다. 왕은 이에 불응하고, "좀도둑이 밤길에 달 밝은 것을 싫어한다."고 비꼬았다.[34] 반면에 한종유韓宗愈나 김승택金承澤의 경우에는 왕이 예우를 더했다.[35] 앞의 세 명은 1품 대신, 김승택은 2품 대신으로 서연관에 임명되었다.

강의 교재에 관한 정보는 매우 단편적이다. 개성윤開城尹 윤택尹澤은 공민왕이 손수 써 준 《상서》〈무일無逸〉편을 강의했고, 후에 《대학연의大學衍義》와 최승로의 〈시무時務 28조〉도 강의했다.[36] 공민왕 10년에는 치사致仕 문하시중 이제현이 《상서》〈무일無逸〉편을, 좌승선 이색李穡이 〈홍범洪範〉편을, 그리고 전前 밀직제학 전대유田大有가 〈무일〉편을 다시 강의했다.[37] 12년 후인 22년에는 유원정柳爰廷에게 〈대보잠大寶箴〉을 강의시키고, 그의 초상을 손수 그려서 주었다.[38] 《대학연의》와 〈대보잠〉은 이때 《고려사》에 처음 등장한다.

강의 교재가 빈약했듯이, 공민왕의 서연은 매우 부실했다. 공민

---

34) 《고려사》 권104, 32앞(김영후); 권123, 33앞(인승단).
35) 같은 책, 권110, 20앞.
36) 같은 책, 권39, 16뒤(공민왕 6.5.14). 권106, 34앞뒤(윤택).
37) 같은 책, 권39, 36뒤(공민왕 10.2.22). 권39, 37뒤(10.5.13). 권39, 38앞 (10.5.25).
38) 같은 책, 권44, 3뒤(공민왕 22.4.28) 〈대보잠大寶箴〉은 당나라 장온고張蘊古가 갓 즉위한 태종에게 올린 6백여 자의 운문韻文이다. 큰 보배는 군주의 지위를, 잠箴은 병을 고치는 침을 뜻하여, 〈대보잠〉은 군주가 지켜야 할 도리를 밝혔다. 당 태종은 이를 좌우명으로 삼았고, 후대의 군주들도 이를 본받았다.

왕은 23년 동안 재위했으나, 서연에 관한 기록은 겨우 열 건 남짓
이고 그나마 모두 단편적인 내용이다. 이때는 외적의 침입과 정변
이 계속되어, 왕이 차분하게 경사를 공부하기 어려운 상황이었다.
또 왕이 불교를 독신했던 만큼, 유교의 역할은 크지 않았다. 공민
왕의 서연은 유학을 권장하는 의식으로, 2백여 년 전 예종과 인종
때의 경연과 비슷했다. 왕은 10년(1361) 8월에 보인普印 등 승려
들을 내전에 모셔다가 매일《전등록傳燈錄》강의를 들었다. 이것은
유가의 가르침에 어긋나는 일이었다. 이에 대한 사관의 비판은 다
가오는 불교 배척 운동을 예고하는 것이다.

공자가 말씀하기를, "이단異端을 공부하면 해롭다."고 했다. 선유先儒
가 이를 풀이하여, "성인의 글이 아니면 읽지 않는다."고 했다. 이때 사
방에 군사가 움직이고 해마다 가뭄으로 흉년이 들어, 전사자가 벌판에
드러나고 굶어 죽은 자가 길에 널렸다. 왕은 마땅히 근심하고 걱정하
여, 대신과 큰 유학자들과 더불어 선왕先王의 도道를 강론하고, 당세當
世의 급무를 물어, 백성과 사직을 보전하기를 도모해야 한다.
그런데도 승도僧徒를 불러 모아 공空을 말하기를 일삼아, 심지心志를
손상하고 인의仁義를 능멸했다. 끝내 신돈辛旽을 공경하여 수상을 삼고
나옹懶翁을 스승으로 삼았으며, 불우佛宇를 크게 지어 공주의 명복을 빌
었다. 무고한 사람이 죽어도 이를 초개같이 보아 불쌍히 여기지 않았으
며, 궁중의 재앙을 자아내어 사방의 웃음거리가 되었다. 이단이 국가를
해침이 어찌 소량蕭梁뿐이겠는가?[39]

39)《고려사절요》권27, 15앞뒤(공민왕 10년 8월). 공자의 말은《논어》〈위정爲
政〉편에 나온다. 소량蕭梁은 중국 남북조시대에 소연蕭衍이 세운 양梁나라. 양
무제는 독실한 불제자로서 황제 자리를 일곱 번 버렸다. 군주가 불교 때문에

우왕禑王(1374~1388)은 11세에 즉위하여 서연을 개시했는데, 관련 자료가 빈약하다. 《고려사》의 편찬자가 우왕을 신돈의 자식으로 몰아, 재위 기간의 기사를 〈세가世家〉가 아닌 〈열전列傳〉에 넣어서 더욱 그렇다. 우왕은 원년 정월 초, 공민왕의 백일재를 마친 다음 서연을 열고, 전녹생田祿生과 이무방李茂方을 사부師傅로 삼았다.[40] 다른 서연관 두 명을 임명한 정보가 묘지명墓誌銘에 나온다. 우왕 즉위년에 정사도鄭思道를 정당문학 겸 지서연사知書筵事로 삼았고, 원년에 한수韓脩를 밀직제학 겸 동지서연同知書筵으로 삼았다.[41] 지사知事 및 동지사同知事라는 직함이 처음 보인다. 본래 사부는 세자(태자) 서연에 속하고, 지사/동지사는 군주의 경연에 속하는데, 두 가지가 섞였다.

우왕은 개강한 다음 날 병을 핑계로 휴강하려다가, 대신의 권유로 강의를 들었다.[42] 이무방李茂方의 《상서》〈여오旅獒〉편 강의를 듣고는, 기르던 비둘기를 놓아 보냈다.[43] 이해 5월에 서연청書筵廳에서 소재消災 도량을 베풀었는데, 이 건물에 관한 정보가 전혀 없다. 10월에는 왕이 쉬는 날에도 서연을 열었다. 이해 12월에는 왕이 《대학大學》을 공부했다. 《대학》이 고려의 경연 교재로 처음 나온다. 우왕이 이 자리에서 우부대언(승지)에게 《시경》의 한 구절을

나라를 망친 대표적 사례로서, 유학자들은 으레 양 무제를 얘기했다.

40) 《고려사》 권133, 4뒤. 사관의 논평은 훨씬 뒤에 쓴 것이다. 공주는 이보다 4년 후에 죽었고, 나옹(혜근)은 10년 후에 왕사가 되었다.

41) 《목은문고牧隱文藁》 권19 〈정사도 묘지명〉 및 권15 〈한수 묘지명〉. 김용선(편) 《고려 묘지명 집성》에 수록.

42) 《고려사》 권111, 20뒤(경복흥).

43) 같은 책, 권112, 30앞(이무방). 〈여오旅獒〉의 '여'는 서쪽 오랑캐, '오'는 그 곳의 큰 개. 여에서 주나라 무왕에게 큰 개를 바쳤는데, 이를 받지 말라고 소공召公이 충고하는 내용이다. 군주가 진귀한 동물을 좋아하면 안 된다는 말이다.

물었으나, 대답을 못했다.[44] 대언代言은 서연에 늘 입시入侍했을
것이다.

이와 같이 우왕 원년에는 왕이 서연에 나간 얘기가 간혹 나오지
만, 그 뒤에는 관련 기록이 거의 없다. 2년 2월에는 반야般若가 밤
중에 태후궁太后宮에 들어가서 자기가 임금의 생모임을 주장하자,
이 문제를 처리하기 위해서 양부兩府와 대간과 기로耆老들이 흥국
사興國寺에 모였다. 이때 밀직密直 권중화權仲和가 서연 강의 때문
에 참석하지 않았다가 비난을 받았다.[45] 이 사건으로 미루어 보
면, 우왕 2년에도 서연을 열기는 했다. 3년 5월에는 문하찬성사
홍중선洪仲宣과 정당문학 권중화權仲和를 사부로 삼았다.[46]

우왕 3년 10월에 권중화가 《정관정요》를 강의한 기록은 서연의
한 장면을 보여 준다. 위징魏徵이 당 태종에게 말하기를, "희로喜怒
의 감정은 어진 자나 어리석은 자나 다 같습니다. 어진 자는 이를
절제하여 과도하지 않도록 하는데, 어리석은 자는 이를 방임하여
과실이 많게 됩니다. 폐하께서 항상 자제하여 마무리할 수 있다
면, 만대萬代가 계속 덕을 볼 것입니다."라고 했다. 우왕은 권중화
에게 위징을 본받아 자신을 가르쳐 달라고 당부했고, 권중화는 왕
이 자신의 말을 용납한다면 심력을 다하겠다고 대답했다.[47] 이것
은 전형적인 군주 교육의 모습이다.

---

44) 《고려사》, 권133, 6앞; 권133, 8앞; 권133, 8뒤~9앞. 우왕은 《시경》〈문
   왕〉편의 "목목문왕穆穆文王 어집희경지於緝熙敬止"라는 구절을 물었다. "아름다
   우신 문왕, 아아 오래도록 빛나며 공경스러워라"라는 뜻이다.
45) 《고려사절요》 권30, 13앞뒤;《고려사》 권111, 27뒤(김속명). 반야는 신돈
   의 여종으로 우왕의 생모이다. 공민왕은 반야가 낳은 아들을 대궐로 불러들이
   고(당시 7세), 죽은 궁인 한씨의 소생이라고 알렸다.
46) 《고려사》 권133, 25뒤.
47) 같은 책, 권133, 31뒤~32앞.

우왕의 서연은 이 무렵에 끝난 것 같다. 우왕 3년에 간관諫官들이 상소하여, 중단한 서연을 다시 열라고 왕에게 청했다.[48] 그러나 당시 왜구가 전국에 창궐하여 도읍까지 옮기려고 했으니, 서연을 열 상황이 아니었다. 우왕 6년 5월에 사헌부가 상소하여, 서연을 다시 열라고 촉구했고, 11월에는 간관들이 상소하여 '경연'을 재개하라고 했다.[49] 우왕은 재위 16년 가운데 처음 3년 동안은 서연을 열었으나, 그 뒤에는 이를 전폐한 것 같다. 왜구가 발호하고 권신들이 전횡하며, 왕은 유흥과 사냥에 빠졌으니, 서연은 침체할 수밖에 없었다.

더구나 1388년 이성계李成桂 일파의 쿠데타로 정치적 상황이 급변했다. 그들은 우왕을 몰아내고, 어린 창왕을 세웠다가, 1년 뒤에 또 몰아냈다. 왕은 꼭두각시였고 서연은 실속 없는 형식에 그쳤으나, 서연관이나 경연관의 직제는 오히려 더욱 정비되었다. 창왕昌王은 아홉 살의 어린 나이로 우왕 14년 6월에 즉위하여, 8월에 서연을 개시했다. 문하시중 이색李穡을 영서연사領書筵事로, 문하평리 정몽주鄭夢周를 지서연사知書筵事로, 좌대언 권근權近·좌부대언 유담柳琰·대사성 정도전鄭道傳을 서연 시독侍讀으로 삼았다. 또 사헌부·중방重房·사관 각 1인이 하루씩 교대로 입시하게 했다.[50]

여기서 영사領事라는 직함이 처음 나타난다. 원과 명의 경연관

---

48) 《고려사》 권112, 42뒤~43앞(조운흘). 《고려사절요》에는 이 기사가 없다.
49) 같은 책, 권134, 16뒤. 권134, 22뒤 및 24뒤. 뒤의 기사에 '경연'이라는 말이 두 번 나오고, 《고려사절요》(권31, 27뒤)의 같은 기사에도 경연이라고 했다. 8년 후 창왕이 즉위했을 때는 서연이라고 했다. 당시에 경연과 서연을 혼용한 것 같다.
50) 같은 책, 권137, 27뒤.

제는 최고위가 지사인데, 영사라는 직함이 나오는 것도 흥미롭
다.[51] 사헌부·중방·사관도 참석하는데, 이것은 오랜 관행인 듯
하다. 대간과 사관의 입시는 그 뒤 공양왕을 거쳐서 조선시대에
정식으로 확립된다. 중방의 입시는 여기서 한 번 언급될 뿐인데,
약 백 년 뒤 조선 성종 말년에 서반 1·2품이 '특진관'이란 직함으
로 경연에 참석한다. 환관도 창왕의 서연에 입시했는데, 간관이
이를 제외시키도록 주청했으나 왕이 허락하지 않았다.[52] 창왕은
서연에서 《논어》를 공부했다.[53]

창왕 원년 7월에는 성균관 대사성 윤소종尹紹宗이 상서하여, 왕
이 부지런히 공부할 것을 권유했다. 이 글은 당시 유학자들의 경
연에 대한 인식을 잘 보여 준다. 사람의 본성은 같으나, 교육하기
에 따라서 요순堯舜도 되고 쫓겨난 우왕도 되는데, 창왕은 학문에
게을러서 성과가 없다고 비판했다. 이어서 경연의 교육 원리를 다
음과 같이 잘 요약했다.

옛날에 정자程子가 강관講官이 되자, "인주人主가 하루에 환관과 궁첩
을 가까이 하는 때가 적고, 현사賢士와 대부를 만나는 때가 많으면, 자
연히 기질이 변화하고 덕기德器가 이루어집니다."라고 상언上言했습니
다. …… 여러 강관과 관각館閣의 학사들에게 명하여, 항상 좌우에서
모시고 조용하고 차분한 말로 도리를 설명하여, 해질녘이나 밤중에 이

51) 원나라의 경연관제는 지사 다섯 명(재상급), 경연관 여섯 명(학사급), 그리
고 참찬관參贊官 네 명으로 구성되어 있었다. 명나라의 경연관제는 (1)지사知
事, (2)동지사同知事, (3)시독학사侍讀學士, (4)시강학사侍講學士, (5)시독侍讀,
(6)시강侍講, (7)수찬修撰의 일곱 계층으로 구성되었다. 《역대직관표》 권24.
이러한 분화는 이미 원 말에 일어났고, 고려는 이를 도입한 것 같다.
52) 《고려사》 권137, 44앞. 조선의 경연에서도 환관이 어탑御榻 곁에 있었다.
53) 같은 책, 권120, 9뒤(윤소종);《고려사절요》 권34, 6앞.

르도록 하십시오.

천명天命의 떠나고 머무름과 인심의 향배, 농사의 어려움과 수자리의 노고, 치란의 근원과 흥망의 자취, 고금의 예악과 인물의 현부賢否를 날마다 면전에서 말씀드리면, 전하께서 들으시는 바가 오래 쌓여서 자연히 통달하게 되고, 습성이 이루어져서, 덕이 요순과 같아집니다.[54]

여기서 인용한 정이程頤의 격언은 경연 교육론의 근본이었다. 군주가 환관이나 후궁들과 함께 지내는 시간을 줄이고, 학자와 대신들과 함께 보내는 시간을 늘리면, 소인의 나쁜 영향을 줄이고, 군자의 좋은 영향을 늘릴 수 있다는 것이다. 경연은 바로 왕이 학자 및 대신들과 함께 정치의 원리와 사례를 공부하는 자리였다. 윤소종은 서연관들에 대한 예우도 논했다. 영사와 지사는 옛날의 대사大師와 대부大傅이고, 시독은 소사小師와 소부小傅이므로, 이들이 진퇴할 때 자리에서 일어나서 존경을 표시하라는 것이다.[55] 이렇게 창왕 때는 서연 교육의 정신과 형식이 아울러 구비되고 있었다. 그러나 창왕이 이듬해에 폐출되어, 이러한 제안이 실현될 겨를이 없었다.

이때 고려왕조는 마치 5백 년 된 낡은 집처럼 곧 무너질 지경이었다. 특권층이 토지와 인민을 사유화하여 국가는 파산에 직면하고, 불교는 너무 세속화하여 사회경제적 폐단이 심했다. 중국에서 일어난 원·명 왕조의 교체도 부마국 고려왕조의 토대를 흔들었

---

54) 《고려사》 권120, 10뒤~11앞; 《고려사절요》 권34, 6뒤~7앞. 후자가 강관 講官을 간관諫官이라 한 것은 착오이다.
55) 같은 책, 권120, 11뒤~12앞. 영사는 서연에 별로 참석하지 않았기 때문에, 예우에 대한 언급이 없는 것 같다.

다. 여기에 대응하는 방법은 세 가지로, (1)보수는 '이대로', (2)진보는 '일부 고치기'(리모델링), (3)급진은 '확 바꾸기'(재건축)였다. 급진파는 1388년 위화도 회군으로 진보파와 손잡고 보수 세력을 먼저 몰아냈다. 이듬해에 진보파를 제거하고 창왕을 쫓아내어, 마침내 재건축(왕조 교체) 공사에 착수했다. 급진파의 노선은 전제개혁田制改革 · 숭유억불崇儒抑佛 · 친명반원親明反元이었다.

3. 경연의 재정비

공양왕(1389~1392)이 즉위하자, 어전강의가 상당히 달라졌다. 우선 그 명칭이 '경연'으로 격상되었다. '서연'으로 격하된 지 백여 년 만이었다. 강독관의 직제가 더욱 정비되고, 강의 내용도 충실해졌다. 그러나 이때 이성계 일파가 정권을 완전히 장악하여, 공양왕은 겨우 3년 시한부의 꼭두각시였고, 경연의 정비 또한 조선왕조의 경연을 준비하는 과정이었다. 당시 집권 세력은 전제개혁 등 왕조 교체를 추진하는 일로 바빠서, 경연제도는 우선 큰 틀만 바꾸었다. 그리고 그 결과가 바로 조선왕조 경연의 출발점이었다.

공양왕이 즉위하여 한 달이 지난 원년 12월 중순, 대사헌 조준趙浚 등이 상소하여 여러 가지 급한 일을 건의했다. 한 가지는 국왕의 경연과 세자의 서연을 개시하고 학문에 분발하여, 옛 성군들을 본받으라는 것이다. 여기서 국왕 교육의 방향이 잘 드러났는데, 조선시대에 수없이 반복될 내용이었다. 상소문의 한 구절은 다음과 같다.

　　이제二帝와 삼왕三王은 모두 학문으로 말미암으니, 정일精一과 집중執
中은 요와 순의 학문이요, 건중建中과 건극建極은 탕왕과 무왕의 학문입
니다. 원컨대 전하께서는 큰 유학자로서 경사에 정통하고 심술이 바른
자를 골라서, 하루씩 교대로 입직入直하게 하소서. 〔함께〕 경사를 토론
하고 다스리는 도리를 헤아려서, 밝게 빛나는 덕화德化의 학문을 이루
소서.[56]

　　공양왕은 한 달 뒤인 2년 1월 12일에 경연을 개시하고 경연관
을 임명했다.[57] 〈표 2-3〉에서 보듯이, 경연관의 직제는 매우 정연
하다. 맨 위의 영사領事는 종1품 재상 두 명이 겸직했다. 그 다음
의 지사知事 두 명과 동지사同知事 두 명은 각각 정2품과 종2품의
대신들 가운데서 선임했다. 참찬관參贊官 네 명은 정3품으로, 지신
사를 비롯한 대언들이 자동 겸직하고, 우부대언만 제외되었다. 강
독관講讀官 두 명은 정3품인 좌·우상시常侍가 겸했는데, 자동 겸
직은 아닌 것 같다. 검토관檢討官 세 명은 4품 내지 5품관일 것이
다. 한 명은 종5품이 확실하고, 한 명은 정5품, 한 명은 4품관으
로 추측된다. 경연관직은 이렇게 여섯 계층으로 구성되고, 모두
15명이었다. 조직이 창왕 때보다 더욱 진화했다.

　　경연관들은 네 개 조組로 나누어 입시했다.[58] 조를 어떻게 편성
했을까? 우선 영사는 빠졌을 것이다. 《고려사》에도 지사 이하가

56) 《고려사절요》 권34, 31뒤(공양왕 원년 12월). 《고려사》 권11뒤, 20뒤(조
　　준).
57) 《고려사》 권45, 14앞(공양왕 2.1.12). 이 명단에는 동지사의 직함이 나오
　　지 않으나, 김사형과 박의중 등이 동지사로 경연에 입시했다는 기록이 〈열
　　전〉에 있다. 권104, 32뒤(김사형); 권102, 40뒤(박의중). 정원은 두 명으로
　　추측된다.
58) 같은 책, 권45, 14앞.

참석한 기사만 나오며, 조선 세종 때도 영사는 왕이 경연을 처음 개시할 때 한 번만 입시했다. 조선왕조의 관례로 미루어보면, 지사와 동지사 모두 네 명 가운데 한 명, 참찬관 넷 가운데 한 명, 그리고 강독관과 검토관 도합 다섯 명 가운데 한두 명, 이렇게 서너 명이 한 조를 구성했을 것 같다.

〈표 2-3〉 공양왕의 경연관

경연관직	정원	성 명	본 직	품 계
영 사	2	심덕부 이성계	문하시중 수문하시중	종1품
지 사	2	정몽주 정도전	문하찬성사 삼사우사	정2품
동 지 사	2	김사형 박의중	지밀직사사 예문관제학	종2품
참 찬 관	4	이 행 성석용 민 개 이사위	지 신 사 좌 대 언 우 대 언 좌부대언	정3품
강 독 관	2	윤소종 이 첨	좌 상 시 우 상 시	정3품
검 토 관	3	우홍득 한상경 신원필	? (예문관 응교) 홍복도감판관	4품? 정5품 종5품

경연관 이외에 사관과 간관도 경연에 입시했다. 공양왕 4년 2월에 예문춘추관이 상소하여, 사관 여덟 명이 두 명씩 교대로 입시하여 모든 일을 기록하게 해 달라고 건의했다. 왕은 경연 및 아일衙日에 각사各司가 보고할 때 좌우에 입시하라고 했다.[59] 사관 두 명이 경연과 정기적인 공식 회의에만 입시하라는 것이다. 또

---

59) 《고려사》 권46, 32앞~33앞. 아일은 임금과 신하들이 만나서 정사를 보던 날이다.

공양왕 3년 7월 6일에 간관들이 상소하여, 대간이 교대로 경연에 입시할 것을 건의했다. 한 달 뒤인 8월 4일에 간관만 경연에 입시했다.[60] 즉 대간 가운데, 간관은 포함되고 헌관(사헌부)은 제외되었다.

공양왕이 공부한 교재는《정관정요貞觀政要》와《상서》및〈신정률新定律〉등이었다. 처음에 지사 정몽주가《정관정요》를 강의하자, 강독관 윤소종이 이의를 제기했다. 당 태종은 본받기에 부족하니, 《대학연의大學衍義》를 공부해서 성군인 이제二帝(요·순)와 삼왕三王(우왕·탕왕·무왕)을 본받으라는 말이었다.[61] 그러나 왕이《대학연의》를 공부했다는 기록은 없고,《정관정요》를 계속 공부한 것은 확실하다.[62]《상서》의〈무일〉편을 공부한 기사는 두 번 나온다.[63] 또 4년 2월 초에 시중 정몽주가 새로 편찬한 형률刑律을 올리자, 왕은 지신사 이첨을 시켜서 엿새 동안 설명하게 했다.[64] 요컨대 공양왕은《정관정요》를 주로 공부하고 다른 것도 약간 공부했다.

경연관들은 국왕이 나이가 많아도 매일 경연에서 공부해야 한다는 원칙을 강조했다. 공양왕이 경연에서 말하기를, 자기는 나이가 많아서(당시 46세) 성경을 공부해도 무익無益하리라고 했다. 그러자 동지사 박의중이 고사를 인용하며 정면으로 반박했다. 옛날 진晉나라 평공平公이 77세에 배우기에 너무 늦었다고 말하자, 눈

---

60)《고려사》권46, 20뒤. 권46, 22뒤.
61)《고려사절요》권34, 50뒤(공양왕 2년 정월).《고려사》권120, 12뒤(윤소종).
62) 공양왕 3년 11월에 좌대언 이첨李詹이 올린 글에서 왕이《정관정요》를 2년 동안 읽었다고 했다.《고려사절요》권35, 47앞.《고려사》권117, 42앞.
63)《고려사》권45, 34앞(2.10.27). 권104, 32뒤~33앞(김사형).
64) 같은 책, 권46, 31뒤(4.2.3).

먼 신하 사광師曠이 촛불을 밝히라고 했다. 소년에 호학好學하면 떠오르는 해와 같이 빛나고, 장년에 호학하면 중천의 해와 같고, 노년에 호학하면 어둠 속에서 촛불을 밝히는 것 같다는 말이다. 공양왕은 아직 젊으니까 열심히 공부하라는 것이다.[65]

강의 방식도 좀 나아졌다. 경연관들은 교재에 나오는 군주의 덕목을 자세히 설명하고 거듭 강조했다. 《정관정요》는 당 태종과 신하들의 언행을 실었는데, 그는 진한秦漢 이후의 군주들 가운데 간쟁諫諍을 가장 잘 받아들였다는 평판을 받았다. 이 책에는 그가 신하의 비판을 받아들인 사례가 많이 나온다. 공양왕 2년 4월에 강독관 성석연成石珚은 《정관정요》를 강독하다가, 가까운 예를 들어 간쟁의 중요성을 설명했다.

태종은 직언 듣기를 좋아했으나, 신하들은 위엄이 두려워 죄다 말하지는 못했습니다. 태종은 이를 깊이 알고, 반드시 부드러운 얼굴로 〔직언을〕 받아들이며 말하기를, "여러 신하들은 어찌하여 나를 위해 말하지 않는가?"라고 했습니다. 대개 옛날의 성군들은 천하의 총명을 자신의 총명으로 삼았으므로, 나무꾼이나 풀 베는 자의 말도 반드시 채택했습니다.

원컨대 위에서 널리 묻고 헤아려 쓰십시오. 위조僞朝의 신우辛禑는 광폭하여 간쟁을 막고 부도不道한 일을 많이 했습니다. 그때 신이 헌납이 되어 간의諫議 권근權近과 더불어 극도로 간했습니다. 우는 매우 취해서 신들을 활로 쏘려고 했습니다. 이것이 속히 망한 까닭입니다.[66]

─────

65) 《고려사절요》 권34, 52뒤; 《고려사》 권112, 40뒤~41앞(박의중). 이 유명한 고사는 《설원說苑》에 실렸고, 평공은 자신이 70세라고 했다.
66) 《고려사》 권45, 26앞뒤. '위조僞朝의 신우辛禑'는 우왕을 말한다. 신돈의 아

불교에 대한 비판이 나타난 것도 공양왕 때 경연의 특색이다.
불교는 고려왕조의 지배 이데올로기로서 유교보다 우월한 지위를
누려 왔다. 충선왕 무렵부터 신유학이 도입되었으나, 별로 영향을
미치지 못했다. 마침내 공양왕 때에는 불교를 배척하는 주장이 강
력하게 대두한 것이다. 경연에서도 그러한 논의가 점차 나타났다.
마침 왕이 승려 찬영粲英을 스승으로 삼으려 하자, 언관들이 강력
하게 반대했다. 정몽주도 경연에서 불교를 비판했는데, 유가의 척
불론斥佛論을 잘 요약했다.

> 유자儒者의 도道는 모두 일상적인 일입니다. 음식과 남녀 관계는 사
> 람들이 함께 하는 것인데, [여기에] 지극한 이치가 있어서, 요와 순의
> 도道 역시 이를 벗어나지 않습니다. 움직이고 멈추고 말하고 침묵하는
> 데 바름을 얻으면, 이것이 곧 요순의 도이며, 처음부터 매우 높아서 행
> 하기 어려운 것이 아닙니다.
> 저 부처의 가르침은 그렇지 않습니다. 친척을 물리치고 남녀를 끊고,
> 바위 굴에 홀로 앉아 풀로 만든 옷을 입고 나무로 먹이를 삼으며 관공
> 觀空과 적멸寂滅을 위주로 하니, 어찌 평상의 도입니까?[67]

그러나 불교의 영향이 아직도 커서, 경연관이 경연에서 불교를
옹호하는 경우도 있었다. 비록 성리학이 도입되고 이단 배척이 처
음 나타났으나, 아직 세력이 미약했다. 한번은 강독관 유백유柳伯
濡가 경연에서 《상서》〈무일〉편을 강의하다가, 문왕이 늙은 홀아

들이라는 뜻으로, 이성계 일파가 꾸며낸 말이다. 성석연은 후에 석인石因으로
개명했다.
67) 《고려사》 권117, 10뒤(정몽주).

비와 과부에게 은혜를 베풀었다는 대목에 이르렀다. 여기서 화제가 장수하는 비결로 빗나가더니, 결국 불교를 옹호하는 말로 끝났다. 경연 강의가 궤도를 벗어나도, 탄핵이나 시비가 없었다. 강독관과 왕의 대화는 아래와 같다.

유백유 : 늙은 홀아비와 과부는 천하의 궁한 백성으로 의탁할 데 없는 자들이라, 옛날의 성인은 반드시 이를 염려했습니다. 지금 윤수태尹壽台라는 자가 있는데, 나이가 96세에 이르렀습니다. 자식 또한 69세로서 늙어서 봉양할 수가 없고, 하나뿐인 계집종 거화居貨가 아침저녁 끼니를 댄다고 합니다. 쌀을 하사하시기 바랍니다.

공양왕 : 장수하기가 이와 같으니, 그 마음에 조수操守하는 바가 반드시 있을 것이다.

유백유 : 수태가 일찍이 말하기를, "나이 서른에 왼쪽 다리가 마비되었다. 하루는 천마산의 절에 가서 약사여래 앞에서 맹세하기를, 만약 부처님이 내 병을 고쳐 주시면 불전佛殿을 짓겠다고 했다. 꿈에 중이 말하기를, '네 병은 낫는데 불전을 지을 수 있겠느냐?'고 했다. 꿈을 깨니 병이 곧 나았다. 마침내 불전을 짓고 삼매참三昧懺의 법석法席을 베풀어 끝마쳤더니, 이와 같이 장수했다."고 했습니다.

공양왕 : 그렇다. 전에 중궁中宮이 병이 나서, 내가 약사여래의 법석을 베풀었는데, 그날 밤 꿈에 중을 보고 병이 곧 나았다. 부처가 어찌 허황하겠는가?

유백유 : 유자儒者도 부처를 너무 배척하면 안 됩니다. 유자가 부처를

배척하는 것은 군주가 부처만 믿고 정사를 태만히 하기 때문입니다.[68]

본래 〈무일〉편은 《상서》 가운데 교훈적인 색채가 짙고 자주 인용되는 대목으로, 군주가 안일에 빠지지 말고 백성의 안녕을 위해 부지런히 힘써야 한다는 내용이다. 경연관은 이러한 교훈을 자세히 설명하고, 이러한 교훈에 비추어 현재를 반성하는 것이 임무였다. 불교를 두둔하는 유백유의 말은 경연 강의가 아니었다. 같은 〈무일〉편을 강의할 때, 동지사 김사형金士衡은 유학자답게 설명했다.

대개 즐거움에 빠지는 자는 수명이 짧고, 안일이 없는 자는 수명이 긴데, 이치가 진실로 그렇습니다. 천자天子의 한 몸에는 천하의 안위安危가 매여 있고, 제후의 한 몸에는 일국의 안위가 매여 있습니다. 그러므로 군주는 마땅히 공경恭敬을 마음으로 삼고, 안일을 경계해야 합니다. 대개 〔군주가〕 안일이 없으면, 백성이 편안하며, 조종祖宗이 가만히 돕고 하늘도 도와줍니다. 즐거움에 빠지면, 백성이 편안치 못하므로, 조종도 가만히 화내고 하늘도 돕지 않습니다. 이 까닭에 나라의 수명이 길고 짧음이 다른 것입니다.[69]

이때가 과도기라 그런지, 경연관이 유교에 어긋나는 말을 해도 크게 따지지 않았다. 가령 검토관 신원필申元弼은 왕의 옛 친구인

68) 《고려사》 권45, 34앞뒤(공양왕 2년 10월 27일).
69) 같은 책, 권104, 32뒤~33앞(김사형).

데, 경연에서 생사生死가 불공佛功의 응보라고 말했다. 또 예성강
물이 붉게 변하고 부글거려서 왕이 걱정하자, 상서祥瑞일지도 모
른다고 둘러댔다. 그런데도 유학자들은 이를 비루하게 여겼을 뿐,
정면으로 비판하지 않았다. 그는 나중에 다른 일로 탄핵되고 파면
되었다.[70] 3년 정월에는 환관이 왕의 경연 참석을 말리고, 또 불교
의 인과응보因果應報를 왕에게 역설했다. 대간이 그를 내치라고 요
청했으나 왕은 듣지 않았다.[71] 역시 고려는 불교 국가였다.

끝으로 경연에서 국정을 논의한 사실이 주목된다. 공양왕은 경
연에서 첨설직添設職 등 관직 제도의 문제점에 대해서 물었고, 입
시했던 정도전은 당나라와 송나라의 제도를 설명하며 해결 방안을
제시했다.[72] 또 예조에서 관리의 복색服色을 정하고 불사佛事를 줄
이는 방안을 논의하고 있었는데, 판서 민제閔霽가 경연에 입시하
자, 왕이 이에 대해서 물었다. 민제는 개혁안의 취지를 설명했고,
왕도 자신의 의견을 얘기했다. 경연에서 국사國史의 편찬을 논의
하고, 새로 편찬한 형률刑律을 검토한 것도 당면 과제를 협의한 사
례였다.[73] 이러한 사실은 경연의 정치적 기능이 커질 가능성을 보
여 준다.

요컨대 고려의 경연 도입은 역사적인 사건이었다. 그 전에도 고
려왕조는 나이 어린 군주와 태자를 교육했을 터인데, 당시의 엘리
트를 위한 교육으로, 한문학과 유교 경서, 불교 경전과 무예(활쏘

70) 《고려사》 권124, 38앞뒤(신원필); 《고려사절요》 권34, 64앞뒤.
71) 같은 책, 권122, 27앞뒤; 《고려사절요》 권35, 2앞.
72) 같은 책, 권119, 5앞(정도전).
73) 같은 책, 권108, 4뒤~5앞; 《고려사절요》 권35, 2앞. 《고려사》 권117, 11
    앞뒤; 권46, 31뒤(공양왕 4.2.3).

기, 말타기) 등을 가르쳤을 것이다. 이를테면 특권층이 갖추어야 할
일반적인 교양이다. 성년의 국왕을 위한 교육과정은 따로 없었고,
가끔 자신이 원하는 불경 등을 공부한 것 같다. 적어도 고려 전기
2백 년 동안 국왕을 위한 '맞춤형' 교육은 없었다. 그런 의미에서
경연의 도입은 특별한 의미가 있다.

그러나 고려는 경연이 성장할 정치적 · 문화적 여건을 아직 갖
추지 못했다. 우선 정치적 혼란이 계속되고, 왕권이 매우 불안정
했다. 예종 때는 왕권이 안정되었으나, 인종 때는 이자겸의 난과
묘청의 난을 겪었다. 그 뒤 무신집권 백 년 동안 왕은 허수아비에
불과했고, 문신과 국왕을 밀착시키는 경연은 허용될 수 없었다.
원나라의 간섭을 받은 백 년 동안에도 왕권은 계속 불안정했고,
경연이 서연書筵으로 격하되었다. 공민왕 이후에는 오랜 전쟁과
정치적 혼란이 더욱 심해지다가, 마침내 왕조가 멸망했다. 경연제
도가 발전하기 어려운 상황이었다.

고려의 유교문화도 아직 경연이 성장할 만큼 성숙하지 못했다.
고려 중엽에는 사장詞章 중심의 한 · 당 유학이 성행하고, 불교와
마찰도 없었다. 당시 송나라에서 성리학으로 무장한 유학자들이
불교를 배척하던 것과 대조적이다. 고려에는 여전히 불교가 풍미
했고, 여기에 도입된 경연제도는 외형만 조금 갖추고, 겨우 명맥
을 유지했다. 고려 말에 성리학이 전래되어 점차 보급되었으나,
아직 신봉자가 소수에 그쳤다. 이들의 척불론斥佛論은 문화 풍토의
변화를 알렸으나, 억불정책을 추진하기에는 아직 힘이 부족했다.

이렇게 불리한 정치적 · 문화적 상황에서도, 경연은 살아남아 조
금씩 성장했다. 첫째, 경연관의 직제가 달라졌다. 예종 때는 한림원

과 보문각 등의 근시近侍가 강의를 맡았고, 시독과 시강이라는 직함
도 있었다. 충정왕 때에는 서연의 사부師傅와 시독侍讀이란 직함이,
우왕 때는 지사知事와 동지사同知事라는 직함이 나타나고, 창왕 때
는 서연관직이 영사(1품)·지사(2품)·시독(3품)으로 좀 더 체계화되
었다. 공양왕 때는 경연이라는 명칭이 부활하고, 경연관이 영사(1
품)·지사(정2품)·동지사(종2품)·참찬관(정3품)·강독관(3품)·검토
관(4~5품)으로 더욱 분화되었다. 이렇게 원과 명의 제도를 수용한
것이 조선왕조 경연의 출발점이 되었다.

경연의 교재도 고려 말에 상당히 달라졌다. 예종 때는 《상서》·
《시경》·《주역》·《예기》 가운데 한두 대목만 강독했는데, 인종 때
는 《당감唐鑑》과 《송조충의집宋朝忠義集》 등 간략한 역사책이 추가
되었다. 무신정권의 공백기를 지나서, 원 간섭기에는 교재가 더욱
다양해진다. 우선 충렬왕과 충숙왕 때 《통감절요》가 추가되었다.
충목왕 때는 《효경》과 4서와 6경을 차례로 강의하는 교과과정이
논의되고, 《천자문》과 《정관정요》가 교재로 처음 나타났다. 공민
왕은 《대학연의》와 〈대보잠〉과 〈최승로 상서(시무 28조)〉를, 우왕
은 《대학》을, 공양왕은 《정관정요》를 공부했다. 대체로 고려 말에
는 교육과정이 경서와 여러 역사서를 갖추어, 고려 중엽보다 훨씬
더 충실해졌다.

경연관과 경연 교재는 경연의 기본 틀이었다. "누가, 무엇을 가
르칠 것인가?" 하는 문제는 고려 말에 대체로 해결된 셈이었다.
나머지는 "언제, 어떻게 가르치느냐?" 하는 문제, 바로 강의 일정
과 강의 방식의 문제였다. 고려에서도 군주가 날마다 공부한다는
원칙을 알고 있었으나, 이를 실천할 생각은 없었다. 또 고려 말에

성리학을 수용했으나, 이해의 수준이 낮았고, 경연관의 사명감도 부족했다. 간관과 사관이 입시하는 관례도 생겼으나, 이들의 역할도 제한되었다. 이러한 한계를 가진 고려의 경연은 아직 덜 성숙한 단계였다.

돌이켜 보면 경연은 북송에서 성숙했지만, 고려가 도입한 것은 아직 어린 나무였다. 예종과 인종 때 조금 자라던 묘목은 곧 무신 집권이라는 혹독한 추위를 만나 백 년 동안 자취를 감추었다가, 원 간섭기에 서연으로 부활하여 조금씩 성장했다. 그동안 중국에서는 남송이 망하고, 원나라와 명나라가 뒤를 이으면서, 경연은 껍데기만 남았다. 이와 달리, 고려에서 살아남은 경연은 조선왕조에 계승되어 활짝 꽃피었다. 고려의 경연은 북송과 조선의 경연을 이렇게 연결했다.

제3장 세종의 경연과 학문 연구

1392년 조선의 개국은 한국의 역사에서 획기적 사건이었다. 중국 문물의 수용이 삼국의 초급 단계와 고려의 중급 단계를 거쳐서, 마침내 조선의 고급 단계로 접어들었다. 또 불교 시대 1천 년이 끝나고, 유교 시대 5백 년이 시작되는 큰 전환점이었다. 기원 400년경부터 1400년 무렵까지, 불교는 한국인의 삶에 지대한 영향을 미쳤다. 이제 새 왕조는 유교를 지배 이데올로기로 채택하고, 숭유억불崇儒抑佛 정책을 철저히 시행했다. 이로써 사람들의 삶이 급속히 '유교화'했다.

조선의 유교화는 경연 발달에 최상의 조건이었다. 개국 직후에는 경연이 권력투쟁의 소용돌이 속에서 부진했지만, 세종 때 경연 제도가 획기적으로 성장했다. 경연관직, 강의 교재, 강의 방식 등이 눈에 띄게 개선되어 후대의 표준으로 남았다. 또 유교화의 산물인 경연이 조선의 유교화를 더욱 촉진했다. 활발한 경연 강의는 성리학과 예학의 수준을 훨씬 높였고, 국왕과 신하들의 사고와 행동에도 큰 영향을 미쳤다. 조선의 유교화와 경연의 발달은 이렇게 맞물려 돌아가고 있었다.

이러한 변화의 중심에는 태종과 세종 부자가 있었다. 태종이 18

년 동안 큰 틀을 만들었고, 세종이 32년 동안 내용을 차곡차곡 채
웠다. 우선 불교 사찰과 사찰 소유의 토지와 노비 등을 대부분 몰
수하고 승려들도 일부만 남겨, 불교 시대를 끝냈다. 그리고 유교
식 통치 시스템을 새로 구축했다. 가령 오례五禮는 태종이 반쯤 만
들고 세종이 일단 완성한 것이 《세종실록》에 부록되었다. 새 왕조
의 법전法典 편찬도 이들 부자가 절반 이상 해냈다.

이 장에서는 경연이 세종대에 획기적으로 변모하는 모습을 고
찰한다. 제1절에서 태조 · 정종 · 태종대의 부진했던 경연을 개관
하여 출발점을 확인하고, 제2절에서 집현전의 설립을 중심으로 경
연관직의 변화를 검토한다. 제3절에서 경연 교재의 체계화와 강의
방식의 변화를 살피고, 제4절에서 경연이 경학 · 사학 · 성리학 등
유학의 발달에 어떻게 이바지했는지 고찰한다. 경연이란 나무가
세종 때 급성장하여 활짝 꽃피는 과정에 초점을 맞추겠다.[1]

1. 태조~태종 : 준비 단계

조선왕조의 수립은 경연이 발달하는 새로운 계기를 마련했다.
새 왕조의 숭유정책으로 유교가 생활화하고 유학이 성숙하면서,
경연제도의 발달도 도약 단계에 이르렀다. 그러나 개국 직후에는
경연이 부진했다. 우선 태조는 58세의 무장武將 출신이라, 경연을

---

1) 남지대南智大는 〈조선 초기의 경연제도—세종 · 문종을 중심으로〉(《한국사론》
6, 1980.12)에서 조선 초기의 경연제도를 체계적으로 정리했다. 멀리 고려 예
종부터 조선 성종까지 약 4백 년에 걸쳐 경연제도의 변화를 개관하고, 세종~
문종대의 경연을 집중적으로 고찰했다. 《고려사》와 《조선왕조실록》에 수록된
방대한 자료를 한 편의 논문 속에 압축하여 정리한 역작이다. 세종과 성종의
경연 출석 통계는 많은 공을 들인 성과이다. 저자가 제3장을 고쳐 쓰면서 큰
도움을 받았다.

제대로 살릴 상황이 아니었다. 태종은 숭유억불 정책에 앞장섰으나, 경연만은 극도로 기피했다. 왕권을 강화하려는 태종과 왕권을 억제하려는 경연제도는 상극이었다. 태조와 태종 사이의 2년 동안 재위한 정종은 이따금 경연에 참석했다. 경연 강의는 이렇게 부실했지만, 경연관 제도는 제법 정비되었다.

태조는 7월 17일에 즉위하고, 열하루가 지난 7월 28일, 새 왕조의 관제官制를 반포했다. 이때 제정한 경연관의 직제職制는 〈표 3-1〉과 같다. 경연관은 모두 겸직이고, 관직의 명칭과 정원은 공양왕 때와 약간 차이가 있다. 영사領事는 1명(1명 감소), 지사知事와 동지사同知事는 각 2명(같음), 참찬관參贊官은 5명(1명 증가), 강독관 講讀官은 4명(2명 증가), 그리고 검토관檢討官은 2명(1명 감소)에 부검토관副檢討官 5명이 신설되었다. 경연관은 당상관 10명, 당하관 11명으로, 고려 말보다 충실해지고, 하위직이 크게 보강되었다. 그 밖에 서리書吏라는 직함이 여기서만 나온다.[2]

그러나 태조는 경연을 거의 실시하지 않아서, 《태조실록》에 실린 관련 기사가 재위 6년 동안 모두 일곱 건, 평균 1년에 한 번 남짓이다. 그것도 누가 무슨 책을 진강했다고 간단히 기록했을 뿐이다. 강의는 원년에 4회, 2년에 1회, 3년에 2회로, 모두 한양 천도(3년 10월) 이전이다. 교재는 《대학연의大學衍義》뿐이고, 강의는 대사성 유경柳敬과 도승지 한상경韓尙敬이 각각 혼자서 했다. 장소는 개성 수창궁壽昌宮의 편전便殿으로 추측되며, 청심정淸心亭도 이용

---

2) 태조 1.7.28④. 서리書吏는 "7품으로 거관去官한다."는 말뿐, 정원에 대한 언급은 없다. 원래 서리는 상급 경아전京衙前으로, 5년 근무하면 품관이 될 수 있으나, 7품이 한도였다. 이들은 경연 교재의 관리와 업무 연락을 맡았을 것이다. 숙종과 영조 때는 여러 번 나온다.

했다.[3] 비록 약식 강의였지만, 이로써 국왕이 경사經史를 공부하
는 선례를 만든 셈이다.

<표 3-1> 태조의 경연관 직제

당 상 관		당 하 관	
영 사(정1품)	1명	강독관(종3품)	4명
지 사(정2품)	2명	검토관(정4품)	2명
동지사(종2품)	2명	부검토관(정5품)	5명
참찬관(정3품)	5명		

간관들은 가끔 상소하여, 매일 경연에 참석하라고 요청했다. 태
조가 늙은 나이에 그럴 필요가 없다고 대꾸하자, 입시했던 도승지
가 반박했다. 책만 읽으라는 것이 아니라, 바른 사람을 가까이 하
고 바른말을 들으라는 취지였다. 왕이 변명하기를, 편전에 유경
劉敬을 불러서《대학연의》강의를 듣는다고 했다.[4] 그러나 이것은
소대召對이지, 정식 경연이 아니었다. 이틀 뒤에 사간원은 상소문
에서 정이程頤의 격언을 인용하여 경연의 필요성을 강조했다. 군
자를 자주 만나서 좋은 영향을 많이 받고, 소인을 적게 만나서 나
쁜 영향을 줄이라는 것이다. 바로 군주 길들이기의 요체였다.

매일 경연에 나아가 〔신하들을〕 불러서 묻고 〔의견을〕 받아들이는 까
닭은, 첫째로 현사賢士와 대부大夫를 접하는 때가 많게 하여 그 덕성을
훈도薰陶하고, 둘째로 환관과 궁첩宮妾을 가까이하는 때가 적게 하여 그

---

3)《태조실록》에 기록된《대학연의》강독 날짜는 1.9.21, 1.9.27, 1.10.2,
    1.10.5, 2.11.2, 3.8.7, 3.8.24. 원년에는 유경이, 2~3년에는 한상경이 강
    의했다. 2.11.2에는 좌부승지와 함께 강의했다. 3년 8월에 두 번은 청심정을
    이용했다.
4) 태조 1.11.12②.

태만함을 진작振作시키려는 것입니다.[5]

42세에 즉위한 정종은 재위 2년 동안 가끔 경연에 참석했다. 그는 아우 이방원(태종)의 쿠데타 덕분에 임시로 왕이 되었다. 실록에는 정종이 경연에 참석한 기록이 약 30건 나온다. 재위 26개월 동안에 30회라면 평균 한 달에 한 번 정도로, 태조 때의 1년에 한 번과 비교하면 열두 배나 된다. 그러나 실록의 기록은 부실하다. 정종 즉위년 9월부터 12월까지 기사는 《태조실록》에 포함되었고, 날짜를 명시하지 않은 경우도 많다. 가령 정종 원년 1월 9일에는 경연 강의 세 건을 포함하여 기사 16건을 열거한 것과 달리, 10일부터 18일까지는 기사가 하나도 없다. 이렇게 엉성하지만, 경연의 윤곽은 알 수 있다.

우선 경연관을 보자. 지사로는 하륜河崙(6회)·권근權近(5회)·조박趙璞(4회)·이서李舒(3회)가, 동지사로는 이첨李詹(6회)·전백영全伯英(1회), 시강관으로는 배중륜裵仲倫(3회)·전백영全伯英(1회)·유관柳觀(2회)·조용趙庸(1회) 등이 입시했다. 경연관 두 명 이상 참석한 경우가 네 번이다.[6] 한편 시독관·검토관·부검토관이 입시한 기록은 없다. 태조 때의 '강독관'이 그 사이에 '시강관'과 '시독관'으로 진화한 것이 주목된다. 중국과 고려에서는 시독이 시강보다 높았는데, 조선에서는 반대였다. 사관史官은 원년 1월부터 경연에

---

5) 태조 1.11.14①. 이 구절은 정이程頤의 격언을 약간 변형했다.

6) 정종 때 경연관 2명 이상 참석은 지사 이서·시강관 유관(0.12.16; 0.12.17), 지사 이서·좌간의 조용·교서소감 배중륜(1.1.9), 지사 하륜·지사 권근(2.1.24), 지사 권근·동지사 전백영(2.5.17) 등이다. 당시 좌간의는 종3품, 소감은 종4품이었다.

입시했으나, 대간의 입시는 왕이 허락하지 않았다.[7]

경연 교재도 부실했다. 정종은 즉위년 10월 5일에 《정관정요》
를, 11월 11일에 《대학》을, 12월 9일부터 이듬해(원년) 1월 9일까
지 《논어》를 공부하고, 1월 하순에는 《사서절요四書節要》의 강독을
마쳤다. 앞서 공부한 《논어》도 《사서절요》의 일부인 것 같다. 또 1
년 가까운 공백기 후인 2년 1월 초순부터 《통감촬요通鑑撮要》를 반
년 동안 공부했다.[8] 3경은커녕, 4서조차 제대로 공부하지 않은 것
이다. 2년 8월 4일에는 《통감강목》을 공부하고, 석 달 뒤 왕위에
서 물러났다. 이날 경연에서 왕이 시詩를 공부하고 싶다고 하자,
동지사는 여기에 찬성하고, 《두시杜詩》 3백 편을 추천했다.[9] 세종
이후의 경연에서는 당시唐詩 같은 문학작품을 철저히 배제한다.

강의 분위기는 꽤 진지해졌다. 가령 정종 2년에는 경연에서 불
교를 다섯 번이나 논의했다. 왕은 자신의 신앙을 변호했고, 경연
관들은 불교가 '무군무부無君無父'의 이단이며, 불교의 생사관生死
觀과 천당지옥설天堂地獄說이 근거 없는 오류라고 비판했다.[10] 또
백성을 불쌍히 여기고 절검節儉하라고 가르치자, 왕은 여진女眞이
보내온 이리를 풀어 주고, 상림원上林園을 늘리려고 뺏은 백성들의
택지宅地를 되돌려 주었다.[11] 왕이 건강을 위해서 격구擊毬를 하겠

---

7) 사관은 정종 0.12.9에 경연 입시를 요청했다가 좌절되고, 1.1.7에는 허용되
었다. 입시한 사관이 1명인지 2명인지는 불확실하다. 문하부는 1.5.1에 상소
하여 대간 각 1명이 경연에 입시하도록 주청했으나, 왕이 허락하지 않았다.
8) 《사서절요》는 정종이 즉위 초에 조준趙浚(좌정승)·조박(대사헌)·하륜(정당
문학)·이첨(중추원학사)·조용(좌간의대부)·정이오鄭以吾(봉상소경) 등에게
명하여 4서의 긴요한 대목을 뽑아서 편찬한 책이다. 태조 7.12.17①에 실린
'진전進箋'. 《통감촬요》라는 책은 《정종실록》에만 나온다.
9) 정종 2.8.4②.
10) 정종 2.1.10②, 2.1.10⑤, 2.1.24②, 2.2.25②, 2.10.3④.
11) 정종 1.5.16⑥ 및 2.9.19③. 이리는 아무 쓸모가 없는 데도 한 달에 닭 60

다니까, 경연관은 환관 등 소인배와 함께 하지 말라고 충고했다.[12]
경연의 논조가 고려시대와 사뭇 달라지고 있었다.

그러나 태종의 재위 18년 동안 경연은 다시 침체했다. 이방원
이 34세에 즉위하자 간관諫官들이 상소했는데, 첫째 조목이 매일
경연에 참석하라는 것이다.[13] 태종은 곧 경연을 개시하고《대학연
의》를 공부했다. 즉위 초에는 지사 등 당상관들이 강의하고, 간관
諫官과 사관史官도 입시하여 경연의 형식을 갖추었다.[14] 그러나 두
세 달 뒤 태종은 이를 중단하고, 시강 김과金科 한 사람만 불러서
공부했다. 간관들은 경연에서 대신들과 강론하라고 요청했고, 왕
은 눈병과 경연청經筵廳의 수리와 약식 강독을 핑계했다.[15] 한 달
뒤에는 다시 경연을 열었고, 원년에는 가끔 열었다. 태종 2년 이
후에는 대개 김과 혼자서 입시했다.[16] 이러한 소대召對는 경연과
달리 문제가 있었다.

> 태종 : 내가 비록 날마다 경연에 나아가 여러 대신들과 더불어 강론하
> 지는 않으나, 항상 너와 더불어 독서하니 호학好學하기는 마찬
> 가지다.
> 김과 : 그러나 좋지 않은 점이 있습니다.

여 마리를 먹기 때문에 내보냈다.
12) 정종 1.1.9⑨.
13) 정종 2.11.13⑧. 이날 태종이 즉위했다. 즉위년 12월 말까지의 기사들은
《정종실록》에 실려 있다. 세종 이후의 실록에는 이런 일이 없다.
14) 당상관으로는 지사 권근權近(4회)과 성석인成石因·동지사 이첨李詹·참찬관
박신朴信 등이 입시했다. 간관의 경연 입시는 정종 2.12.18②. 사관의 입시를
허용한 것은 태종 5.6.14①. 경연 당상과 낭청이 함께 입시한 기록은 두세 건
있다. 동지사·참찬관·시강관·시독관(2명) 등 5명이 입시한 사례는 1.5.8②.
15) 태종 1.3.11②.
16) 태종 3.3.10①.

태종 : 무엇인가?

김과 : 신臣은 전하의 호학好學을 압니다. 그러나 여러 현신賢臣과 더불
　　　어 강론하지 않고, 오직 소신과 함께 독서하시면, 경연의 법은
　　　장차 폐지됩니다. 후세의 자손들 가운데 반드시 이를 본받는 자
　　　가 있을 것입니다. 어리석은 군주와 아첨하는 신하라면, 날마다
　　　깊은 궁중에 들어가 하지 않는 짓이 없으면서도, 밖으로 나와서
　　　남들에게 말하기를, "임금이 독서를 좋아하니 괜찮다."고 할 것
　　　입니다. 이는 결코 가르칠 것이 못됩니다. 전하와 같은 호학은
　　　얻기 어렵습니다.

태종 : 그렇다. 근일에 〔경연청의〕 수리가 끝나면 마땅히 경연에 나아가
　　　겠다.[17]

　　태종의 경연이 부실했음은 경연의 빈도에도 나타난다. 재위 18
년에 27회, 연평균 1.5회였다. 그것도 21회가 즉위 후 3년 동안
에 몰려 있고, 이후 15년 동안은 사실상 경연을 폐지했다. 즉위년
에 3회, 원년에 8회, 2년에 3회, 3년에 7회이며, 그 후 15년 동안
6회뿐이다.[18] 경연 출석이 1년 평균 1.5회라면 태조 때의 1회보다
는 좀 낫지만, 정종 때의 12회(매달 한 번)에 비하면 매우 저조하다.
더구나 정해진 시간에 여러 경연관들이 참석하는 경연이 아니라,
아무 때나 시강관 한 명을 부르는 소대가 대부분이었다. 강의 장
소는 개성 수창궁의 편전이었고, 더울 때는 청심정淸心亭을 이용했

---

17) 태종 1.3.23②.
18) 즉위년의 3회는 11월 날짜 미상 2회 및 12.18. 원년 8회는 윤3.18, 윤
　　3.23, 윤3.26, 4.16, 4.24, 5.18, 11.20, 12.22. 2년의 3회는 6.8, 6.29,
　　9.14. 3년의 7회는 1.7, 2.23, 3.10, 4.19, 9.10, 9.22, 11.6. 그 후의 6회
　　는 4.3.21, 4.3.28, 6.5.2, 11.5.11, 11.5.20, 11.10.10.

다.[19] 이런 식으로는 군주를 길들일 수 없다.

태종이 경연에서 공부한 교재도 비교적 간단하다. 태종은 정종 2년 2월에 세자로 책봉된 뒤 서연에서 《대학연의》를 공부하다가, 11월에 즉위한 뒤에는 경연에서 이 책을 계속 공부하여, 약 1년 뒤에 마쳤다.[20] 태종 2년에는 《상서》를 공부했고, 3년에는 《십팔사략十八史略》(3.2.23~3.9.10)을 마쳤고, 이어서 《중용》(3.9.22~6.5.22)을 공부하면서, 4년 3월에는 《대학혹문大學或問》을 마쳤다. 대개 짧은 교재들이었다. 5년 동안의 공백 후, 11년에는 《예기》의 〈월령月令〉편(5.11)과 《맹자》의 〈진심盡心〉장(5.20)을 공부했고, 《자치통감》·《대학연의》·《춘추》 등의 내용을 토론했다 (10.10). 경사를 체계적으로 공부한 것이 아니라, 고려의 예종처럼 이따금 원하는 대목을 강론한 것 같다. 이것을 끝으로 이후에는 경사를 강독하지 않았다.

태종 때 경연이 부실한 것은 국왕의 통치 스타일 때문이었다. 그는 17세에 고려 과거에 급제한 인재로서, 정치와 외교(서장관)의 경험을 쌓았고, 조선의 건국에 남다른 공을 세웠다. 유혈 쿠데타로 세자(이복동생)와 정도전 등을 제거했고, 즉위한 뒤에는 육조직계六曹直啓와 외척(처남들) 제거로 왕권을 강화했다. 태종은 사실상의 '창업지주創業之主'로서, 경연의 '임금 길들이기'를 기피했으나, 그의 후손들은 '수성지군守成之君'으로서 제왕학帝王學을 공부할 필

---

19) 2.6.29④. 더우나 비가 오나, 왕이 매일 청심정에서 책을 공부한다고 기록했다. 세자 때 읽던 《대학연의》를 즉위한 지 1년 후에야 끝냈으니까, 좀 과장이다. 정종은 피비린내 나는 경복궁을 떠나서 개성으로 갔고, 태종이 5년에 한양으로 돌아왔다.

20) 서연에서 《대학연의》를 공부했음은 사간원 상소에 언급되었다. 태종 2.6.18 ①. 경연에서 이 책을 공부한 기록은 9회, 마친 날짜는 1.12.22였다.

요가 있었다. 신하들도 이 점을 잘 알아서, 태종이 경연을 소홀히
해도 이를 묵인했고, 그도 국왕이 매일 경연에 출석해야 한다는
원칙을 인정했다.

2. 경연관과 입시入侍 방식

세종(1418~1450)의 즉위는 특별했다. 태종은 불초한 맏아들을
세자에서 내치고, 자질이 뛰어난 셋째 아들에게 왕위를 넘긴 뒤,
상왕으로 물러났다. 태종은 이미 새 도읍을 건설하고 제도를 정비
했으며, 왕권의 장애물을 모두 제거했다. 세종은 이 튼튼한 토대
위에 훌륭한 업적을 쌓았다. 그는 22세부터 54세까지 32년 동안
재위하면서, 《지리지》·《농사직설》·《향약집성방》·《오례》·《칠
정산七政算》·《훈민정음》· 공법貢法 등 국가 경영에 필요한 다양한
프로그램을 개발했다. 이를 위해서 세종은 우수한 두뇌 집단을 양
성하고, 경연에서 이들과 제왕학을 연마했다. 마침내 경연이 도약
단계로 접어들었다.

우선 경연관의 직제가 달라졌다. 세종이 즉위한 날, 상왕 태종
이 여러 관리들을 새로 임명했다. 경연관 직함은 영사 두 명, 지사
두 명, 동지사 두 명, 시강관 두 명 등이었다.[21] 승지 네 명도 임명
했는데, 이들은 참찬관을 자동 겸직했다.[22] 시독관 이하도 임명했

---

21) 세종 0.8.11③. 이날 좌의정(박은)과 우의정(이원)을 새로 임명하고, 경연
    영사를 겸직시켰다. 영의정(한상경)은 바꾸지 않았다. 지사와 동지사 및 시강
    관(당하관)은 자동 겸직이 아니라, 각각 선임했다.
22) 승지 2명은 유임했다. 태조가 즉위하면서 중추원에 승지 5명을 두었고, 태
    종이 5년 정월에 승정원을 독립시키면서, 대언代言으로 이름을 바꾸고 6명으
    로 늘렸다. 세종 15년에야 '승지'로 다시 바꾸지만, 여기서는 편의상 승지로
    부른다.

을 터인데, 실록에는 보이지 않는다. 즉위한 다음 날 경연관직을 증원하여, 지사·동지사·시강관을 각각 한 명씩 추가하여 각각 세 명이 되었다.[23] 영사도 세 명인데, 언제 늘렸다는 기록이 없다. 이로써 경연의 당상관은 영사 세 명, 지사 세 명, 동지사 세 명, 참찬관 여섯 명으로 확정되었다. 이 틀은 약 5백 년 동안 유지되었고, 성종 때 특진관만 추가되었다.

며칠 뒤에는 경연관의 좌석 배치, 곧 좌차坐次를 정했다. 영사는 동벽東壁, 지사와 동지사는 서벽西壁, 참찬관 이하는 남벽南壁이었다.[24] 즉 왕은 북쪽에서 남면南面하고, 1품은 동편에서 서향, 2품은 서편에서 동향, 3품 이하는 남쪽에서 북향했다. 1·2품 대신이 입시하지 않을 때는, 동벽과 서벽을 비워 놓았다. 아무런 언급이 없지만, 환관이 왕을 가까이서 모셨을 것이다. 강의 장소는 사정전思政殿, 곧 왕이 집무하는 편전便殿이며, 왕의 좌석인 어탑御榻은 바닥보다 높았다. 사관은 말석인데, 남쪽 맨 뒷자리로 추측된다. 원년 2월에는 선공감繕工監에 명하여, 경연청經筵廳을 새로 짓게 했다.[25] 경연의 좌차와 입시入侍하는 절차는 이 책의 제4장과 제6장에서 다시 다룬다.[26]

여기서 경연청은 관청이 아니라 건물을 이른다. 태종이 경연청에서 신하들을 만나거나 잔치한 기록은 십여 회에 이른다. 세종은 경연청을 새로 지었고, 5년 8월에는 여기서 승지들과 국정을 협의했다. 《중종실록》에도 신하들이 경연청에 모인 기록이 약 20건 나온다. 선조 때 경연관들이 경연청에서 예행연습을 하고, 사정전에 들어가서 왕을 모셨음은 유희춘의 《경연일기》에 기록되었다. 경연청은 편전에 가까웠는데, 어느 건물인지 확인하지 못했다. 조선 후기에는 관련 기사가 거의 없고, 숙종 때만 《승정원일기》에 경연청 기사가 약 60건 나온다. 왕이 경연청에서 주강을 열거나 대신들을 인견引見한 내용이다.

한편 《경국대전》〈이전吏典〉의 '경관직京官職'에도 경연청은 없고 '경연'이 정3품 아문에 실려 있다. 경연을 전담하는 홍문관의 우두머리(부제학)가 정3품이기 때문이다. 조선왕조의 어느 법전에도 '경연청'이라는 관청은 나오지 않는다. 《대전회통》(1865)에도 《경국대전》의 '경연' 조항을 그대로 실었다. 새 법전의 시행령인 《육전조례六典條例》(1867)의 〈예전禮典〉에는 '경연청'이라는 항목이 있는데, 시행령의 규정이 상위법(대전)에 어긋난다. '경연청'은 1894년 갑오개혁으로 처음 생겼고, 이듬해 '경연원經筵院'으로 바뀌었다. 비록 법전의 용어는 아니지만, '경연을 담당하는 관청'의 뜻으로 '경연청'이라는 말을 쓴 사례는 더러 나온다.[27]

세종은 즉위한 지 두 달 뒤인 10월 7일에 경연을 개시했다. 장소는 편전인 사정전思政殿이었다. 첫날은 회강會講으로, 영사 두

---

27) 《성종실록》에 왕이 '경연청'에 지시했다는 사례가 세 번 나온다. 9.1.4④, 12.5.7④, 24.11.12⑦. 여기서 경연청은 경연관 곧 홍문관이다. 조선 후기의 《승정원일기》에는 '경연청 서리書吏' 또는 '경연청 하리下吏'라는 말이 열 번쯤 나오고, 시강관·시독관·검토관 등 경연관직 앞에 경연청을 붙인 사례가 십여 건 나온다. 여기서는 그냥 경연이라는 뜻이다.

명, 지사 두 명, 동지사 한 명, 참찬관 네 명, 시강관 두 명, 시독관 두 명, 검토관 한 명, 부검토관 한 명—경연관 14명이 입시入侍했다.[28] 간관諫官과 사관史官도 입시했을 것이다. 강의 교재는《대학연의》였다. 강의가 끝난 뒤, 왕은 이후의 입시 방식을 지시했다. 지사/동지사 한 명, 선임된 참찬관 세 명 가운데 한 명, 그리고 시강관 이하는 3개 조組로 나누어 교대로 입시하게 했다.[29] 영사는 입시에서 제외했다. 즉 지사/동지사 한 명, 승지 한 명, 시강관/시독관 한 명, 검토관/부검토관 한 명—모두 네 명으로, 경연당상 두 명과 낭청(당하관) 두 명이었다. 간관과 사관도 입시했는데, 사관은 문종과 단종 때처럼 한 명으로 추측된다.[30]

세종이 경연을 시작한 지 두세 달 만에 문제가 생겼다. 경연관들이 각자의 업무(본직)에 바빠서 강의 준비가 부실했다. 경연관들은 분번分番, 곧 조條 편성을 없애고 함께 진강하기로 했다.[31] 그러나 젊은 왕이 워낙 박식하고 학문에 열심이라, 강독의 수준과 진도를 감당할 수 없었다. 세종은 거의 날마다 경연에 참석하여,《대학연의》를 반년 안에 끝냈다(〈표 3-3〉). 왕이《자치통감》을 공부하려고 하자, 경연관들은 분량이 많다고 말리고,《근사록近思錄》을

---

28) 경연관들을 정원대로 임명하지 못했거나, 일부가 참석하지 못한 것 같다. 영의정 한상경은 영사를 겸했는데, 참석자 명단에 없다.

29) 세종 0.10.7②. 강의가 끝난 후, 경연관들이 경연청에 모여서 공부하기로 했다.

30) 간관은 한 달 뒤에 입시하기 시작했다. 세종 0.11.7⑤. 사관의 입시는 2명이 원칙이다.《경국대전》〈예전〉'조의朝儀'에 사관 2명이 경연 등에 입시한다는 규정이 있다. 세종의 경연은 규모가 작아서, 1명으로 추측된다. 성종 때는 경연의 규모가 커져서, 사관도 2~3명으로 늘었다. 사헌부司憲府의 입시는 얘기가 없다.

31) 세종 0.12.17④. 강의가 끝난 뒤, 경연관들이 경연청에 모여서 공부하기로 했다.

권했다.[32] 그의 학문적 역량을 과소평가한 것이다. 세종 2년 윤정
월 초에 《자치통감강목》을 공부하기 시작하자, 강의 준비가 더욱
힘들어졌고, 강의 전담 경연관을 둘 필요가 절실해졌다. 처음부터
왕이 경연을 주도하는 형국이었다.

세종은 2년 3월에 집현전集賢殿을 궁중에 설치했다. 유명무실하
던 집현전·보문각寶文閣·수문전修文殿 등을 하나로 통합하고, 젊
고 우수한 문신을 충원하여, "경사經史를 강론講論하고 고문顧問에
대비對備"하도록 했다. 조직의 윗부분인 영전사領殿事(정1품) 두 명,
대제학大提學(정2품) 두 명, 제학提學(종2품) 두 명은 대신들이 겸직
했다. 부제학副提學 이하는 집현전이 본직인 녹관祿官이다. 부제학
은 정3품 당상관으로 집현전을 대표하고, 나머지는 모두 당하관인
낭청郎廳인데, 정원은 품계마다 한두 명이다. 이들을 예우하여, 각
품의 으뜸, 곧 반두班頭로 삼았다. 가령 부제학은 품계가 같은 대
사간이나 지신사(도승지)보다 윗자리였다.[33]

집현전 낭청(당하관) 열 명도 처음으로 임명했다. 직제학에 신장
申檣과 김자金赭, 응교에 어변갑魚變甲과 김상직金尙直, 교리에 설
순偰循과 유상지俞尙智, 수찬에 유효통俞孝通과 안지安止, 그리고 박
사에 김돈金墩과 최만리崔萬理였다. 부제학·직전·부교리·부수
찬·저작·정자는 아직 임명하지 않았다. 이들은 모두 문과에 급
제하고 학식이 뛰어난 인재들로, 나이는 40세 정도였다. 네 명은
나이가 확실한데, 신장 39세, 어변갑 41세, 안지 44세, 김돈 36

---

32) 세종 0.11.13①. 이날 경연 교재로 《근사록近思錄》을 얘기했지만, 실제로는
    공부하지 않았다. 이틀 후부터 《대학연의》를 공부한 기록이 계속 나온다.
33) 세종 2.3.16①. 집현전에 대한 연구는 최승희, 〈집현전 연구〉《역사학보》
    32집 및 33집(1976) 이후 지금까지 많은 성과가 쌓였다.

세로, 평균 40세였다. 설순과 유효통은 태종 8년(1408) 식년문과에 함께 합격했으니까, 역시 비슷한 나이였다. 집현전의 인원은 필요에 따라서 늘이고 줄였다.[34]

〈표 3-2〉 집현전 관직과 경연관직

집현전 직함	품 계	정 원	경연관 직함
부제학副提學	정3품	1	시강관侍講官
직제학直提學	종3품	1~2	시독관侍讀官
직 전直殿 응 교應敎	정4품 종4품	1~2	검토관檢討官
교 리校理 부교리副校理	정5품 종5품	1~2	부검토관副檢討官
수 찬修撰 부수찬副修撰	정6품 종6품	1~2	
박 사博士 저 작著作 정 자正字	정7품 정8품 정9품	1~2	사 경司經

집현전을 설치한 뒤에는, 이들이 경연 강의를 전담했다. 집현전 관직과 경연관직의 대응관계는 〈표 3-2〉과 같다. 정3품(당상관) 부제학은 시강관侍講官, 종3품 직제학은 시독관侍讀官이고, 4품

---

34) 세종 8년에 6명을 증원하여 16명이 되었고, 17년에는 《자치통감》을 주석하려고 다시 6명을 늘렸고, 여기에 서원관 10명을 합치면, 모두 32명에 이르렀다. 그러나 18년에 주석 작업이 끝나자 12명을 감원해서 20명이 되었고, 이들을 경연과 서연에 각각 10명씩 배정했다. 세종 18.윤6.11⑤ 및 20.11.7③.

인 직전直殿과 응교應敎는 검토관檢討官, 5품인 교리校理 · 부교리와
6품인 수찬 · 부수찬은 부검토관副檢討官이다. 7 · 8 · 9품인 박사博
士 · 저작著作 · 정자正字는 모두 사경司經을 겸직했다. 사경은 새로
만든 하위직으로 이를테면 조교助敎였다.[35] 집현전과 경연관의 대
응관계는《고려사》와《태종실록》등에 첨부된 편찬자 명단에서 확
인할 수 있다.[36]

집현전을 설치하고 넉 달 지난 2년 7월, 세종은 모친 상喪을 당
하여 경연을 중단했다. 부친 태종(상왕)이 살아 있어서, 기년朞年으
로 탈상脫喪하고, 심상心喪으로 3년을 채웠다. 세종은 3년 11월에
경연을 재개하면서, 당상관 · 간관 · 사관을 모두 제외하고, 집현
전 두세 명과 승지 한 명만 입시하도록 했다.[37] 반년 뒤인 4년 5월
에는 태종이 죽어서 삼년상을 치르게 되었다. 이번에는 후대의 왕
들이 본받도록, 상중喪中인 11월에 경연을 재개했다. 국왕이 새로
즉위해서 탈상脫喪할 때까지, 경연의 공백이 너무 길기 때문이다.
이번에도 승지 한 명과 집현전 두 명만 입시토록 했다가,[38] 탈상
뒤 6년 9월부터는 사관 한 명도 참석하게 했다.[39]

---

35) 위의 집현전 설립 기사에, "5 · 6품이 부검토관副檢討官을 겸한다. 또 경연에
사경司經을 가설加設하고, 7품 이하가 겸한다."고 했다. 세종 2.3.16①.

36) 집현전 3품과 4품이 경연관을 겸직한 사례들은 다음과 같다. 부제학 겸 시
강관은 정창손(《고려사》)과 박팽년 · 하위지(《세종실록》), 직제학 겸 시독관은
박팽년(《고려사절요》)과 이석형 · 신숙주 · 조오(《세종실록》), 직전 겸 검토관
은 안지(《태종실록》)와 양성지 · 유성원(《세종실록》), 응교 겸 검토관은 이예
(《세종실록》) 등이다.《경국대전》에 실린 홍문관과 경연관의 대응 관계는 많이
다르다.

37) 세종 3.11.7①.

38) 세종 4.11.22⑤. 다음해《강목》을 공부할 때는 동지사 윤회尹淮가 계속 강의
하고, 집현전은 1명만 입시했다. 5.9.7②.

39) 세종 6.9.21. "규정에 따라서 참석하라(의식입참依式入參)"는 지시는 두 명
을 뜻한다. 그러나 세종이 경연 입시를 집현전 두 명과 승지 한 명으로 줄였으
니까, 사관도 한 명으로 줄였을 것이다. 19년에 사관을 경연 입시에서 배제했

이때부터 경연에는 으레 승지 한 명, 집현전 두 명, 사관 한 명이 입시했다.[40] 즉 1·2품 경연관과 간관은 경연에서 완전히 배제되었다. 이후 《세종실록》에도 이들이 경연에 참석한 기록이 없다. 대신과 대간의 불참은 세종대 경연의 특징인데, 신하들도 이를 문제 삼지 않았다. 세종 20년에야 비로소 사간원이 상소문에서 영사·지사·간관의 제외가 《육전六典》의 규정에 위배된다고 지적하고, 그들의 입시를 요청했다. 이에 대한 답변에서 세종은 자신의 입장을 분명히 했다. 경연은 제왕학을 연마하는 곳이며, 국정을 협의하는 곳이 아니라는 말이다.

이번 사간원의 상소에 영경연사·지경연사 및 간관이 시강하라는 조목은 참으로 좋은 말이다. 내가 즉위 초에는 2품 이상과 간관도 모두 경연에 입시하게 했다. 그 뒤 풍질風疾을 앓았는데 건의하는 자가 말하기를, "다만 날마다 경연에 납시는 것이 중요하지, 꼭 2품 이상이 시강할 필요는 없다."고 했다. 그래서 참찬관 이하가 시강하도록 하고, 2품 이상이 시강하는 제도를 폐지했다.

우리 태조 때의 유경劉敬과 태종 때의 김과金科도 매일 진강했으니, 꼭 2품 이상과 간관이 시강해야만 학문이 날로 진보하는 것은 아니다. 2품 이상에 권근權近이나 변계량卞季良 같은 명유名儒가 있으면 반드시 더불어 강론하는 것이 옳다. 이런 사람이 없다면 왜 2품 이상이 반드시 시강해야 하는가? 또 집현전은 오로지 경연을 위해서 설치했으니 이 조

다가, 사관이 선례와 법전을 근거로 항의하자 즉시 입시를 허용했다. 19.9.7
② 및 19.9.8③.
40) 세종 12년 11월에 입시하는 집현전 관원을 세 명으로 늘렸다가, 뒤에 다시 두 명이 입시하라고 했다. 세종 12.11.11①, 19.9.3①.

목은 따르지 않아도 된다.[41]

세종은 7년에 경사經史의 전문가를 양성하기 시작했다. 왕이
《좌전》·《사기》·《한서》·《송감》등 역사책에 나오는 고사를 물었
는데, 집현전 학자들이 대답하지 못했다. 그래서 이들에게 역사책
을 공부시켰다. 부제학 윤회尹淮는 반대했다. 경학이 우선이고, 사
학은 그 다음이라는 것이다. 그러나 세종은 대제학 변계량이 추천
한 세 명에게 여러 역사책을 나누어 주고 공부하게 했다. 이들은
직전 정인지鄭麟趾, 응교 설순偰循, 수찬 김빈金鑌이었다.[42] 마침내
8년에는 사가독서賜暇讀書를 시작했다. 부교리 권채權採, 저작랑
신석견辛石堅(석조碩祖로 개명), 정자 남수문南秀文 등 세 사람을 선
발하여, 집에서 독서에 전념하도록 했다. 이들의 독서 계획은 대
제학 변계량이 작성했다.[43]

'사가독서'는 관리에게 휴가를 주어 독서만 하도록 하는 '연구
안식년' 제도인데, 처음부터 과제를 지정해서 집중적으로 공부하
게 했다. 가령 권채는《중용》과《대학》을 3년 동안 공부하고 나
서,《논어》·《맹자》와 오경을 읽었다.[44] 이렇게 경서 두 가지를
3년 동안 공부하여, 주자朱子가 여러 주석을 정리한〈집석輯釋〉
과 주자의 주석인〈혹문或問〉까지 정통할 수 있었다. 왕은 전문
적인 연구가 꼭 필요하다고 믿었다. 가령《성리대전》에는 독서

---

41) 세종 20.11.23②.
42) 세종 7.11.29⑤. 직전直殿은 직집현전의 약칭이다.
43) 세종 8.12.11④. 사가독서에 관해서는 김상기金庠基,〈독서당고讀書堂考〉
    《진단학보震檀學報》17(1955) 참조. 뒤에《동방사논총》(1974)에 수록.
44) 세종 12.5.18①. 세종은 두보杜甫의 시와 한유韓愈와 유종원柳宗元의 글도
    모두 읽으라고 당부했다.

법을 논의한 부분이 있다. 한나라 유학자처럼 경서 한 가지를 파고들어야지, 이 책 저 책을 대강만 읽다가는 하나도 제대로 이해하지 못한다는 것이다. 경연 강의가 이 대목에 이르자, 왕은 이렇게 말했다.

> 나는 이것이 학문하는 자의 병폐라고 생각한다. 사서오경과 백가百家와 제사諸史에 어찌 한결같게 정숙精熟할 수 있는가? 오늘날 학자들은 사서오경을 두루 익히려고 하는데, 소득이 없음이 명백하다. 꼭 정숙하여 꿰뚫으려면 경서를 전문적으로 연구해야 한다.[45]

세종은 16년에 예조와 협의하여, 전문가를 양성하는 방안을 마련했다. 집현전 학자들의 재주에 따라 경사자집經史子集을 나누어 주고, 매일 각자가 읽은 범위를 장부에 적었다가, 월말에 왕에게 보고하도록 했다. 또 매월 10일에는 당상관이 시제詩題를 내어, 집현전 관원들이 시를 짓게 하고, 제일 좋은 시문을 골라서 월말에 제출하도록 했다.[46] 이로써 집현전 학자들은 책 읽기 과제에다 시 짓기 숙제까지 하느라고 더욱 바빠졌고, 왕은 이들의 학문과 문장의 향상을 직접 확인할 수 있었다. 경사 이외에 제자諸子와 문집文集까지 읽혔다는데, 구체적인 내용은 알 수 없다.

사가독서가 처음에는 '재가在家' 독서였는데, 공무와 빈객의 내방으로 방해가 컸다. 그래서 세종 10년부터 한적한 산사山寺에 보

---

45) 세종 15.2.2③. '전경지학專經之學'은 경서 하나를 전공한다는 말로써, 《성리대전》 권44 〈총론위학지방總論爲學之方〉에 나온다.
46) 세종 16.3.17③.

냈으니, 이것이 '상사上寺' 독서였다.[47] 성현成俔의 《용재총화慵齋叢話》에 따르면, 세종이 신숙주 등 몇 사람을 뽑아서 진관사津寬寺에서 사가독서를 시켰고, 홍응洪應 등 여섯 명이 뒤를 이었다. 조위曺偉의 〈독서당기讀書堂記〉에도 세종이 말년에 신숙주 등 여섯 명을 산사에 보내어 독서하게 했고, 문종도 홍응 등 여섯 명에게 사가독서를 시켰다고 했다. 뒷날 성종은 한강 변(용산)에 '독서당'을 따로 지었는데, 여기서 '호당湖堂'이라는 별명이 생겼다.[48]

　세종 때 유학이 발달하고 문장이 많이 배출된 것은 왕이 학자들을 애써 양성한 결과였다. 왕은 집현전을 설치하여 경연 강의를 전담시키고, 사가독서로 이들을 경사 전문가로 키워서, 그 성과를 경연에서 활용했다. 또 집현전 관원이 학문적으로 대성하도록 다른 관서로 옮기지 않고 집현전 안에서만 승진시켜서, 20년 또는 30년씩 장기간 근속시켰다. 대부분 대간이나 육조 같은 부서에서 근무하고 싶었지만, 세종은 아랑곳하지 않았다.[49] 그래서 세종 때 경학·사학·문학이 모두 발달하여 높은 수준에 올랐고, 이렇게 키운 학자들이 문종 때부터 성종 때까지 크게 활약했다.

---

47) 세종 10.3.28①.

48) 《용재총화》(권9)와 《속동문선續東文選》(권14)에 실린 〈독서당기讀書堂記〉 참조. 여기서 사가독서가 처음부터 상사독서上寺讀書라고 한 것은 착오였다. 김상기, 앞의 논문, 각주 3). 용산 앞 한강을 용산강 또는 용산호龍山湖라고 불렀다.

49) 세종은 오히려 이들의 불만이 신하된 도리가 아니라고 나무르고, 중신토록 학술을 전업으로 삼으라고 당부했다. 세종 16.3.20①.

3. 교재와 강의 빈도

세종은 경연에서 다양한 교재를 공부했다. 〈표 3-3〉에서 보듯이, 모두 수기修己와 치인治人에 긴요한 책들인데, 경서·역사서·기타로 나눌 수 있다. 첫째, 경서는 성현들이 가르친 정치의 원리를 담아서, 가장 중요했다. 세종은 유가의 경서인 4서와 5경을 반복해서 공부했다. 《대학》(3년 및 6년)·《중용》(4년 및 6년)·《논어》(6년 및 16년)·《맹자》(6년)와 《시경》(6년, 11년, 19년)·《춘추》(7년, 11년, 19년)·《주역》(8년)·《상서》(4년 및 11년)를 철저히 공부하고, 《예기》는 제외했다. 더욱이 그는 명나라에서 새로 간행된 《사서오경대전四書五經大全》을 도입하여, 공부하고 보급했다. 《주례周禮》, 즉 《주관周官》은 국가제도의 정비에 많이 참고했지만, 경연에서는 공부하지 않았다.

둘째, 역사서는 실제 정치의 사례를 담아서 중요했다. 세종은 특히 《자치통감》과 《자치통감강목》을 깊이 연구했다. 《통감》(약칭)은 원래 제왕학의 교재로 만들었지만, 분량이 방대해서, 역대 군주들은 대개 《통감절요通鑑節要》를 읽었다. 세종은 《강목》을 두 번 강독했고, 16년부터 약 3년 동안 《통감》과 《강목》의 주석서를 편찬했으며, 21년에 《통감》 강독으로 경연을 끝냈다. 세종은 《한서》·《송감宋鑑》·《명신언행록名臣言行錄》·《자치통감속편資治通鑑續編》 같은 역사책도 읽었다. 고려 국왕들이 애독한 《정관정요貞觀政要》를 읽지 않은 점이 주목된다. 그는 제자백가의 책을 읽으려 하지 않았고, 사서오경 및 《통감》과 《강목》만 돌아가면서 읽는 것을

원칙으로 삼았다.[50]

셋째, '기타' 범주의 책으로 《대학연의大學衍義》와 《성리대전性理大全》을 공부했다. 《대학연의》는 남송의 진덕수眞德秀가 정치의 원리와 실례를 경서와 사서에서 뽑아서 경연 교재로 만들었다. 태조와 태종이 이를 공부했고, 세종도 즉위 초에 두 번 읽었다. 《성리대전》은 명나라에서 송대宋代 유학자들의 저술을 모은 것이다. 세종은 이 방대한 책이 간행되자 곧 도입하여 꼬박 2년 동안 경연에서 공부했다. 세종 12년에 공부한 〈율려신서律呂新書〉는 《성리대전》에 실린 음악 이론이다. 그 밖에 13년 10월을 전후해서 《육전六典》의 초안을 경연에서 검토했다. 성리학 입문서인 《근사록近思錄》은 경연에서 공부하지 않았다. 이 책은 문종 이후에 중시된다.

세종의 교과과정은 매우 충실했다. 많은 책을 포괄했고, 경서와 역사책이 균형을 이루었으며, 기타 범주도 괜찮은 편이다. 그의 강독 속도는 매우 빨랐다. 《대학연의》를 처음 공부하는 데 반년, 거듭 읽을 때 석 달 걸렸다. 《춘추호전》은 약 일곱 달, 《강목》은 1년 만에 끝냈다. 《대학》은 엿새, 《논어》와 《맹자》는 각각 한 달에 마쳤다. 《시경》은 두 번(6년, 19년) 모두 석 달 남짓, 《춘추좌전》(7년)은 넉 달, 《주역》(8년)은 여덟 달 걸렸다. 매일 강독했다고 치더라도, 세종의 뛰어난 학식을 잘 보여 준다. 생소하고 어려운 《성리대전》은 2년 남짓 걸렸다. 그렇다고 휴식도 없었다. 가령 16년 3

---

50) 세종 5.9.7③. 주자학파는 당 태종을 폄하했다. 비록 자질과 업적이 탁월하지만, 쿠데타로 아버지인 황제와 형인 태자를 제치고 황제가 되었기 때문이다. 조선의 유학자들은 《정관정요》를 즐겨 읽고 인용하면서도, 경연 교재로 사용하지 않았다. 정종이 한 번, 성종이 야대에서 세 번 공부한 정도였다. 약 250년 뒤에야 영조가 이 책을 열 번쯤 강독했고, 이어서 정조와 순조가 각각 한두 차례 공부했다.

월 5일에 《성리대전》을 마치고, 다음날 바로 《명신언행록》 강독을
시작했다.

〈표 3-3〉 세종의 경연 교재

	교 재	강독기간		교 재	강독기간
1	《대학연의》	0.10.7~1.3.27	19	《사 기》	(10. 7.15)
2	《대학연의》	1.3.30~1.7.9	20	《상 서》	(11. 1.13)
3	《춘추호전》	1.7.13~	21	《춘추좌전》	(11.4.9)
4	《강 목》	2.윤1.1~	22	《시 경》	(11.10.22)
5	《대 학》	3.11.7~	23	《육 전》	12.3.27~
6	《중 용》	(4.1.23)	24	《통감속편》	12.4.21~
7	《상 서》	4.12.25~	25	《율려신서》	(12.8.23)
8	《강 목》	4.윤12.20~5.12.23	26	《통감속편》	(12.11.5)
9	《대 학》	6.3.14~6.3.20	27	《송 감》	(13.1.12)
10	《논 어》	6.3.22~6.4.20	28	《육 전》	(13.10.29)
11	《중 용》	6.4.23~	29	《성리대전》	14.2.6~16.3.5
12	《맹 자》	6.7.28~6.8.19	30	《명신언행록》	16.3.6~
13	《시 경》	6.8.20~6.11.30	31	《논 어》	(16.8.20)
14	《춘추좌전》	7.1.25~7.4.29	32	《통감(훈의)》	16.7.□~17.6.□
15	《춘추호전》	7.5.17~7.12.11	33	《강목(훈의)》	16.7.□~17.6.□
16	《주 역》	7.12.12~8.7.4	34	《시 경》	~19.11.19
17	《대학연의》	8.7.18~	35	《춘추좌전》	19.11.20~
18	《강 목》	8.12.4~	36	《통 감》	(21.2.7)

*강독기간은 시작부터 종료까지. 괄호( ) 안은 강독한 사실이 기록된 날짜.

경연은 본래 군주에게 정치의 원칙과 실제를 가르쳐서, 바른 정
치를 하도록 권장하는 제도였다. 그래서 왕이 경사를 대충 섭렵하
면 충분했다. 그런데도 세종은 경사의 주석까지 면밀히 검토하고,

성리학의 연구에도 앞장섰다. 그래서 경연은 당시 최고의 학문 연구 기관이 되었는데, 이것은 세종 때나 가능한 일이었다. 세종은 지독한 '책벌레'였고,[51] 그의 학문은 본질적으로 '제왕학帝王學'이었다. 그의 지적 탐구는 더 좋은 정치를 실현하기 위한 노력이었다. 그는 탁월한 학자이자 군주였고, 경연은 정책의 산실産室이었다. 세종은 20년에 경연에서 이렇게 술회했다.

> 나는 경사 가운데 차례로 읽지 않은 바가 없고, 또 이제는 늙어서 기억하지도 못하니, 독서하지 않아도 된다. 지금도 아직 그만두지 않는 것은 읽는 가운데 생각이 떠올라서 정사에 실시한 바가 자못 많기 때문이다. 이로써 볼진대, 독서가 어찌 유익하지 않은가?[52]

세종은 경연을 자주 열었기 때문에, 분량이 방대한 책도 공부할 수 있었다. 그는 매일 경연에 나아가는 것을 원칙으로 삼았다. 삼복더위나 엄동설한에도 방학이 없었고, 특별한 사유가 있어야 쉬었다. 국상國喪 때는 장기간 정강停講했고, 제사 때는 재계齋戒하느라고, 중국에서 사신이 오면 접대하느라고 며칠 휴강했다. 가뭄이 오래 계속되면 근심으로 며칠 쉬다가, 비가 온 뒤 재개했다.[53] 16년 9월부터 약 4년 동안은 《통감》과 《강목》을 주석하는 작업 때문

---

51) 세종이 매일 밤늦게까지 독서를 계속하자, 상왕 태종이 이를 말렸다. 거자擧子, 곧 과거를 준비하는 유생이라면 당연하지만, 왕이 어찌 그토록 고생하느냐는 것이다. 세종 3.11.7①. 심지어 수라를 들 때도 책을 펴놓고 보았다고 한다. 세종 5.12.23①.
52) 세종 20.3.19①.
53) 가령 세종은 5년 8월 14일에 중국 사신을 접대하느라고 정강停講했다가, 9월 6일에 사신이 떠나자, 이튿날 경연을 열었다. 같은 해 7월에 가뭄 때문에 정강했다가, 비가 온 다음 날 경연을 열었다. 5.7.12③ 및 5.7.17①.

에 경연을 중단했다. 경연을 '매일' 열고 싶었지만, 이런저런 사정으로 그렇게 하지 못했다.

〈표 3-4〉 세종의 경연 출석

연＼월	1	2	3	4	5	6	7	8	9	10	11	12	윤달	합계
0										11	14	16		41
1	15	13	13	2		10	10	13	8	1	10	5		100
2		2	8	13	10								①11	44
3											4	1		5
4	5	2									3	13	⑫17	40
5	14	25	15		12	24	18	11	13	20	26	22		200
6			13	15	13		2	14	2	4	19			82
7	17	15	4	23	9	12	3				4	13	⑦0	100
8	5	3	11	15	1	12	4	1	15	9	17	21		114
9	14	19	16	5	5		23		17	19	14	10		142
10	5	20	22	12		3	17	22	2	16	26	5	④0	150
11	14	13	18	23	15	16	8	9	2	19	14	14		165
12	11	19	15	16	18	6		8	5		22	16	⑫14	150
13	17	12	16			2	2			2	15	9		75
14	10	13	20	17	12		3			18	18	11		122
15	8	19				13		26	5	7	2	5	⑧17	102
16	18	7	16	11	16	16	5	12				1		102
						〈3년 동안 중단〉								
19							1		12	15	18	1		47
20	11	16	18	7							2	12		66
21	11	6											②9	26
계	175	204	205	159	111	114	96	116	81	141	228	175	68	1,873

*윤달은 12월 다음에 적었다. 2년의 ①11은 윤정월에 11회를 뜻한다.

〈표 3-4〉는 《세종실록》의 기사를 토대로 세종의 경연 출석을 집계한 것이다. 그는 즉위 후 원년까지 경연을 자주 열었으나, 2년과 4년에는 모친상(원경왕후)과 부친상(태종)으로 장기간 휴강했다. 그 뒤 5년부터 16년 8월까지는 자주 열었고, 다음 3~4년 동안은 《통감》과 《강목》의 주석 작업 때문에 경연을 쉬었다. 19년 11월에 재개된 경연은 그 뒤 일 년 남짓 계속된 다음 끝났다. 세

종은 재위 32년 가운데 전반기 16년, 여기서 국상을 제외한 13년 동안 경연을 자주 열었다. 이 기간에 모두 1,634회, 1년 평균 126회, 곧 3일에 한 번 정도였다. 1년 최고는 5년의 197회, 그 다음이 11년의 166회와 12년의 160회였다. 1개월 최고는 26회인데, 5년 11월, 10년 11월, 12년 12월, 15년 8월—이렇게 네 번이다. 한 달에 20회(3일에 2회) 이상은 모두 열세 번이다.[54] 세종이 '매일' 경연을 열려고 노력했음을 알 수 있다.

　세종은 21년 윤 2월에 경연을 중단하고,[55] 32년에 서거할 때까지 다시는 열지 않았다. 그는 건강을 돌보면서, 잡무를 세자에게 넘겼다. 21년 6월에 강무講武, 즉 군사훈련을 맡겼다. 24년에는 세자의 집무기관인 첨사부詹事府를 설치하고, 고강考講과 제례祭禮 등을 맡기더니, 25년 4월에는 조참朝參 때 세자가 남면南面하여 백관을 만나도록 했다. 이제 세종이 친히 하는 일은 관리 임면, 사죄死罪 판결, 군대 통수뿐이었다. 세자의 역할이 증가하자, 서연書筵의 비중도 커졌다. 세종은 이해 6월에 윤참제輪參制를 실시하여, 의정부와 육조의 당상 한 명, 중추원 당상 한 명, 동반 4품 이상 한 명이 매일 세자의 서연에 입시하여 국사를 보고하게 했다. 이제 서연이 경연과 비슷해졌다.

　세종의 경연은 이렇게 끝났다. 그는 매일 경연에 참석하여 경사經史와 성리학 책들을 공부하고, 그 가르침을 현실에 적용하려고

54) 월별 누계累計는 윤달이 끼어 의미가 좀 굴절된다. 11월(겨울)이 제일 높고, 봄철인 2월과 3월이 그 다음이다. 7월이 저조한 것은 더위 때문이지만, 왜 9월이 제일 저조한지는 알 수가 없다. 추운 동짓달과 섣달에는 오히려 경연이 활발했다. 여름방학과 겨울방학이 없었던 것은 분명하다.
55) 세종 21.윤2.16①. 이날 '御經筵(경연에 납시었다)'이라는 기사를 끝으로, 그 후에는 경연에 관한 기록이 없다.

애썼다. 또 집현전을 설치하고 인재를 양성했다. 세종은 훌륭한 본보기와 우수한 두뇌 집단을 유산으로 남겼고, 그의 후계자들은 그를 본받으려고 노력했다. 세종은 경연을 적극 활용했고, 자신이 원하는 방식으로, 또 필요한 만큼 경연을 열고 끝냈다. 재위 후반 16년 동안 경연을 거의 열지 않아도 시비가 없었다. 그는 만년에 불교를 믿고 대궐 안에 내불당內佛堂을 만들었는데, 집현전에서 아무리 떠들어도 전혀 개의치 않았다. 자신의 사생활을 굳게 지킨 것이다.

4. 경연과 학문 연구

경연의 목적은 군주에게 경사經史를 가르쳐서 좋은 정치를 펼치자는 것이다. 군주가 교재를 이해하면 충분하고, 다양한 주석註釋까지 따질 필요는 없다. 그러나 타고난 학자인 세종은 경연을 최고급 세미나로 만들고, 이를 주도했다. 박학하고 꼼꼼한 국왕이 당대 최고의 유학자들과 경사를 강독하는데, 한 구절 한 글자도 소홀히 할 수 없었다. 이런 세미나를 거의 이십 년 동안 계속했으니, 그 성과도 많이 축적되었다. 그의 경연은 조선 유학의 수준을 훨씬 높이는 원동력이었다. 경연이 조선의 성리학과 역사학의 발달에 어떻게 기여했는지 살펴보자.

첫째, 세종은 경연에서 《성리대전性理大全》을 연구하여 성리학 발달에 기여했다. 앞서 고려 말에 주자학이 전래되었지만, 안향安珦이나 정몽주鄭夢周 등이 이해한 성리학은 초보적인 수준이었다. 정도전鄭道傳의 《삼봉집三峯集》도 개혁 정신과 이단 배척은 투철하

지만, 성리학 논의는 소박했다. 권근權近의 《오경천견록五經淺見錄》
은 조선 초기 경학 발달의 큰 이정표지만, 성리학의 이해는 한계
가 있었다. 조선의 유학자들이 주자학을 백 년 이상 더 공부한 뒤
에야, 이황李滉과 이이李珥의 수준에 이르렀다. 세종의 《성리대전》
연구는 초급과 고급 단계를 연결하는 사다리와 같았다.

　《성리대전》은 명나라 영락永樂 13년(1415)에 호광胡廣 등이 송나
라 성리학자 120명의 저술을 집대성한 책으로, 70권의 거질巨秩이
다. 맨 앞에 주돈이周敦頤의 〈태극도설太極圖說〉과 〈통서通書〉, 장재
張栽의 〈서명西銘〉과 〈정몽正蒙〉, 소옹邵雍의 〈황극경세皇極經世〉, 주
희朱熹의 〈역학계몽易學啓蒙〉과 〈가례家禮〉, 채원정蔡元定의 〈율려신
서律呂新書〉, 채침蔡沈의 〈홍범황극내편洪範皇極內篇〉 등 소책자 9건
을 실었다. 그 다음에 논설들을 실었는데, 이기理氣 · 귀신鬼神 · 성
리性理 · 도통道統 · 성현聖賢 · 제유諸儒 · 학學 · 제자諸子 · 역대歷代
· 군도君道 · 시詩 · 문文 등 주제별로 분류했다. 같은 해 간행된 《사
서대전》·《오경대전》과 함께 '영락 3대전永樂三大全'이라고 불렀다.

　세종 원년(1419) 12월 7일, 사은사謝恩使가 귀국하면서 영락제
가 하사한 '3대전'을 가져왔다. 세종 8년, 왕은 명나라 사신을 통
해서 '3대전'과 《송사宋史》 등을 다시 요청했다. 이해 11월에 조선
사신이 명나라에서 돌아왔는데, '영락 3대전'(도합 120책)과 《강목》
(14책)을 받아 왔다.[56] 《성리대전》이 도착하자, 왕이 당장 책을 훑
어보고, 집현전의 학자들에게도 읽게 했다. 12월 8일에는 경연에
서 검토관 설순이 독후감을 말하고, 이를 간행하여 보급하자고 주

---

56) 세종 1.12.7③, 8.11.24①.

청했다.[57] 이틀 뒤 경연에서 왕도 소감을 말했다. 자신은 성리학을 꽤 안다고 생각했는데, 이 책을 보니까 막히는 데가 많아서, 학문이 무궁함을 알았다는 것이다.[58] 이때부터 세종은 이 책을 연구하고 인쇄하여 보급하는 데 앞장섰다.

《성리대전》이 도착하기 1년 전, 세종은 책의 인쇄에 필요한 종이를 미리 준비했다. 7년 10월에 왕은 충청 · 전라 · 경상도의 감사들에게 '3대전'을 인쇄할 종이를 배정했는데, 충청도에 3천 첩貼, 전라도에 4천 첩, 경상도에 6천 첩이었다.[59] 《성리대전》이 도착하자 곧 인쇄에 착수했다. 인쇄 방법은 당연히 번각飜刻이었다. 8개월이 지난 9년 7월에 경상감사가 새로 인쇄한 책을 진상進上했다.[60] 또 7~8개월이 지나서 경상감사가 《성리대전》을 다시 상납했다. 이번에는 50질秩이었다. 왕은 문신 2품 이상과 6대언(승지) 및 집현전 박사 이상에게 나누어 주고, 춘추관春秋館과 성균관成均館에도 한 질씩 주었다.[61] 이때 전라도에서는 《오경대전》을, 충청도에서는 《사서대전》을 인쇄한 것 같다.[62]

책을 인쇄하는 한편, 세종은 10년 3월부터 《성리대전》을 연구하기 시작했다. 책의 내용이 정미精微하고 난해難解하기 때문에, 왕은 성격이 꼼꼼한 김돈金墩에게 연구를 맡겼다. 그는 진력할 것

---

57) 세종 8.12.8⑤.

58) 세종 8.12.10①.

59) 세종 7.10.15④. 첩貼은 종이 1백 장 묶음을 말한다.

60) 세종 9.7.18⑤. 수량은 밝히지 않았다. 번각飜刻, 곧 복각覆刻은 책을 풀어서, 한 장씩 뒤집어 목판에 붙이고 새기는 방법이다.

61) 세종 10.윤4.1. 실록에는 50건件이라고 했는데, '건'은 질秩을 뜻한다.

62) 세종은 9년 10월에 전라감사에게 《대전시경大全詩經》과 《대전춘추大全春秋》를 보내면서, 《성리대전》의 예에 따라서 판각板刻하라고 명했다. 9.10.28⑤.

을 다짐하면서, 독학하는 어려움을 하소연했다.[63] 조선에는 아무
도 가르쳐 줄 사람이 없었다. 약 한 달 뒤에 명나라에서 사신이
오자, 왕은 김돈과 역관을 보내서 어려운 대목을 물었으나, 사신
도 대답하지 못했다.[64] 왕과 학자들이 얼마나 고생했는지 짐작할
수 있다. 세종 12년 8월에는 이 책에 수록된 〈율려신서律呂新書〉
만 경연에서 강독하기도 했다. 왕은 이 무렵에 아악을 정비하고
있었다.

　세종은《성리대전》을 입수하여 4년 동안 조금씩 연구하다가,
14년 2월부터 본격적으로 강독했다.[65] 어렵기는 마찬가지였다.
한번은 왕이 의심나는 점을 경연관들에게 물었으나, 아무도 대답
하지 못했다. 그는 섣불리 아는 체하기보다, 의문을 가지고 연구
하는 것이 배우는 도리라고 격려했다.[66] 2년이 지난 세종 16년 3
월,《성리대전》강독이 어렵사리 끝났다.[67]《세종실록》에 구체적
인 기사가 더 없지만, 많은 곡절이 있었을 것이다. 4년 동안의 준
비와 왕의 열성 덕분에, 강독을 2년 만에 끝낼 수 있었다. 이때 세
종과 경연관들이《성리대전》을 다 이해하지는 못했더라도, 이후의
연구에 값진 밑거름이 되었다.

　《성리대전》의 연구가 일단락된 뒤에도, 책의 보급은 계속되었
다. 세종은 재위 17년에 8도 감사에게 알렸다. 3대전을 지방관청
과 향교와 민간에 널리 보급하기 위해서, 희망자가 인쇄용지만 보

---

63) 세종 10.3.2③.
64) 세종 10.4.16④.
65) 세종 14.2.6①.
66) 세종 14.12.22①.
67) 세종 16.3.5①.

내오면 인쇄해 준다는 것이었다. 그것도 종이가 마련되는 대로 보
내오면, 4서 5경 가운데 한 가지라도 인쇄하라고 했다.[68] 이보다
한 달 전에는 제주濟州의 향교에 '영락 3대전' 두 질 및 《소학小學》
열 건을 하사했다.[69] 세종의 이러한 노력으로 수준 높은 경학과 성
리학이 점차 지방으로 확산되었다.

둘째, 세종은 《자치통감資治通鑑》과 《자치통감강목資治通鑑綱目》
의 훈의訓義, 곧 주석註釋 작업으로, 역사학의 성장에 이바지했다.
세종은 각종 역사책을 경연에서 강독했는데, 《강목》을 끝까지 정
독한 것은 매우 큰 성과였다. 그러나 세종은 여기 만족하지 않고,
아예 주석을 새로 편찬했다. 이것이 《통감》과 《강목》의 '사정전훈
의본思政殿訓義本'이다. 세종은 16년에 작업을 시작하여 먼저 《통
감》의 주석을 마치고, 곧이어 《강목》의 주석을 끝냈다. 전후 3~4
년 동안 경연까지 중지하고, 석학들 십여 명을 주석 작업에 동원
했으며, 왕 자신이 편찬을 지휘하여, 이 큰일을 해냈다. 이를테면
국왕이 주도하는 공동 연구였다.[70]

《자치통감》은 중국 역사학의 고전이다. 북송의 사마광司馬光
등이 편찬한 통사通史로서, 주周나라 말기에서 5대五代에 이르는
1,362년 동안의 정치사를 연대순으로 서술한 294권의 거질巨帙이
다. 이 책은 통사의 새로운 체제를 수립하여, 이후의 역사 서술에
큰 영향을 미쳤다. 편찬은 약 20년 걸려서 1084년에 끝났는데,
얼마 뒤 고려에 전래된 것으로 추측된다. 인종 때 김부식金富軾이

---

68) 세종 17.10.25②.
69) 세종 17.9.21⑥.
70) 오항녕의 다음 논문을 참고. 〈조선 초기 경연의 《자치통감강목》 강의〉, 《한
   국사상사학》 9, 1997; 〈조선 세종대 《자치통감사정전훈의》와 《자치통감강목
   사정전훈의》의 편찬〉, 《태동고전연구》 15, 1998.

《삼국사기》(1145)를 편찬할 때 이 책을 이용했다. 그 뒤 충렬왕·
충선왕·충숙왕은 서연에서 《자치통감》(절요)을 공부했고, 조선 초
에는 정종과 태종이 이 책을 읽었다.

세종이 《통감》의 주석을 새로 편집한 목적과 원칙은 안지安止
가 쓴 서문, 즉 〈자치통감훈의서資治通鑑訓義序〉에 기록되어 있다.
첫째, 세종은 이 책을 인쇄하여 널리 보급하려고 했다. 당시 국내
에는 《통감》의 전질全帙이 매우 드물어서, 찾아보기가 어려웠다.
둘째, 세종은 다양한 주석본들을 통합하려고 했다. 당시에 《통
감》의 주석으로는 송나라 사소史炤의 《통감석문通鑑釋文》, 원추袁
樞의 《통감기사본말通鑑紀事本末》, 원나라 호삼성胡三省의 음주본
音注本 등이 있었다. 이 주석들은 간혹 오류도 있고, 상세하고 소
략함이 들쑥날쑥하여, 참고하기가 불편했다. 편집 방향은 주석이
틀린 것을 바로잡고, 너무 긴 것을 줄이고, 부족한 것을 보충하는
것이었다.[71]

세종은 16년 6월에 중추원사 윤회尹淮, 예조참판 권도權蹈, 집
현전 부제학 설순偰循 등 세 명에게 편집을 맡기고, 문신 열 명을
뽑아서 교열校閱을 맡겼다. 좌승지 권맹손權孟孫은 업무를 지원하
게 했다. 이때 선임된 교열관 열 명은 집현전 응교 김말金末, 부수
찬 최항崔恒, 교리 유의손柳義孫, 수찬 이계전李季甸, 이조좌랑 남
계영南季瑛, 좌헌납 이윤중李允中, 세자좌사경 어효첨魚孝瞻, 전 우
헌납 이사증李師曾, 사헌부감찰 강맹경姜孟卿, 봉상시녹사 민원閔媛
등이었다.[72] 이들은 역할을 분담했다. 열 명은 자료(정보)를 검증

71) 안지安止, 〈자치통감훈의서資治通鑑訓義序〉, 《동문선東文選》 권94.
72) 세종 16.6.26②.

하고 가공하는 실무를 맡고, 윤회 등이 작업을 지휘하고 국왕에게 보고하며, 승지 권맹손이 행정 지원을 총괄했다.

같은 해 7월에 주석 작업을 시작했다. 편집 실무진은 매일 집현전에서 각자 분담한 작업을 진행했다. 기존의 주석 및 다른 책을 참조하여, 일의 시말始末을 밝힌 뒤, 주석을 달고 발음도 교정했다.[73] 한편으로 왕은 활자를 주조하고 종이를 만들게 하여, 인쇄를 준비했다. 큰 활자를 사용하여 시력이 나쁜 노인도 볼 수 있도록 하고, 종이는 30만 권을 준비하여 책 오륙백 건을 찍도록 했다. 이때 왕은 승정원과 협의하여 조지서造紙署와 삼남三南 및 강원도에 종이 생산량을 배정하고, 종이 만드는 방법까지 지시했다.[74] 이해 9월에는 훈의 작업이 본격화하여 경연을 중단했는데, 경연 강독이 주석본 편찬으로 형식만 바뀐 셈이다.[75]

이때 책임자인 윤회가 매일 편찬한 주석의 초고를 저녁에 왕에게 제출하면, 왕은 잠도 자지 않고 밤늦도록 이를 교열했다. 세종의 주석 작업은 경연의 연장이었다. 윤회 등은 왕이 눈병이 날까 걱정하여, 이를 말리기까지 했다.[76] 당시 호삼성胡三省의 음주본은 전질全秩이 없었던지, 중국에 가는 사신 편에 이를 구해 오도록 했다.[77] 한편으로 각도에 관리를 보내서 책의 일부라도 남아 있으면 사게 했는데, 진주 방면으로 갔던 어효첨이 이 책의 일부(192권

---

73) 안지, 앞의 서문.
74) 세종 16.7.16②, 16.7.17②.
75) 세종 16.9.22①.
76) 세종 16.12.11④.
77) 세종 17.3.10③. 이때 교섭한 음주본은 편찬 작업이 이미 끝난 뒤, 연말에 도착했다. 세종 17.12.21②.

~260권)를 구해 오자, 왕이 매우 기뻐한 일도 있다.[78] 이로써 당시에 《자치통감》이 얼마나 진귀했는지 짐작할 수 있다.

왕과 편집자들의 노력으로, 《자치통감》을 주석하는 작업은 착수한 지 1년 만인 세종 17년 6월에 끝나고, 곧 인쇄에 착수했다. 책의 제목은 그냥 《자치통감》이고, 세종이 주석을 총괄했기 때문에 '사정전훈의思政殿訓義'라고 부른다. 사정전은 편전으로, 세종의 집무실이자 경연의 장소인데, 《자치통감》의 훈의(주석)도 여기서 마무리했다. 세종은 경회루에서 찬집관撰集官 14명과 편찬 실무를 도운 소장 학자 등 40명에게 축하연을 베풀었다.[79] 이듬해(18년) 2월에는 사정전훈의 《자치통감》의 인쇄가 끝나서 문신들에게 나눠주었다.[80]

세종은 18년 7월에 《강목》의 주석에 착수했다. 집현전 부교리 이계전과 김문金汶 등에게 명하여, 《통감》과 같은 요령으로 주석을 달게 하고, 왕이 직접 초고를 읽고 취사선택했다. 이를 부교리 이사철李思哲과 수찬 최항 등이 다시 교열하여 세종 20년 11월에 책을 완성했다. 또 중국의 주석본처럼 글자가 작으면 노후에 읽기가 어렵다고, 진양대군晋陽大君 유瑈(후일의 세조)에게 큰 글자를 쓰게 하여, 활자를 새로 주조했다. 새로 만든 큰 활자를 강綱(기사 제목)

---

78) 세종 17.3.22②.

79) 세종 17.6.8①. 찬집관撰集官 14명은 윤회(예문관 대제학), 권도(경창부윤), 정인지鄭麟趾(예문관제학), 설순(동지중추원사), 이선李宣(이조참의), 김돈(집현전 부제학), 안지(집현전 부제학), 권채(동부승지), 유효통(대사성), 최만리(세자좌보덕), 박중림朴仲林(세자우보덕), 안완경安完慶(직제학), 김말(직전), 허후(許詡, 의정부사인). 이 명단을 처음의 14명과 비교해 보면, 편수관 세 명은 그대로, 담당 승지는 교체, 교열관은 열 명 가운데 김말을 제외한 아홉 명이 바뀌었다. 경회루 잔치에 참석한 나머지 40명의 이름도 14명 다음에 실려 있다.

80) 세종 18.2.27②.

에, 《통감》(훈의본)의 본문에 사용한 활자를 목目(기사 내용)에, 작은 활자를 협주挾註(주석)에 사용하여 인쇄하게 했다. 이렇게 해서 만든 것이 '사정전훈의' 《자치통감강목》(149권)이다. [81]

위의 두 사례에서 보듯이, 세종의 경연은 조선의 경학과 역사학 및 성리학 발달에 크게 기여했다. 《성리대전》 등의 공부가 '강독 세미나'라면, 《통감》과 《강목》의 주석 작업은 정보를 수집하고 가공하는 '연구 세미나'였다. 사실 세종은 조선시대의 대표적 학자이며, 그의 관심은 폭넓었다. 그는 경학·역사학·성리학은 물론, 예학(오례)·천문학(칠정산)·의학(향약집성방 및 의방유취)·지리학(지리지)·음성학(훈민정음)·음악(아악) 등 분야에도 조예가 깊어서 각각 불후의 업적을 남겼다. 세종이 개발한 다양한 프로그램 덕분에, 조선왕조는 국가 운영이 훨씬 더 원활해졌다.

여기서 지금까지 논의한 내용을 정리해 보자. 조선왕조는 개국 이래 숭유억불 정책을 실시하여 괄목할 만한 문화 변혁을 이룩했다. 고려인의 사고와 행동에 심대한 영향을 끼쳤던 불교가 급속히 쇠퇴하고, 그 대신 유교가 조선인의 사고와 행동에 절대적인 영향을 미치게 되었다. 조선의 유교화로 경연 발달에 유리한 여건이 점차 성숙했다. 그러나 경연은 태조·정종·태종의 20여 년 동안 성장이 부진하다가, 세종대에 이르러 급속히 성장하여 꽃을 활짝 피웠다. 고려 예종이 경연을 이식한 지 3백 년 만의 일이었다. 이렇게 성장한 세종대의 경연은 이전의 경연과 전혀 달랐다.

---

81) 유의손柳義孫의 서문을 참조(세종 18.7.29①). 현재 규장각에 있는 판본은 59권 76책이다. 1987년에 보경문화사에서 이를 영인본 4책으로 간행했다. 세종 때는 한 권을 다시 상·중·하로 나누었기 때문에, 권수가 세 배로 늘어난 것 같다. 이 책에도 유의손의 〈훈의서訓義序〉가 실려 있다. 내용이 조금 더 상세하며, 서문을 쓴 날짜는 정통正統 3년(세종 20) 11월이다.

첫째, 경연관의 자질이 크게 향상되었다. 개국 초에는 경연을 전담하는 부서가 없었고, 겸직으로 임명된 경연관은 강의 준비가 부실했다. 세종은 집현전을 창설하고 우수한 인재를 양성하여 강의를 전담하도록 했다. 이들을 집현전에 장기간 근속시키고, 경서와 사서를 전문적으로 연구하게 했다. 또 집현전 학자들에게 안식년과 연구 과제를 주어서, 전문성을 높였다. 집현전관이 경연관을 자동으로 겸직함에 따라, 양자의 대응 관계도 정립되었다. 경연 당상관의 직제는 세종 때 정비된 것이 거의 그대로 후대에 계승되었고, 경연에 입시入侍하는 방식도 이때에 큰 틀이 잡혔다.

둘째, 교과과정이 풍부해지고 체계화되었다. 교재는 경서, 역사서, 기타(성리학서)의 세 범주로 나눌 수 있다. 경서는 4서와 5경에 대한 주석을 집대성한 《사서대전》과 《오경대전》을 집현전 학사들이 전문적으로 연구하여 강의했다. 역사서로는 《자치통감》과 《자치통감강목》을 비롯하여, 《한서》·《송감》·《명신언행록》·《통감속편》 등을 강독했다. 특히 세종은 《통감》과 《강목》의 주석을 새로 편찬하여, '사정전훈의본'을 경연 교재로 물려주었다. 성리학서로는 《성리대전》을 경연에서 철저히 연구하고, 이를 인쇄하여 전국에 보급했다. 이와 같이 세종의 경연은 조선에서 유학의 발달을 이끌었다.

셋째, 경연이 왕의 일과日課가 되었다. 고려시대는 물론이고, 태조~태종대에도 경연이 열린 것은 평균 한 달에 한 번 정도였다. 이와 달리, 세종은 상참常參·시사視事·경연을 일과로 삼고, 날마다 경연에 나아가는 것을 원칙으로 삼았다. 실제로 세종은 재위 32년의 전반이 16년 동안 평균 사흘에 한 번 경연을 열었다. 더욱

이 세종은 삼복더위나 엄동설한에도 방학하지 않고, 한결같이 경연에 참석했다. 또 국상國喪 중에도 졸곡卒哭한 직후에 경연을 재개하는 선례를 남겼다. 세종의 학구열은 조선왕조의 전설이 되었고, 세종이 보인 선례는 귀중한 전통이 되어, 그의 후손들에게 큰 영향을 미쳤다.

세종대의 경연은 당대 최고의 연구 기관이었고, 항상 왕이 이를 주도했다. 세종은 조선시대의 손꼽히는 학자로서, 집현전에 우수한 전문가 집단을 양성하고, 경연에서 이들과 자주 만나 경사를 토론했다. 이러한 고급 세미나를 약 20년 동안 계속하여, 큰 성과를 거두었다. 왕은 당시 최고의 학자들을 동원하여《성리대전》을 연구하고,《통감》과《강목》의 주석 작업을 직접 지휘해서 단시일에 끝냈다. 또《사서대전》과《오경대전》의 인쇄와 보급을 왕이 지휘하고 지원했다. 이러한 '국책사업'은 조선의 경학·사학·성리학의 수준을 훨씬 높였고, 특히 성리학이 최고 단계로 도약하는 토대를 마련했다.

세종의 경연은 학문 수준이 높았지만, 정책 논의는 거의 없었다. 왕은 장기적인 정책이나 제도만 경연에서 논의했다. 그는 국정의 현안이나 정치적 쟁점들을 여기서 논의할 생각이 없었고, 대신과 대간의 경연 입시를 허용하지 않았다. 세종은 강력한 왕권을 행사한 치밀한 행정가로서, 국정을 직접 결정하고 경연도 자신이 주도했다. 그래서 세종의 경연은 제왕학 연구소였지, 국정토론의 마당은 아니었다. 이 점이 세종대 경연의 가장 큰 특징으로, 성종 때의 '경연정치'와 매우 달랐다. 세종이 스스로 길들인 군주라면, 성종은 신하들에게 길들여진 군주였다.

세종은 개명된 전제군주였고, 이때는 정치적 유혈극이 없는 태평성대였다. 앞서 태종이 정치적 갈등의 요인을 모두 제거한 덕분이다. 이숙번 등 개국공신들을 무력화시키고, 자신의 처남 민무구 4형제와 세종의 장인 심온 등 유력한 외척을 모두 죽였다. 그리고 유능한 관료집단을 아들에게 물려주었다. 세종은 그들의 풍부한 국정 경험을 활용하여 새 왕조의 과제들을 해결하고, 집현전 학자 등 유능한 인재들을 새로 양성했다. 황희의 영의정 노릇 18년은 당시 관료집단의 안정과 효율을 함께 보여 준다. 국왕과 대신들과 소신들의 역할 분담이 잘 되어, 경연에서 국정을 토론할 필요가 별로 없었던 것 같다.

제4장 성종의 경연과 경연정치

　성종(1469~1494)은 13세에 즉위하여 25년 동안 재위했다. 조선
왕조가 첫 백 년을 마무리하는 좋은 시기로, 통치 시스템도 이때
완성되었다. 시스템 구축을 집짓기에 비기면, 성종의 역할을 이해
하기 쉽다. 태조가 어렵사리 좋은 집터를 마련했다. 태종은 기초
를 잘 다지고, 기둥을 세우고, 대들보를 올려서 집의 규모를 정했
다. 세종이 서까래를 올리고, 기와를 덮고, 구들장을 깔고, 벽을
쳤다. 세조는 문을 달고, 마루를 깔고, 대문을 세웠다. 마지막으로
성종이 담을 쌓고, 도배와 장판을 끝내고, 들어가서 잘 살았다.

　성종대의 대표적 성과인《국조오례의》(1474)·《경국대전》
(1485)·《대전속록》(1491) 등은 모두 태종과 세종이 애써 개발하
고, 세조가 많이 다듬고, 성종이 완성한 것이다. 또 성종은《동문
선》(1478)·《동국여지승람》(1481)·《동국통감》(1485)·《악학궤범》
(1493) 등을 새로 편찬하여, 왕조의 첫 백 년을 멋지게 마무리했
다. 농사로 치면 수확의 계절이었다. 세종이 창의력과 리더십이
뛰어난 창업형創業型 군주라면, 성종은 시스템을 잘 관리한 수성형
守成型 군주였다.

　이 무렵 조선의 유교화도 무르익어, 삶의 방식이 많이 바뀌었

다. 가령 태종과 세종 때는 제사를 법령으로 강제하여(《경국대전》
〈예전〉 봉사奉祀), 문무 6품 이상은 3대, 7~9품은 2대, 벼슬이 없는
사람은 1대(부모)를 모셨다. 이제는 《주자가례》가 유행하여, 4대
봉사가 널리 퍼지고 있었다. 혼인에서도, 태종 때는 여자의 삼가
三嫁, 곧 세 번 결혼을 규제했는데 성종은 재가再嫁를 금지하는 데
앞장섰다. 15세기 말 조선은 제도 개혁을 마치고, 16세기 예학과
성리학의 시대를 준비하고 있었다.

　이렇게 좋은 환경에서, 경연의 발전이 절정에 이르렀다. 성종의
경연은 세종·문종·단종의 경연을 종합하고 개선한 결과였다. 집
현전 대신 홍문관弘文館을 새로 만들고, 경연관 직제와 교과과정
을 더 잘 갖추었다. 성종은 미성년 단종이 시행하던 1일 3강을 평
생 계속하고, 문종이 대신들을 조강朝講에 불러서 국정을 논의하
던 관행을 한 단계 더 높였다. 이렇게 진화한 성종의 경연은 정치
의 심장부가 되었다. 그러나 '경연정치'는 권력구조를 바꾸어 새로
운 모순을 가져왔다.

　이 장에서는 먼저 문종·단종·세조·예종 때 경연의 변천을
개관하고, 성종대의 경연관·경연 강의·경연정치를 검토한다.
누가 경연에 참석했고, 누가 강의를 담당했나? 무슨 교재를 어떤
방식으로 가르쳤고, 강의의 성격은 어떠했나? 경연정치의 특징은
무엇이며, 그 영향은 어떠했나? 이러한 문제에 초점을 맞추어 성
종 때 경연의 윤곽을 정리해 보겠다.

1. 문종~예종조의 굴곡

세종 32년 2월, 왕이 죽고 세자가 즉위하니, 이가 곧 문종 (1450~1452)이다. 그는 세종 3년에 8세로 세자가 되어, 37세로 즉위할 때까지, 거의 30년 동안 후계자 교육을 받았다. 서연書筵 에서 4서 5경과 《대학연의》와 《춘추좌전》을 네댓 번씩 강독하고, 《강목》과 《송감》 등 역사책도 많이 공부했으며, 제자諸子와 문집 文集도 틈틈이 읽었다.[1] 세종은 24년에 세자의 집무 기구인 첨사 부詹事府를 세우고, 27년부터 국정을 세자에게 단계적으로 넘기다 가, 31년에는 거의 모든 업무를 맡겼다. 세자는 서연에서 대신들 과 국정을 협의했다. 문종은 즉위하여 2년 뒤에 죽을 때까지 경연 에 충실했는데, 세종 때와 달라진 점이 몇 가지 있었다.

첫째, 참가자들이 늘었다. 경연낭청(집현전) 두 명, 승지(참찬관) 한 명, 사관 한 명이 매일 입시入侍한 것은 세종 때와 같았다. 지사 나 동지사 한 명, 사간원 한 명 및 문무 1·2품관 한 명이 사흘에 한 번 입시한 점은 달랐다.[2] 사헌부는 여전히 빠졌다. 무신이 경 연에 입시한 것은 새로운 방식으로, 성종대의 특진관特進官과 비슷 하다. 영사 한 명도 입시하도록 했다가, 다음 달에 취소했다.[3] 경 연에 참석하는 대신들은 경연 서리胥吏들이 새벽에 집으로 가서 모셔왔다. 승지와 낭청은 전날 밤 대궐에서 숙직했다. 입시하는 신하들은 미리 집현전에 모여서 대기했고, 낭청 두 명은 옆방에서

---

[1] 문종 1.9.1②.
[2] 문종 0.7.8⑤. 왕이 참석자들을 지정할 때 사관은 언급하지 않았으나, 다음 달 경연 기사에 사관 한 명의 입시가 나온다. 0.8.28①. 사헌부는 입시에서 빠 졌다.
[3] 문종 1.3.6④ 및 1.4.15⑥.

따로 강의를 연습했다.[4]

둘째, 강독 후에 국왕과 대신들이 국정을 자주 협의한 것도 새로운 변화였다. 가령 지사 김종서金宗瑞는 북방의 국방문제와 중국 사신의 접대를 논의했고, 동지사 안완경安完慶은 공물貢物의 대납代納과 불사佛事 등 여러 문제를 거론했으며, 동지사 이사철李思哲은 형벌의 적용을 국왕과 얘기했다.[5] 입시한 문무 대신도 당연히 국정 협의에 참여했을 것이다. 비록 사흘에 한 번이지만, 대신이 경연에 참석하여 국사를 거론하는 것은 중요한 변화로서, 뒷날 성종 때 경연의 선례가 되었다.

셋째, 경연의 교재는 거의 같았고, 29년 동안 서연에서 이미 공부한 것이었다. 문종은 처음 경연을 개시할 때, 《근사록近思錄》을 교재로 썼는데, 조선왕조가 이 책을 경연 교재로 쓰기는 처음이다. 다음 교재를 결정할 때, 왕은 병서兵書를 원했으나, 승정원과 집현전이 모두 반대했다. 병서는 권모술수라서, 경연 교재로 쓸 수 없다는 것이다. 결국 《대학연의》를 다음 교재로 결정했다.[6] 이 책은 즉위년 12월 17일에 강독을 시작하여, 원년 8월 말에 마쳤다. 이어서 《대학》·《논어》·《맹자》를 차례로 공부했다.[7]

---

4) 문종 0.8.28①. 간관은 사간원 서리가 집에 가서 모셨다. 집현전 두 명은 큰 소리로 강의를 연습하면서, 옆방에 있는 대신들과 간관에게 인사를 차리지 않았다. 사간원이 이를 비판하고, 모두 함께 모이자고 제안했으나, 왕은 오랜 관행과 역할 분담을 이유로 불허했다. 후대에는 모두 한 자리에 모여서 예행연습을 했다.

5) 김종서는 문종 0.9.1⑤ 및 0.10.26①. 안완경은 0.11.1①. 0.12.1②. 1.2.21①. 이사철은 1.9.15②.

6) 문종 0.11.23②. 한편 동지사 안완경이 《원육전元六典》과 《속육전續六典》을 교재로 권했으나, 법전은 경전이 아니고, 이미 읽었다는 이유로 왕이 거부했다. 0.11.21①.

7) 《대학》은 문종 1.9.1②. 《논어》는 1.9.28①. 《맹자》는 1.11.26③.

단종(1452~1455)이 12세의 어린 나이에 즉위하자, 경연은 기초
교육을 담당하게 되었다. 그러나 이듬해 수양대군의 쿠데타로, 단
종은 허수아비가 되었다가 곧 쫓겨났다. 경연이 정상적으로 운영
될 수 없는 상황이었다. 원래 《단종실록》은 진짜 실록이 아니라,
수양대군 일당이 왕위 찬탈을 정당화한 기록으로, 내용이 부실하
고 왜곡이 심하다. 제목도 《노산군일기魯山君日記》인데, 뒷날 숙종
이 '노산군'을 '단종'으로 격상한 뒤, 표지만 '단종대왕실록'으로 고
쳐 썼다.[8] 그래도 경연 관련 기사들이 제법 많아서, 소년 국왕을
위한 경연의 모습을 잘 보여 준다.

즉위년 6월 18일, 단종은 경연을 개시했는데, 의정부에서 마련
한 〈진강사목進講事目〉을 따랐다. 첫째, 졸곡卒哭 전에 개강하고,
매일 조강朝講·주강晝講·석강夕講을 열어, 조강에서 새로운 내
용을 배우고, 주강과 석강에서 복습한다. 둘째, 교재는 국상 기간
에 《가례家禮》의 〈상제喪祭〉편을 강독한다. 셋째, 입시入侍하는 방
식은 다음과 같다. 평일의 조강에는 지사나 동지사 한 명, 승지 한
명, 낭관(집현전) 두 명이 입시하고, 영사는 5아일衙日의 조강에만
참석한다. 주강과 석강에는 승지 한 명과 집현전 두 명만 입시한
다. 매달 초하루에는 영사 이하 경연관 전원이 참석하여 회강會講
한다. 대간과 사관은 졸곡卒哭 뒤에 입참入參한다. 넷째, 왕의 복장
은 평일에 포의布衣·포관布冠·마대麻帶를 착용하고, 영사가 입시
할 때는 최복衰服을 입는다.[9]

<hr/>

8) 숙종은 24년 11월에 '단종'이라는 묘호廟號를 올렸다. 30년 8월에 《노산군일기》
의 표지만 《단종대왕실록》으로 바꾸고, 11월 말에 모든 의식 절차를 끝냈다.
9) 〈진강사목〉은 단종 0.6.16②, 개강은 0.6.18②. 사관과 대간이 이의를 제기
했으나, 받아들이지 않았다. 경연에서 대신을 스승의 예로 대하라는 요청에
대해서는, 부복俯伏하지 말도록 하명했다고 대답했다. 0.6.20③. 그러나 대신

9월 초에 국장國葬이 끝나자, 평상시 경연으로 방식을 바꾸었다. 첫째, 1일 3강의 방식이 조금 달라진다. 조강과 주강에서 새로운 내용을 공부하고, 석강에서 복습한다. 또 조계朝啓가 있는 6 아일衙日에는 경연을 쉬고, 낮이 짧은 계절에는 주강을 생략한다. 둘째, 교재는 4서를 공부한다. 셋째, 평일의 조강에는 지사나 동지사 한 명, 승지 한 명, 집현전 두 명, 대간 두 명, 사관 한 명— 모두 일곱 명이 입시하고, 주강과 석강에는 승지 한 명, 집현전 두 명, 사관 한 명—모두 네 명이 입시한다. 사헌부 한 명과 사간원 한 명은 매일 조강에만 참석한다. 넷째, 국왕의 복장은 평일에 편복을 입고, 영사가 입시하는 날에는 익선관翼善冠 · 백의白衣 · 오서대烏犀帶를 착용한다.[10] 사헌부 한 명의 입시는 중요한 변화였다.

단종은 즉위년 9월 하순부터 《논어》를, 원년 10월경부터 《맹자》를, 2년 12월에는 《중용》을 공부했다. 《논어》에 앞서 《대학》도 공부했다. 3년 5월에는 다시 《논어》를 진강했다.[11] 그러나 단종 원년 10월 10일에 수양대군首陽大君이 쿠데타로 실권을 장악하여, 경연은 의미가 없어졌다. 영의정이 된 수양대군은 입시 절차를 조금 바꾸어, 영사의 경연 입시를 매달 2회(1일과 15일)에서 10회(3일마다)로 늘렸다. 단종 2년 3월에는 회강을 매달 초하루에

이 경연에서 평좌平坐했다는 기록은 없다. 《가례家禮》는 이때 처음으로 경연에 등장한다.

10) 단종 0.9.18①. 〈진강사목〉에 교재는 명시하지 않았다. 해가 짧은 계절에는 주강을 없애고, 조계朝啓가 있는 날은 경연(조강)을 생략했다. 0.9.27①. 조계가 있는 날을 아일衙日이라고 하는데, 매달 5아일을 이날 6아일로 늘렸다가 (0.9.18②), 뒤에 4아일로 줄여서 《경국대전》에 실었다.

11) 윤 9월 4일에 〈팔일八佾〉편을 공부했으니까, 9월에 《논어》의 강독을 시작했을 것이다. 이렇게 단편적인 기사에서 《논어》, 《맹자》와 《중용》의 진도를 대략 추측할 수 있다. 사헌부 상소에 왕이 《대학》을 공부했다는 말이 있다. 1.9.13③.

서 초사흘로 바꾸었고, 10월에는 강독의 횟수를 하루 두 번으로 줄였다가, 3년 2월에 다시 세 번으로 늘렸다. 같은 해 윤 6월에는 삼복더위에 경연을 중단하기로 했다. 그러나 며칠 뒤 단종을 왕위에서 쫓아냈다.[12]

세조(1455∼1468)의 왕위 찬탈은 경연에 위기를 가져왔다. 39세에 즉위한 세조는 유능한 군주였으나, 조카 단종을 살해하고, 아우들과 많은 충신들을 죽이고 가족을 노비로 삼았다. 한편으로 공신을 양산量産해서 친위 세력을 만들고, 과도한 특혜를 주었다. 토지와 노비를 하사하고, 본인과 자손을 관직 임명과 승진에서 우대했으며, 죄를 범해도 형벌을 감면했다. 불교 신자인 그는 '생불生佛'을 자처하고, 이적異蹟을 날조하여 자신을 신성왕神聖王으로 선전했다.[13] 비록 그가 경사에 정통하고 문물제도의 정비에 큰 업적을 남겼으나, 유교 이념을 수호하는 집현전이나 경연과는 상극이었다.

세조는 즉시 경연을 축소하여, 형식만 남겼다. 이틀에 한 번으로 정했으나, 실제로는 가끔 열었다. 교재는 《송원절요宋元節要》를 강독하고, 경서를 외면했다. 경연 입시는 승지·집현전·사관 각 한 명으로 제한했다가, 집현전과 사간원에서 항의하자, 집현전 한 명을 추가하고 대간의 입참을 허용했다.[14] 이렇게 부실한 경연도 1년 만에 끝났다. 세조 2년 6월 2일에 단종을 복위시키려는 음모,

---

12) 영사의 입시는 단종 1.10.17⑪. 회강일은 2.3.1④. 1일 2강은 2.10.14①. 1일 3강은 3.2.13①. 삼복에 경연을 중지한 것은 3.윤6.5①. 단종의 선위禪位는 윤 6월 11일.

13) 저자의 논문을 참고. 〈세조대의 불교정책〉《진단학보》75(1993.6).

14) 세조 1.윤6.13⑥ 및 1.윤6.17⑦. 세조는 이해 윤 6월 11일에 즉위했는데, 즉위년을 칭하지 않고 처음부터 원년을 칭했다.

즉 '사육신死六臣' 사건이 발생한 뒤에는 경연을 다시 열지 않았다. 마침내 6년 2월에 세조는 경연과 집현전을 없애고, 집현전의 장서는 사관들이 있는 예문관藝文館으로 보냈다.[15] 경연은 이렇게 없어졌고, 세조는 8년 반을 더 살다가 14년 9월에 죽었다.

예종(1468~1469)이 19세에 즉위한 뒤에도, 경연은 계속 침체했다. 이조에서 경연관의 임명을 요청하자, 왕은 세조의 가르침을 들먹였다. 유생들은 고담高談과 이론異論을 좋아하고, 떼를 지어 시사時事를 논의하니, 전임專任 관직을 두지 말라는 것이었다. 그래서 낭관 여섯 명을 모두 겸직으로 하고 시강관이라고 불렀다.[16] 12월에는 회강을 없애고, 경연에 당상 한 명, 승지 한 명, 시강관 두 명, 대간 두 명, 사관 한 명이 참석하라고 했다.[17] 개강을 미루다가, 원년 3월 초에 사헌부가 독촉하자, 비현합조顯閤에서 승지 한 명을 시켜 《예기》를 진강했다.[18] 9월에는 지사의 제안을 받아들여, 교재를 《대학연의》로 바꾸었다.[19] 예종은 즉위한 지 1년 만에 갑자기 죽었고, 회강은 끝내 복구되지 않았다.

경연이 나무라면, 세조와 예종의 재위 기간은 추운 겨울이었다. 나뭇잎은 모두 떨어지고, 앙상한 가지는 죽은 것 같았다. 그러나 뿌리와 줄기는 튼튼해서, 다가오는 봄을 기다리고 있었다. 세종의

---

15) 세조 6.5.22④. 권20, 28앞. 그 뒤 세조는 가끔 신하들을 불러서 경서를 강의하고 토론하게 했다. 학문을 권장하고 그들의 능력을 평가한다는 취지였다.

16) 예종 0.10.6④. 이날 영사 3명(정승)·지사 3명(판서)·동지사 2명·참찬관(승지) 6명을 임명했는데, 낭관을 임명한 기사는 없다. 동지사도 1명은 임명하지 않았다. 경연당상은 국초부터 모두 겸직이었다.

17) 예종 0.12.18①. 2품 대신 6명이 함께 입시한 적도 있다. 1.4.22①.

18) 사헌부의 상소는 예종 1.3.2①. 《예기》의 진강은 1.3.8① 및 1.3.10②.

19) 예종 1.9.20③. 앞서 중추부지사 정척鄭陟도 《대학연의》를 강독하라고 권했고(1.3.13③), 공조판서 양성지梁誠之는 역사책 중심의 교과과정을 추천했다(1.6.29②).

유산이 무르익고, 문종과 단종 때의 경험도 밑거름이 되었다. 뿌리와 줄기는 유학과 유학자들이었다. 성종 즉위 초에 국정을 담당했던 원상院相 열 명 가운데 정인지·신숙주·최항 등 여섯 명이 세종 때 집현전 출신이고, 2품으로 강의를 담당했던 서거정·강희맹·이승소가 모두 집현전 출신으로 문장과 학식이 최고 수준이었다. 이들은 세조의 왕위 찬탈에 협조했지만, 경연 폐지와 불교 숭상은 그들의 바람이 아니었다. 이제 성종의 즉위와 함께 봄철이 왔다.

2. 경연관과 입시 방식의 변화

1469년 성종이 열세 살에 즉위하자, 체계적인 교육이 시급했다. 그는 세자로 책봉된 적이 없고, 서연 교육도 받지 않았다. 나이는 단종과 비슷하지만, 정치적 상황은 전혀 달랐다. 그때는 어린 왕을 보호할 대비가 없었고, 삼촌들이 왕위를 넘보았다. 지금은 할머니(대왕대비 : 세조비), 숙모(왕대비 : 예종비), 생모(대비) 등 세 대비와 할아버지(세조)의 공신들이 성종을 보호했다. 실세 가운데 장인 한명회韓明澮도 있었다. 이들 연합 세력은 굳이 어린 후계자를 골랐고, 이제 임금 노릇을 가르칠 참이었다. 성종이 11월 28일 경복궁에서 즉위하자, 12월 8일에 〈경연사목經筵事目〉을 서둘러 마련하고, 한 달 뒤에 경연을 개시했다. 12월 28일, 왕은 창덕궁으로 옮겼다.

성종 원년 1월 7일, 창덕궁 보경당寶敬堂에서 첫 경연이 열렸다. 참석자는 영사 두 명과 동지사, 도승지, 대사헌, 대사간, 시강

관, 기사관(사관) 각각 한 명으로, 평일 경연(조강)의 규모였다. 첫
날이라 사헌부·사간원·승정원에서 각각 우두머리가 참석했다.
《논어》의 〈학이學而〉편을 강의했는데, 동지사가 음독音讀과 우리
말 번역을 세 번씩 한 뒤에, 왕이 한 번씩 따라 했다. 주강에는 승
지·시강관·사관이 한 명씩 입시했고, 왕이 복습으로 음독과 번
역을 한 번씩 했다. 모두 강의 계획을 따랐다. 자습도 했을 것이
다.[20] 강의 방식은 뒤에 조금씩 고쳤다. 1일 2강을 3강으로 늘리
고, 입시하는 경연관과 사관도 늘렸다. 이렇게 시작한 경연은 곧
빠르게 성장했다.

　무엇이 어떻게 달라졌나? 우선 전임 경연관이 다시 생기고, 경
연 참석자가 훨씬 늘었다. 성종이 경연을 개시하자, 경연관이 부
족했고, 1일 3강이라 강의를 제대로 준비하기가 더욱 어려웠다.
당분간 2품 경연관들이 강의를 맡더라도, 앞으로 강의를 전담할
경연낭청(당하관)을 양성해야 했다. 세조가 없앤 집현전을 복원하
면 되지만, 대비와 공신들에게는 꺼림칙한 일이었다. 그래서 경연
낭청을 예문관藝文館에 소속시키는 편법을 썼다. 그리고 8년 뒤,
마침내 홍문관弘文館을 개편하여 집현전처럼 만들었다. 또 17년에
1~2품 특진관 약 50명을 새로 두었다. 홍문관의 개편은 다음과
같이 진행되었다.[21]

　성종 원년 4월, 먼저 대신들이 경연낭청의 후보들을 천거하고,
원상들이 여기서 30명을 뽑았다. 다시 15명을 골라서, 예문관 부

---

20) 성종 1.1.7①③. 〈경연사목〉에는 매일 음독 20번·번역 10번 자습한다고
　　규정했다.
21) 홍문관은 세조 9년 이후 궁중 도서관이었다. 홍문관의 개편과 관원의 임명
　　에 관해서는 최승희의 〈홍문관의 성립경위〉(《한국사연구》 5, 1970)와 〈홍문
　　록고弘文錄攷〉(《대구사학》 17·18, 1978)를 참고.

제학(정3품)에서 부수찬(종6품)까지 임명했다.[22] 이때 만든 후보자 명단이 〈예문록藝文錄〉이고, 뒷날의 〈홍문록弘文錄〉이다. 원래 예문관은 사관史官들이 소속된 관청으로, 정7품 봉교奉敎 두 명, 정8품 대교待敎 두 명, 정9품 검열檢閱 네 명, 도합 여덟 명이 있었다. 그 위에 정3품에서 종6품에 이르는 경연관 15명을 덧붙인 것이다. 예문관은 2층집이 되어, 위층은 경연관, 아래층은 사관이었다. 명목상 같은 집이라, 경연관은 사관의 직함을, 사관은 경연관의 직함을 겸했다.

그러나 이중 구조의 예문관에는 집현전과 달리 7·8·9품의 경연관 자리가 없어서, 젊은 학자들을 조교로 임명하여 양성할 수가 없었다. 이렇게 8년이 지난 9년 2월에야, 예문관에 하급 경연관인 정7품 박사博士 한 명, 정8품 저작著作 한 명, 정9품 정자正字 두 명을 새로 두었다. 이에 따라 사관들이 겸하던 경연관 직함을 없앴다.[23] 그래서 경연관과 사관을 같은 관서에 소속시키는 것이 더욱 이상해졌다. 마침내 3월에 사관들의 요청에 따라 양자를 분리했다. 홍문관을 새로 만들어 경연관을 고스란히 이리로 옮기고, 예문관에는 원래대로 사관만 남았다.[24]

홍문관은 구조가 집현전과 비슷하지만, 소소한 변화가 많았다. 직제학直提學이 종3품에서 정3품(당하관)으로, 직전直殿(정4품)이 전한典翰(종3품)으로, 응교應敎는 종4품에서 정4품으로 승격되고, 집현전에는 없던 부응교副應敎(종4품)가 신설되었다. 경연관 겸직도 격상되었다. 부제학副提學은 시강관侍講官에서 참찬관參贊官으

22) 성종 1.4.5⑥, 1.4.26④.
23) 성종 9.2.28⑥, 9.3.5③.
24) 성종 9.3.19④.

로, 직제학直提學은 시독관侍讀官에서 시강관으로, 전한과 응교(및
신설된 부응교)는 검토관檢討官에서 시강관으로, 교리校理와 부교리
副校理는 부검토관에서 시독관으로, 수찬修撰과 부수찬副修撰은 검
토관으로 승격했다. 부검토관은 없어졌다. 박사博士 · 저작著作 ·
정자正字는 사경司經 하나에서 사경 · 설경說經 · 전경典經으로 분
화되었다.

　홍문관원들은 최고 엘리트로서 특별대우를 받았다. 성종 2년에
지방 근무 없이 4품으로 승진하도록 허용했다.[25] 7년에는 사가독
서를 시행하고, 유생儒生들의 산사山寺 출입을 허용했다가, 뒤에
독서당讀書堂 건물을 따로 지었다.[26] 홍문관원은 〈홍문록弘文錄〉이
라는 후보 명단에서 뽑았고, 후보자 선발은 3단계를 거쳤다. 먼저
홍문관의 6품 이상이 권점圈點(투표)으로 후보 15명 정도를 선발
하면, 이조에서 이를 검토하고, 의정부에서 다시 점검하여 확정했
다. 한편 집현전과 달리, 홍문관원은 장기근속이 없었다. 한두 달
만에 주로 대간과 교체하여 역할 분담과 업무의 연속성은 줄고,
간쟁 기능이 늘어서 대간과 함께 언론 삼사三司가 되었다. 옥당玉
堂은 홍문관의 별명이다.

　경연 당상관도 많이 늘었다. 〈표 4-1〉은 경연관 전체의 구성을
보여 준다. 이들은 크게 당상관과 당하관으로 나뉜다. 당상관은
영사(정1품), 지사(정2품)와 동지사(종2품), 참찬관(정3품)의 세 계층
이다. 당하관(경연낭청)인 홍문관원들은 6품 이상(참상)과 7품 이하(

25) 성종 2.8.1⑤.
26) 대사헌의 제안은 성종 5.4.8②. 사간원의 건의는 7.5.15⑦. 독서 계획은
　　7.6.27②. 상사上寺 허용은 7.6.28②. 김상기의〈독서당고〉(《진단학보》17,
　　1955)를 참고.

참하)로 나뉜다. 여기에 1~2품 특진관을 추가로 설치했다. 이로써 경연관의 수가 전보다 두세 배 늘었고, 입시하는 방식도 바뀌었다. 전에는 대신과 대간이 경연에 참석한 적이 거의 없었는데, 성종 때는 이들이 매일 교대로 입시했다. 사관은 늘 경연에 참석했다. 당시의 경연을 알려면, 누가 참석해서 어떤 역할을 했는지 살펴야 한다.

최상층인 영사領事, 즉 영경연사領經筵事는 3정승(정1품)이 겸직한다. 전에는 경연에 거의 참석하지 않았는데, 성종 때는 인원도 늘고, 매일 참석했다. 영사의 증가는 '원상院相' 때문이다. 세조는 공신들을 3정승에 돌려가며 앉혔기 때문에, 현직 정승보다 전직 정승이 더 많았다. 말년에 이들을 모두 원상에 임명하고, 매일 승정원에 출근해서 국정을 논의하게 했다. 성종 즉위 초에는 원상 열 명이 영경연사를 겸하고, 매일 두 명씩 교대로 근무했다.[27] 7년 뒤 왕이 성년이 되자 원상은 없어졌지만, 이들은 영사로서 경연에 계속 참석했다. 성종 9년에 영사가 다섯 명으로 줄자, 조강 입시를 두 명에서 한 명으로 줄였다.[28] 이들은 풍부한 국정 경험으로 국왕을 도왔다.

---

27) 성종 즉위년 12월에 신숙주·한명회·구치관·최항·조석문·김질 등 원상 6명이 영사를 겸했다(성종 0.12.29④). 이날 임명 기사에는 "경연청 영사"라고 했다. 영의정(홍윤성)·좌의정(윤자운)·우의정(김국광)을 합치면, 영사가 모두 9명이다. 성종은 원년 8월에 정인지와 정창손을 영사로 임명하고(1.8.19③), 12월에 원상으로 임명했다(1.12.10②). 앞서 구치관이 사망하여, 이때 영사는 모두 10명이었다. 2명씩 교대 근무는 0.12.3⑧ 및 0.12.9② 경연사목.

28) 원상 폐지는 7.5.19②, 1명 입시는 9.6.5⑤. 원상들 가운데 구치관(원년), 최항(5년), 신숙주·홍윤성(6년), 조석문(8년), 김질·윤자운·정인지(9년) 등이 죽었다.

〈표 4-1〉 경연관의 직제

경연관직(품계)	정원	자동 겸직	기 타
영 사 (정1품) 지 사 (정2품) 동지사(종2품) 참찬관(정3품)	3명 3명 3명 7명	영의정·좌의정·우의정 〈따로 선임〉 〈위와 같음〉 6승지 및 홍문관 부제학	영사는 정원을 초과할 때도 있음
시강관(3·4품)	4명	직제학 (정3품) 1명 전 한 (종3품) 1명 응 교 (정4품) 1명 부응교 (종4품) 1명	경연낭청은 모두 홍문관원이 겸직
시독관(5품)	4명	교 리 (정5품) 2명 부교리 (종5품) 2명	
검토관(6품)	4명	수 찬 (정6품) 2명 부수찬 (종6품) 2명	
사 경(정7품) 설 경(정8품) 전 경(정9품)	1명 1명 2명	박 사 (정7품) 1명 저 작 (정8품) 1명 정 자 (정9품) 2명	
특진관 (1·2품)		경연관이 아닌 문무관	정원 없고, 약 50명

  둘째 계층(2품)은 지사知事(지경연사, 정2품) 세 명과 동지사同知事
(동지경연사, 종2품) 세 명, 모두 여섯 명이었다. 다른 경연관들은 모
두 자동 겸직인데, 이들만 경관京官 2품 가운데서 학식이 뛰어난
사람들을 따로 뽑았다.[29] 이들의 역할은 경연 강의로, 지사나 동
지사 한 명이 매일 입시했다. 성종이 미성년일 때, 이들은 조강과
주강에서 새로운 대목을 가르치고, 석강에서 복습까지 도왔다. 이
들은 성종 9년 겨울에야 경연 강의를 낭청에게 넘긴 것 같다.[30] 지

---

29) 성종 원년에 지사는 서거정(호조판서)·이극배(병조판서)·강희맹(판돈녕부
   사), 동지사는 정자영(동지중추)·구종직(호군)·이승소(예조참판)였다.
30) 낭청에게 넘기자는 당상관들의 건의는 8.2.24①. 9년 8월에 동지사(이승소)

사나 동지사는 육조의 판서나 참판인 경우가 많아서, 국정에 관한 조언도 자주 했다. 예문관 대제학이나 제학, 한성부 판윤이나 부윤 등도 여기에 임명되었다.

셋째 계층은 정3품 당상관(통정대부)인 참찬관으로, 승정원의 6승지와 홍문관 부제학이 겸직했다. 승지는 왕의 비서로서 3강과 야대에 한 명씩 참석했다. 이들은 육조와 삼사 등 정부의 요직을 거쳤고, 학식과 문장이 탁월하며, 6조의 업무를 분담하여 현재의 국정을 잘 파악하고 있었다. 그러나 조강에서는 대신들에게 양보하고, 왕이 물을 때만 대답했다. 이와 달리 주강과 석강에서는 적극적으로 발언했다. 한편 부제학은 승지와 같은 참찬관이지만, 소속과 구실이 달라서, 홍문관에서 언급한다. 위의 세 계층을 '경연당상'이라고 불렀다.

넷째 계층은 경연낭청으로, 홍문관원 17명(정원)이 이를 겸했다. 직급은 정3품에서 정9품까지, 직함은 〈표 4-1〉에 보듯이 열두 가지였다.[31] 이들의 경연관 직함도 다양했다. 우두머리인 부제학은 당상관인 참찬관이었다. 당하관은 시강관(3·4품) 네 명, 시독관(5품) 네 명, 검토관(6품) 네 명이며, 사경(정7품) 한 명, 설경(정8품) 한 명, 전경(정9품) 두 명 등—정원이 16명이었다. 이들은 3강과 야대에 두 명이 입시했고, 성종 9년경부터 25년까지 강의를 전담했다. 직급이 높은 상번上番이 강의하고, 낮은 하번下番이 설명을 추가했다. 또 이들은 국정 전반을 논의하고, 종종 대간과 보조

___
와 지사(강희맹)가 각각 주강에 입시했다. 9.8.21③, 9.8.25③. 이후에는 이런 기록이 없다.
31) 홍문관이 경연을 전담하는 기관이라, 경국대전에도 '경연'이 정3품 아문으로 '홍문관' 바로 앞에 나온다. 조선 전기에는 홍문관원을 종종 '경연관'이라고 불렀다.

를 맞추었다.

특진관은 성종이 뒤늦게 추가했다. 경연에서 국정을 토론할 때, 대신들의 의견을 폭넓게 듣자는 취지였다. 17년 5월에 동반東班 1·2품 가운데 경연관이 아닌 사람들을 특진관으로 임명하고, 조강에 두 명씩 교대로 입시하게 했다.[32] 의정부·육조·한성부 등 경관京官 2품 이상 가운데서 경연관을 빼고 남는 20명 정도였다. 같은 달 하순에, 국방문제를 협의하기 위해서 서반西班 2품 이상 24명을 특진관에 임명했다. 이로써 특진관이 50명 정도로 늘었다.[33] 이후 동반과 서반 각 한 명씩, 두 명이 매일 조강에 입시했다. 이들의 역할은 연산군과 중종 때 커졌고, 중종 때부터 3강에 모두 입시했다.

끝으로 대간臺諫과 사관史官은 경연관이 아닌데도 역할이 컸다. 본래 사헌부司憲府는 관리들을 감찰하고, 사간원司諫院은 왕에게 간쟁했다. 그러나 업무 영역을 서로 넘나들어서, 대간臺諫 또는 양사兩司라고 함께 불렀다. 사헌부는 대사헌(종2품) 한 명, 집의(종3품) 한 명, 장령(정4품) 두 명, 지평(정5품) 두 명, 모두 여섯 명이다. 감찰(정6품) 24명은 경연에 입시하지 않았다. 사간원은 대사간(정3품) 한 명, 사간(종3품) 한 명, 헌납(정5품) 한 명, 정언(정6품) 두 명, 모두 다섯 명이다. 양사에서 한 명씩 조강에 입시했다. 문종과 단종 때의 간관諫官 한 명의 두 배였다. 대간은 경연 뒷자리에서 앉았다가, 강의가 끝나고 국정을 얘기할 때는 왕 앞으로 갔다. 이들

---

32) 성종 17.5.7③. 이때 모두 몇 명이 특진관에 임명되었다는 기록이 없으나, 중종 때 50여 명이었던 사실로 미루어 짐작할 수 있다.

33) 성종 17.5.28① 및 17.5.29⑤. 왕은 무식한 서반의 경연 참석을 꺼리다가, 결국 해당자 전원을 특진관에 임명했다.

의 역할은 뒤에 따로 살핀다.[34]

사관史官은 예문관 소속 참하관(7~9품)인 봉교奉教 두 명, 대교待教 두 명, 검열檢閱 네 명, 모두 여덟 명을 말한다. 이들은 매일 두 명씩 교대로 왕의 언행을 기록하여 사초史草를 만들었고, 매달 각종 공문서를 정리하여 시정기時政記를 작성했다. 사관은 3강과 야대에 두 명이 참석했다.[35] 원래 이들은 품계가 낮아서, 제일 늦게 들어가서 말석에 앉았는데, 성종의 특별 배려로 어탑 좌우로 옮겼다. 사관은 경연일기에 강독한 책의 제목과 범위를 적고, 중요한 발언을 현장에서 적었는데, 경연관들도 볼 수 있었다.[36] 승정원의 주서注書(정7품) 두 명은 세조 3년부터 춘추관 기사관, 곧 사관을 겸직했고, 성종 22년부터 경연에도 입시했다.[37]

그러면 3강과 야대에 누가 입시入侍했나? 첫째, 조강에는 영사 한두 명, 지사나 동지사 한 명, 참찬관(승지) 한 명, 홍문관 두 명, 대간 두 명, 사관 두 명—모두 9~10명이 입시하다가, 나중에 특진관 두 명과 주서 한 명이 추가되어(영사는 한 명 감소), 모두 12명이 되었다. 대신과 대간이 참석하는 점에서 조강은 나머지와 달랐다. 둘째, 주강과 석강에는 승지 한 명, 옥당 두 명, 사관 두세 명—도합 5~6명이 늘 입시했다. 다시 말해 3품 이하만 참석했

---

34) 고려 때 사헌부를 어사대御史臺라고 불렀다. 대간의 '대臺'는 여기서 유래한다.

35) 경연 때 사관 2명이 실내에 들어가 견문을 자세히 기록한다고 했다. 성종 16.윤4.11③. 즉 경연에 참석하는 사관의 수가 성종 때 2명으로 늘었다. 중종의 야대에는 사관 1명이 입시한 적도 있다. 중종 17.2.11①.

36) 성종 6.2.14④. 사관들은 경연일기를 사초史草로 생각했고, 경연관들은 강의 기록으로 여겼다. 왕은 경연관들의 주장을 따랐다. 사초와 시정기와 경연일기는 실록의 기본 자료였고, 편찬이 끝난 뒤 세초洗草했다.

37) 세조 3.7.16②. 성종 22.7.12①.

다. 영사와 대간은 처음부터 주강과 석강에서 빠졌고, 9년 이후에
는 지사나 동지사 한 명도 여기서 빠졌다. 셋째, 야대에는 승지 한
명, 옥당 두 명, 사관 두 명—모두 다섯 명이 참석했다. 성종은 매
일 3강에서 여러 신하들을 만났다. 여기서 경사를 강독하고 국정
을 토론하며 많은 시간을 보냈다.

　다음에는 경연의 절차와 장소를 알아보자. 《성종실록》에는 이에
관한 자료가 별로 없지만, 역대의 실록에 단편적인 사례가 나오
고, 정조 때 편찬한 《홍문관지弘文館志》와 《춘관통고春官通考》 등에
는 상세한 규정들이 실려 있다. 이 규정들은 세종 때의 원형原型이
성종대에 더욱 발전하고, 후대에 약간 변화한 것이다. 이러한 자
료에서 성종 때 경연의 모습을 대강 복원할 수 있다. 이때 강의 빈
도와 참석자가 크게 늘어나고 경연의 틀이 잡혔으니, 의식과 절차
도 대부분 이때 정비되었을 것이다. 경연의 의식과 절차는 여기서
간단히 얘기하고, 제6장에서 약간 더 설명한다.

　매일 아침, 다음 날 경연을 여는지 승지가 묻고, 임금의 결정을
게시판에 써서 알렸다. 조강은 평명平明, 즉 동이 틀 무렵에 시작
하는데, 계절에 따라 시간이 달랐다. 경연 서리胥吏들이 경연관들
집에 가서 대궐로 모셨고, 대간은 따로 왔다. 참석자들은 깜깜할
때 경연청經筵廳에 모여서 대기했고, 상번上番과 하번下番 경연관은
강의를 연습했다. 문종 때는 집현전에 모여서 대기하고 연습했는
데, 성종 때 경연청이 어느 건물인지 확인할 수가 없다.[38] 영사 이
하가 함께 예행연습을 하는 관행은 성종 때 정착한 것 같다. 여기

---

[38] 경연청에서 영사 두 명이 대기할 때 저속한 잡담을 나누었다고 사관이 꼬집
　었다. 성종 1.5.19②. 임금이 머무는 대궐마다 건물 하나를 경연청으로 지정
　한 듯하다.

서 참석자들은 각자 교재를 폈고, 어전에 들어갈 때 그 책을 가지
고 갔다.[39]

경연의 장소는 편전便殿이다. 세종이 경복궁의 사정전에서 경연
을 열었듯이, 성종은 창덕궁昌德宮의 선정전宣政殿을 주로 이용했
다. 경복궁의 근정전이나 창덕궁의 인정전 같은 정전正殿은 조회
처럼 큰 행사 때만 사용했다. 편전은 왕이 평일에 신하들을 만나
고 국정을 처리하는 곳인데, 경연도 그 일부였다. 예외도 있었다.
성종은 1월 초에 경연을 개시하면서 보경당寶敬堂을 사용하다가,
3월에 선정전으로 옮겼다. 보경당은 겨울에 난방이 잘 되지만, 협
소하고 어좌御座가 북향이어서 불편했다.[40] 야대의 장소는 융통성
이 컸다. 재변이 생기면, 경연의 장소를 바꾸었다.[41]

정해진 시각(동틀 녘)이 되면, 왕이 편전으로 가서 어탑御榻에 정
좌正坐했다.[42] 임금이 앉는 자리는 북쪽에서 남향이며, 마루(방) 바
닥보다 조금 높았다. 대기하던 신하들에게 알리면, 높은 사람부터
차례로 들어가서, 왕에게 인사하고 지정된 자리에 부복俯伏했다.
좌석 배치는 세종 때처럼 1품 동쪽, 2품 서쪽, 3품 이하 남쪽이었
다. 즉 1품(영사)은 동쪽에서 서향西向, 2품(지사/동지사ㆍ특진관)은
서쪽에서 동향東向, 3품 이하는 남쪽에서 북향北向이다. 지사나 동
지사가 특진관보다 어좌에 더 가까이 앉고, 부제학이 입시할 때는

---

39) 《춘관통고》 권51, 〈가례嘉禮〉 조의朝儀, 조강의朝講儀.
40) 성종 1.1.7① 및 1.3.9①.
41) 천재지변이 생기면, 왕이 근신하여 정전正殿을 피했다. 가령 3년 4월에 가뭄
    이 계속되자, 조하朝賀는 인정전 처마 아래, 조참朝參은 인정전 월대月臺, 경연
    은 선정전 전랑前廊으로 옮겼다. 3.4.24⑤. 이듬해도 그랬다. 4.6.22①.
42) 이때 내관(환관) 한 명이 임금을 모시고 들어가서, 어탑 아래 있었다. 협시挾
    侍 내관 또는 시위侍衛 내관이라고 부르는데, 좌차座次에는 나오지 않는다. 경
    연 때 시위 내관이 코를 골아서 징계를 받은 일이 있다. 성종 1.2.28④.

승지의 우측(동쪽=상석)에 앉았다. 대사헌(종2품)과 대사간(정3품)의
자리는 논란이 있었다.[43] 사관은 말석이었는데, 뒤에 성종의 특별
배려로 어탑 가까이 옮겼다.

　주강과 석강의 좌석 배치는 조강과 같았으나, 참석자가 적어서
간단했다. 즉 왕은 남쪽을 향해서 앉고, 홍문관원 두 명과 승지 한
명은 북향하여 부복했고, 사관은 따로 자리 잡았다. 영사ㆍ특진
관ㆍ대간은 주강과 석강에서 제외되고, 지사나 동지사는 9년 동
안 주ㆍ석강에 입시했는데, 조강 때처럼 서쪽에서 동향이고, 동쪽
공간은 비워 두었다. 보경당은 어좌가 북향이라, 승지와 경연낭청
이 반대로 남향했을 것이다. 원래 단종 때는 매달 초하루에 경연
관 전원이 참석하는 회강會講이 있었는데, 예종 때 없어졌다. 성종
3년 3월에 회강을 실시하자는 논의가 있었으나 시행되지는 않았
다.[44] 참석자 자리마다 방석을 두었다. 옷은 임금과 신하들 모두
평상복이었다.[45] 지금까지 '누가, 어디서'를 살폈다.

43) 성종 21년에 대사간과 도승지 사이에 좌차 시비가 있었다. 좌목座目에는 대
　　사간이 상석(우측)인데, 세조 이후의 관행은 반대였다. 성종은 대신들과 상의
　　하고, 좌목을 따르기로 했다. 21.2.9④. 뒷날 대사헌과 대사간은 동벽東壁에
　　서향으로 바뀌었다. 《춘관통고》 권51, 가례, 조강의.
44) 성종 3.3.7①. 이날 조강에서 대간이 회강을 요청하자, 왕이 찬성했다. 그러
　　나 영사(정창손)는 회강이 서연에만 있고, 경연에는 원래 없다고 말했다. 단종
　　때의 선례를 몰랐을 리가 없다. 영사들이 열 명이라 좌석 배정이 너무 번거로
　　웠을 것이다.
45) 상복常服을 조복朝服으로 바꾸어 경연의 분위기를 엄숙하게 하자는 제안이
　　있었으나, 성종이 받아들이지 않았다. 성종 3.11.12①.

〈표 4-2〉 경연의 좌석 배치

조 강	주 강·석 강·야 대
웅	웅
영사　　　　지경연	영사　　　　지경연
사관	사관
지사　　　　동지	
특진2명	
대간2명　옥당2명　승지	옥당2명　승지

3. 일정 · 교재 · 강의 방식

다음에는 '언제, 무엇을, 어떻게'를 살펴보자. 먼저 강의 일정日程이다. 성종의 경연은 1일 3강으로, 매일 조강朝講·주강晝講·석강夕講이 있고, 가끔 야대夜對도 있었다. 성종이 원년 1월에 경연을 처음 열 때는 1일 2강이었는데, 며칠 뒤 석강을 추가하여 1일 3강이 되었다. 이때부터 경연낭청(홍문관) 한 명이 대궐에서 숙직하며 왕의 질문에 대비했다.[46] 야대는 성종 2년 윤 9월에 시작하고, 숙직하는 낭청을 두 명으로 늘렸다. 3년부터 사관과

---

46) 사간원이 14일에 석강을 제안하자, 대비가 16일에 승인하여, 20일부터 시행했다. 성종 1.2.14④, 1.2.16④, 1.2.20⑦. 석강에서 복습하는 방식과 낭청 숙직은 1.2.20⑦⑧.

승지도 입시하고, 부제학도 추가했다.[47] 야대가 조선에서는 새
로운 관행이었다. 성종은 20세 이후에도 1일 3강을 원칙으로 삼
았는데, 이것이 가장 중요한 변화였다. 소대召對는 따로 할 필요
가 없었다.

성종은 경연에 열심이어서 거르는 날이 드물었다. 더위가 아주
심하면, 조강만 하거나 주강을 뺐다.[48] 10년에 주강을 없애기로
했다가, 홍문관의 극력 반대로 취소했다.[49] 여기가 큰 고비였다.
이때부터 주강에서도 별도의 교재를 사용하여, 3강과 야대에서 각
각 다른 책을 공부했다. 성종은 14년에 처음으로 '여름방학'을 도
입하여, 7월 초부터 8월 보름까지 경연을 중단했고, 17년부터는
매년 6·7월에 쉬었다.[50] 19년부터 5월 하순에 조강만 해서, 더위
를 피했다.[51] 반면에 '겨울방학'은 없었고, 날씨가 너무 추우면 임
시로 며칠 휴강했다.[52] 연말 사흘과 연초 사흘에는 상참·경연·
시사·윤대를 모두 쉬었는데, 성종은 경연만 이틀 앞당겨서, 1월
2일부터 열었다.[53]

---

47) 야대의 논의와 시행은 성종 2.윤9.25① 및 2.윤9.27⑦, 사관의 야대 입참
   은 3.1.25②, 승지와 부제학의 입참은 3.4.19⑨, 행차 때 야대는 2.10.9②,
   2.10.11②.
48) 예를 들면 성종 4.6.18② 및 4.6.22①. 8년 여름에 약 20일간 조강만 하
   고, 주강과 석강을 쉬었다. 8.6.18②. 11년에는 6월~7월에 조강만 열었다.
   11.5.1③.
49) 성종 10.4.19③ 및 10.4.21②. 이해 겨울에 석강을 중단했다가, 이듬해 재
   개했다. 10.윤10.23② 및 11.4.11⑤.
50) 성종 14.7.1⑤ 및 17.6.4①.
51) 대간의 반대로 논란이 있었다. 성종 19.5.19②, 19.6.7②.
52) 영의정이 왕의 건강을 염려하여 엄동에 정강停講할 것을 건의하자, 왕이 허
   락했다. 성종 21.12.6②. 이해 겨울에 두 달 정도 경연을 쉰 것 같다.
53) 성종 6.12.28①. 국기일은 왕과 왕비의 제삿날인데, 성종 원년에 12번 있었
   다. 첫 번째 국기일(1.17)에는 조강과 주강을 열었고, 두 번째 국기일(3.24)부
   터 휴강했다.

국기일國忌日 등 제삿날에도 경연을 쉬었는데, 성종은 제사를
친행親行할 때만 쉬고, 대신이 섭행攝行할 때는 열었다.[54] 또 제
사에 앞서 재계齋戒할 때도 경연을 쉬었는데, 이것도 줄였다. 재
계는 제사에 따라서 7일 · 5일 · 3일이고, 산재散齋와 치재致齋의
두 단계였다. 원년에 산재 때 경연을 열고, 치재에만 쉬기로 했
다. 대신이 제사를 섭행할 때 왕이 치재하던 것도 없애고 경연을
열었다.[55] 물론 국장에는 경연을 중단했다. 성종 5년 4월 15일에
왕비 한씨가 죽자, 꼭 한 달 쉬고, 5월 15일부터 경연을 열었다.
14년 3월 30일에 대왕대비(세조비)가 죽었을 때는 거의 다섯 달
쉬고, 8월 20일에 경연을 다시 열었다. 정승이 죽으면, 경연을 3
일 동안 쉬었다.[56]

〈표 4-3〉은 성종이 재위 25년 동안 경연에 출석한 상황을 연도
별 및 월별로 집계하고, 이를 다시 연도별로 조강 · 주강 · 석강 ·
야대로 분류하여 집계한 것이다.[57] 성종의 경연 출석은 조선왕조
의 역대 국왕들 가운데 단연 최고였다. 즉위 이후 7년(미성년)과 성
년이 된 8년 이후가 매우 달랐다. 미성년 때는 합계 5,031회로,
1년 평균 718.7회, 하루 평균 약 2회였다. 3강의 비중은 조강이
33.8%로 가장 크고, 주강과 석강은 29.2%와 29.0%로 비슷하며,
야대는 8.0%였다. 성년 이후에는 빈도가 현저하게 줄어서, 25년
까지 도합 3,561회, 1년 평균 198회(53.8%), 이틀에 한 번 정도

---

54) 성종 10.12.5③.
55) 성종 1.3.24①, 13.8.1②. 재계는 대사大祀 7일(산재 4일+치재 3일), 중사
    中祀 5일(3+2), 소사小祀 3일(2+1)이었다.
56) 성종 6.6.21. 영의정 신숙주가 죽었을 때는 더위 때문인지 5일 쉬었다.
57) 이 표는 다른 연구자가 만든 상세한 통계를 저자가 단순화한 것이다. 남지
    대, 〈조선 초기의 경연제도〉, 《한국사론》 6, 1980. 12, '부표附表 4-II' 참조.

였다. 조강의 비중이 56.3%로, 주강(22.9%)·석강(18.7%)·야대
(2.1%)의 합계보다도 더 크다.

〈표 4-3〉 성종의 경연 출석

연＼월	1	2	3	4	5	6	7	8	9	10	11	12	윤달	합계	조	주	석	야
1	48	50	73	52	46	60	59	70	50	36	59	56		659	241	227	191	
2	54	37	23	48	48	68	78	66	44	61	65	76	⑨74	742	248	223	223	48
3	63	65	78	83	63	82	58	71	51	58	59	58		789	252	236	235	66
4	82	75	78	63	68	69	61	61	36	40	47	64		744	235	218	216	75
5	87	80	80	35	31	39	42	68	58	86	86	75	⑥43	810	264	207	240	99
6	42	58	59	68	65	71	72	83	31	79	67	64		759	239	218	215	87
7	57	34	46	67	45	40	38	52	40	46	30	34		529	223	142	141	23
8	32	20	23	27	2	13	25	17	16	21	28	29	②34	287	226	17	31	13
9	24	16	16	14	21	13	11	28	6	16	25	19		209	167	21	19	2
10	24	21	19	16	17	17	17	15	15	12	26	17	⑩21	237	199	17	18	3
11	26	25	24	33	20	14	14	23	31	35	19	20		284	167	77	35	5
12	19	16	12	24	11	11	1	11	16	18	21	13		173	161	7	5	
13	21	29	25	24	10	12		18	17	28	24	18	⑧23	249	150	53	35	11
14	16	11	34					12	16	14	7	9		119	74	30	12	3
15	2		14	16	5	2	9	16	9	10	4			87	55	24	7	1
16	3	3		24	2			40	24	36	38	24	④27	221	93	61	56	11
17	34	34	27	30	25	4		23	6	21	26	24		254	108	71	69	6
18	19	33	24	28	7			34	9	15	18	39		226	89	72	65	
19	18	15	4	15	14			27	4	9	10	9	①17	142	79	35	27	1
20	·	11	32	17	15			13	·	21	25	12		146	56	46	41	3
21	29	43	22	48	37			15	16	13	27	4	⑨11	265	112	81	70	2
22	9	22	23	11	30			16	16	28	35	33		223	92	69	60	2
23	47	25	33	22	11			7	13	15	40	15		228	94	68	58	8
24	14	3	15	15	13					46	20	11	⑤12	149	62	44	39	4
25	22	13	9	9	17			3						73	32	21	20	
계														8604	3718	2285	2128	473

재위 기간을 통산하면 모두 8,604회, 1년 평균 344회로, 25
년 동안 매일 경연에 출석한 셈이다. 그 가운데 조강이 3,718회
(43.1%)로, 주강 2,285회(26.6%), 석강 2,128회(24.8%), 야대 473
회(5.5%)보다 비중이 단연 크다. 경연은 조강이 중심이었고, 조강
을 그냥 경연이라고 불렀다. 실록에도 조강 출석을 "경연에 납시
었다."고 썼다. 성종은 참으로 많은 시간을 경연에서 보냈다. 그
의 1년 평균 출석은 조선왕조의 으뜸이었고, 버금은 중종으로 재
위 39년 동안 평균 164회였다. 세종은 전반기 16년 동안 출석률
이 118회였고(후반기에는 폐지), 영조는 재위 52년 동안 1년 평균
66.5회였다.

다음은 교과과정인데, 세종 때처럼 경서·역사·기타의 세 범
주였다. 경서는 항상 내용이 같았고, 역사와 '기타' 교재는 더욱 풍
부해졌다. 첫째, 경서는 물론 4서 5경이고, 내용은 성현의 말씀으
로, 수기修己와 치인治人의 방법을 가르쳤다. 강독하는 순서는 4서
인 《논어》·《맹자》·《대학》·《중용》이 먼저이고, 5경인 《상서》·
《시경》·《주역》·《예기》·《춘추》가 나중이었다. 성종은 세종처럼
4서 5경을 공부했다. 5경에 《주례》를 추가하면 6경이 된다. 세종
과 성종은 국가제도의 정비에 《주례》를 많이 참고했지만, 경연에
서는 공부하지 않았다. 주자학파가 제도보다 군주의 마음가짐을
중시했기 때문이다.

둘째, 역사는 역대의 통치 기록으로, 현재를 비춰보는 거울이
었다. 옛날 군주들의 잘잘못을 살피면서 자신의 행위를 반성하여,
좋은 정치를 본받고 나쁜 정치를 경계했다. 《자치통감》은 제목 그
대로 '정치에 도움이 되는, 두루 비치는 거울'이었다. 《강목》은 《통

감》의 분량을 6분의 1 정도로 요약하고 교훈을 강화한 필수 교재
였다. 《강목속편》은 송나라와 원나라 역사였다. 그 밖에 《사기》·
《한서》같은 정사正史와 《명신언행록》·《송감宋鑑》등도 모두 정치
교과서였다. 성종은 세종처럼 이 책들을 모두 읽고, 여기에 《고려
사》·《국조보감》·《정관정요》·《진서晉書》를 추가했다.[58]

셋째, '기타' 범주의 책은 《성리대전》·《근사록》·《대학연의》 등
이다. 성종은 《성리대전》을 공부하기 훨씬 전에, 강의할 사람을 선
정하여 준비시켰다.[59] 《근사록》은 간략한 성리학 입문서인데, 앞서
문종이 공부했다. 《대학연의》는 정치의 원칙과 사례들을 경서와 사
서에서 뽑아서, 주제별로 결합한 책이다. 일찍이 태조와 태종이 이
를 애독했고, 세종도 즉위하여 경연에서 이 책을 거듭 공부할 정도
로 중시했다. 성종은 경서에 버금간다는 《공자가어孔子家語》, 백과
사전인 《문헌통고文獻通考》, 중국어 교재인 《동자습童子習》과 《이문
등록吏文謄錄》도 공부했다.[60] 그 밖에 조선에서 편찬한 《고려사》와
《국조보감國朝寶鑑》을 성종이 처음 공부한 사실이 주목된다.

경연의 교육과정은 이미 확정되어, 국왕은 선택권이 거의 없었
다. 성종 8년에 야대에서 《소학小學》을 복습하려고 했으나, 승지
들이 초급 교재라고 반대했다.[61] 14년에 왕이 《장자莊子》·《노자

---

58) 성종이 《통감속편》을 공부했다는 기사는 《강목속편》의 착오인 것 같다. 성
   종 11.2.4②. 역사를 공부하는 목적은 뒷날 중종의 야대에서 경연관이 잘 설
   명했다. 중종 11.2.23⑤.

59) 성종 11.10.20②.

60) 《동자습》은 명나라의 아동 교과서로, 세종 때부터 번역하고 주석을 달아서
   중국어 발음을 익혔다. 《이문등록》은 외교문서로, 고전 한문에 구어체 어휘를
   섞었다.

61) 성종 8.3.8. 《대학》으로 충분하고, 《소학》은 불필요하다는 주장인데, 아직
   이 책이 유행하기 전이었다. 성종은 즉위 전에 《소학》을 공부했다.

老子》·《열자列子》를 공부해서, 그 그릇됨을 배우겠다고 하자, 승
정원과 홍문관이 반대했다. 왕이 밀어붙였으나, 승정원이 잘 따
르지 않았다.[62] 뒤이어 《전국책戰國策》을 공부하려다가 경연관들
의 반대로 좌절되었다.[63] 석강에서 《문헌통고文獻通考》의 〈상위고
象緯考〉를 배우자, 입시했던 사관이 이의를 제기했다.[64] 왕이 《원
사元史》를 읽으려 하자, 대간이 경서를 공부하도록 설득한 적도 있
다.[65] 군주 길들이기가 철저했고, 성종은 이를 잘 따랐다.

〈표 4-4〉는 성종이 경연에서 강독한 교재들을 세 가지로 분류
하고, 강독한 날짜들을 적었다. 《성종실록》은 강독을 시작한 날과
끝낸 날을 기록하지 않아서, 강독기간을 추측할 수밖에 없다. 먼
저 4서를 보자. 첫 교재인 《논어》는 원년 1월 25일부터 10월까지
매일 3강에서 공부했다. 다음에 《맹자》를 원년 11월부터 2년 9월
경까지, 매일 3강에서 강독했다. 다음 차례는 《대학》과 《중용》인
데, 2년 윤 9월에 《중용》을 공부한 얘기가 한 번만 나온다. 같은
해 야대에서는 선왕들의 언행록 《국조보감》을 읽었다. 이로써 경
서의 기초를 다지고, 역사도 조금 맛보았다.

성종은 이어서 3경을 공부했다. 《상서》는 2년 말쯤 시작하여 3년
7월쯤 끝냈고, 《시경》은 3년 8월쯤 시작하여 4년 9월쯤 마쳤다. 한
편 《춘추》는 3년 11월에 야대에서 공부하다가, 나중에 3강으로 옮

---

62) 왕과 신하들이 세 번 맞섰다. 성종 14.1.18③, 19③, 20③, 14.1.27③. 제
   자백가를 강독한 기록이 없으니, 왕이 밀린 것 같다.
63) 성종 14.12.8①. 이때 경연관들은 이 책 대신 경서를 권했고, 왕이 받아들
   였다.
64) 성종 22.3.5⑦. 〈상위고〉는 천문서天文書인데, 견강부회牽强附會가 많아서,
   임금이 배울 바가 아니라고 했다.
65) 성종 18.3.12②.

겨서 5년 3월에 종강했다. 3경을 마친 뒤, 역사책인《강목》을 5년 3월경부터 9년 말까지 5년 가까이 강독하고, 사이사이 《송감》과《명신언행록》도 읽었다. 《주역》은 8년 3월경부터 9년 봄까지(《역학계몽》 포함), 이어서 《예기》를 10년까지 공부했다. 《대학연의》는 8년쯤 시작하여 10년 윤 10월에 끝냈는데, 조강·석강·야대에서 강독했다.[66] 성종은 10년까지 경서·사서·기타를 골고루 공부했다.

대략 성종 10년을 고비로 교과과정을 바꾸어, 3강에서 각각 다른 교재를 공부했다. 좀 번거로운 과정이다. 가령 10년 4월에 왕은 조강에서 《대학연의》, 주강에서 《춘추좌전》, 석강에서 《논어》를 공부했다.[67] 야대에서는 전부터 《정관정요》를 읽었다(〈표 4-4〉). 11년에는 《맹자》·《춘추》·《강목속편》을 공부했다. 또 12년 3월에는 3강의 현재 교재와 다음 교재를 밝혔는데, 조강은 《자치통감》 다음에 《성리대전》, 주강은 《한서》 다음에 《근사록》, 석강은 《맹자》 다음에 《송감》이다.[68] 교재가 언제 바뀌었다는 구체적인 정보는 없다. 《통감》은 11년 말경부터 18년까지 6년 이상 걸렸다. 대체로 경서와 역사 및 성리학 책을 고르게 배정했다.

---

66) 《대학연의》를 공부한 기록은 성종 8.4.16② 석강, 10.1.20③ 석강, 10.5.4 ② 조강, 10.7.25② 조강, 10.10.24② 조강, 10.10.26⑦ 야대, 10.윤10.5① 종강.

67) 주강과 석강의 교재는 10.4.22②③, 조강의 교재는 10.4.26①. 10년 10월에는 《춘추좌전》을 조강으로 옮겨서 읽다가, 같은 좌구명左丘明이 편찬한 《국어國語》도 함께 읽었다. 10.10.20.①, 10.윤10.7①. 《국어》는 〈표 4-4〉에 따로 적지 않는다.

68) 성종 12.3.23②.

〈표 4-4〉 성종의 경연 교재

	교재	강독 시기
4서	《논 어》	1.1.25~1.10.23 / 10.4.22(자한) / 18.4.15(공야장) / 24.11.12(향당)
	《맹 자》	1.12.11(양 혜왕-하), 2.7.28(진심-상) / 11.9.5(공손축-상)
	《대 학》	7.10.13(주강), 7.12.22(주강 대학혹문)
	《중 용》	2.윤9.25(30장), 8.12.7(야대 20장) / 23.2.4(중용혹문)
5경	《상 서》	3.4.11(홍범), 3.6.6(무일), 3.6.22(입정) / 16.4.18(열명)
	《시 경》	3.9.30(秋杜), 4.3.16(抑), 4.7.1(雲漢)
	《춘 추》	3.11.12(야대), 5.3.3(곧 종강) / 10.4.22(은공4), 11.2.14(소공3년)
	《주 역》	8.2.24(예정), 8.6.23(蠱卦), 8.12.25(태괘), 9.2.12(역학계몽)
	《예 기》	9.8.21(내칙), 9.10.7(상복소기), 9.11.7(악기), 9.11.8(학기)
역사	《강 목》	6.6.16(제갈량), 7.5.12(양 무제), 8.4.19(당 태종), 9.11.18(오대)
	《송 감》	5.9.15(추천), 6.12.25(無逸圖)
	《명신언행록》	7.10.13(예정), 7.12.21(석강, 張詠)
	《송원절요》	3.11.12(추천), 7.10.7(종강)
	《통 감》	11.10.20(예정), 12.1.5(한 문제), 16.11.4(당 덕종), 18.3.14(종강)
	《강목속편》	11.2.25(소금 전매), 11.4.1(과거), 11.9.4(요나라)
	《한 서》	12.8.17(汲黯), 14.8.16(식화지), 17.1.29(오행지)
	《진 서》	18.8.5
	《정관정요》	3.1.5((야대), 3.2.21(야대)/ 10.11.4(야대)
	《국조보감》	2.윤9.2(야대), 2.윤9.28(야대), 2.10.9(야대)
	《고려사》	5.10.26, 6.11.13(후비전), 8.3.23(종강)/ 12.9.11(현종), 13.4.14
기타	《대학연의》	8.4.16, 10.1.20, 10.윤10.5(종강)/ 20.10.26(야대), 25.8.26(석강)
	《근사록》	12.3.23(예정), 14.9.11(과부 재가), 14.11.12(벼슬의 유혹)
	《성리대전》	20.3.10(율려신서), 21.8.21, 22.12.12
	《공자가어》	14.9.16(야대)
	《문헌통고》	22.3.5(象緯考)
	《동자습》	12.5.7
	《이문등록》	13.윤8.13

*연월일 사이의 빗금(/)은 강독을 한 차례 끝내고, 뒤에 다시 강독했다는 뜻임.

성종 12~13년에는 《통감》 외에 《한서》와 《고려사》, 중국어 교재인 《동자습》과 《이문등록》, 그리고 기록은 없지만, 아마 경서도 공부했을 것이다. 14년에는 《한서》·《근사록》·《공자가어》를 공부했고, 15년에는 《통감》과 《한서》의 강독이 계속되었을 것이다. 16년에는 《상서》·《통감》·《한서》를, 17년에는 《통감》과 《한서》를 강독하고, 18년에는 《통감》을 마치고 《논어》와 《진서》를 공부했다. 《성리대전》은 19년에 시작하여 22년까지 계속했다.[69] 끝으로 20년부터 《대학연의》(20년/25년)·《문헌통고》(22년)·《중용혹문》(23년)·《논어》(24년)를 강독했다. 재위 후반에는 역사와 성리학의 비중이 늘어난 것 같다.

강의하는 방식은 왕의 나이에 따라서 달랐다. 왕이 어릴 때는 꼼꼼하게 가르치고, 어른이 되어 복습할 때는 속도와 분량을 늘렸다. 성종이 처음 조강에서 새로운 대목을 공부할 때는, 먼저 경연관이 교재의 원문原文을 세 번 음독音讀하고, 우리말로 세 번 번역翻譯하고 나면, 왕이 한 번씩 읽고 번역했다. 주강에서는 아침에 새로 공부한 것을 먼저 복습했는데, 음독과 번역 한 번씩이었다. 다음에 지난 이틀치를 복습했는데, 본문과 주석을 한 번 음독만 하다가, 대왕대비의 지시로 본문의 번역을 추가했다(주석 제외). 왕이 매일 자습自習하는 분량은 음독 스무 번과 번역 열 번으로 정했다.[70] 앞에 말한 바와 같이, 석강을 추가한 후에는 주강에서 새로운 내용을 공부하고, 석강에서 복습했다.

---

69) 성종 19년에 《성리대전》을 이때 시작했으니까, 20년 3월에 진도가 제22권 〈율려신서律呂新書〉의 '84성도聲圖'까지 갈 수 있었다. 21.8.21에는 '수기방이존기량收其放而存其良' 대목을, 22.12.12에는 '왕자부민王者富民' 대목을 공부했다.
70) 성종 0.12.9②. 복습 방식은 1.1.9② 및 1.1.10③④.

성종 10년부터, 3강에서 각각 다른 책을 공부하면서 강의 방식도 조금 달라졌다. 먼저 왕이 지난번에 배운 대목을 한번 음독音讀하여 복습했다. 그 다음에 상번上番, 즉 그날 입시한 경연관 중 상급자가 새로 배우는 구절을 두 번 음독하고 우리말로 번역한 뒤에, 왕이 한 번 음독했다. 이어서 상번과 하번(하급자)이 차례로 그 뜻을 부연敷衍하여 설명했다.[71] 다른 경연관들도 각각 책을 보고 있다가, 상하번의 해설이 끝나면, 한두 마디씩 보탰다. 요컨대 (1) 왕의 복습, (2)상번의 음독과 번역, (3)왕의 음독, (4)여러 경연관들의 보충 설명의 순서로 진행되었다. 후대의 관행으로 미루어, 경서는 정독精讀하고 역사서는 통독通讀했을 것이다.

경연 강의란 이러한 책들을 읽고, 번역하고, 풀이하는 것이며, 교육 목표는 성군 만들기였다. 그렇다면 경연관들은 교재를 강독하면서, 어떤 내용을 특별히 강조했을까? 이것을 밝혀야만, 경연 강의를 제대로 이해할 수 있다. 다행히 사관이 중요한 내용을 현장에서 기록하여 경연일기經筵日記에 담았고, 그 일부가 뒷날 《성종실록》에 수록되었다. 그래서 실록의 기록을 잘 검토하면, 당시에 경연관들이 왕에게 무엇을 애써 가르쳤는지 알 수 있다. 바로 경연 담론의 분석인데, 여기서는 강의 목표와 주제들만 언급하겠다.

본래 경연은 군주를 길들이기 위한 장치였다. 입법자인 군주를 법으로 규제할 수는 없고, 경연에서 경사에 담긴 성현의 말씀과 선례로써 길들여야 했다. 마치 조련사가 맹수를 길들이듯이, 임금이 신하들의 말을 순순히 잘 듣도록 만들어야 했다. 그래서 경연

---

71)《춘관통고》권51, '조강식'.

관들은 군주의 도덕적 의무만 강조하고, 행정의 실무를 외면했다. 그들이 반복한 주제는 근정勤政·위임책성委任責成·정심正心·휼민恤民·절검節儉·천계天誠·군자소인君子小人·간쟁諫諍·이단異端 등 열 가지 정도였다. 모두 왕권을 억제하는 내용이며, 서로 밀접하게 연결되어 있었다.[72]

경사를 해석할 때 왕권을 강화하는 풀이도 가능하지만, 경연관들은 이를 철저히 배격했다. 가령 성종이 성균관에 갔을 때, 유신儒臣들이 경사 토론을 벌였는데, 지경연사 구종직丘從直이 물의를 일으켰다. 《대학》을 풀이하면서, 제왕은 태어나면서 알기 때문에〔生而知之〕, 격물치지格物致知의 공부가 필요 없다고 주장했다.[73] 경연이 필요 없다는 말이다. 구종직은 며칠 동안 탄핵을 받다가, 경연관에서 해임되었다.[74] 또 임사홍任士洪은 시강관으로 주강에 입시했다가, 대신들도 국왕과 함께 재이災異에 대한 책임을 져야 한다고 말해서 말썽이 났다. 이때는 왕이 중재하여 탄핵을 면했다.[75] 이 밖에는 아무도 감히 이견을 주장하지 않았다.

---

72) 저자는 경연관들의 재이론·간쟁론·위임론·절검론의 구조를 분석한 바 있다. 〈조선 전기 경연의 재이론〉, 《역사교육논집》 13·14(1990); 〈조선 전기 경연의 간쟁론〉, 《경북사학》 14(1991); 〈조선 전기 경연의 위임론〉, 《경북사학》 21(1998); 〈조선 전기 경연의 절검론〉, 《경북사학》 24(2001). 앞으로 "수기론"을 새로 쓸 계획이다.

73) 성종 2.3.12②.

74) 성종 2.3.22②. 구종직은 당시 68세로 경사에 정통한데, 성품이 고지식했다.

75) 성종 3.4.26⑤. 임사홍의 말은 맞는데, 자칫 왕의 책임을 줄일 소지가 있었다. 《상서》의 〈주관周官〉편에 삼공三公이 음양陰陽을 섭리燮理한다고 했고, 《경국대전》이 규정한 외정부外 역할에도 '섭음양燮陰陽(음양을 고르게 함)'이 들어간다.

4. 경연정치의 명암

경연정치란 성종 때 새로 생긴 국정 운영 방식을 말한다. 예종이 갑자기 죽고, 후계자가 없었다. 왕실의 어른인 대왕대비(세조비)는 세조의 공신들과 의논하고, 세조의 둘째 손자를 골랐다. 세조의 장남은 세자로 있다가 먼저 죽었고, 성종은 그의 둘째 아들이다. 첫째를 제치고 둘째를 고를 때, 실권자들은 자신의 이익과 왕조의 안정을 함께 고려했을 것이다. 나이 어린 국왕이 세자 교육을 받지 못했으니, 경연에서 정치의 이론과 실무를 함께 가르쳐야 했다. 성종은 6년 동안 경연에서 정치를 실습하고, 성년 이후에도 주로 경연에서 신하들과 국정을 협의했다.

열세 살에 즉위하여 스무 살이 될 때까지, 성종은 하루 대부분을 경연에서 보냈다. 7년 동안 평균 출석률이 1일 2회였다. 경사 강독에서 정치의 원칙을 배우고, 국정토론에서 실무를 익혔다. 국정의 온갖 문제들이 여기서 제기되고, 다양한 해결책이 논의되었다. 왕은 주로 대신들의 의견을 따랐고, 특별히 어려운 문제는 대비에게 넘겼다. 주강과 석강에서도 비슷했다. 나이 어린 국왕은 참석자가 적고 분위기가 호젓한 야대가 더 편했던 것 같다. 가령 2년 10월 27일과 11월 11일 야대에서 왕이 경연관들에게 백성들의 어려움을 물었다. 경차관敬差官으로 지방을 돌아본 경연낭청은 문제점과 해결 방안을 얘기했고, 왕은 이를 검토하고 일부 반영했다.[76]

---

[76] 성종 2.10.7⑤ 및 2.11.11③. 경차관은 곧 어사御使인데, 꼭 암행暗行은 아니었다.

성종 5년부터는 왕이 조강에서 신하들과 국정을 논의한 기록이 종종 보인다. 다루는 안건도 평안도 변경의 밀무역, 황해도의 호환虎患, 경복궁 수리, 환곡, 통신사 파견 등 다양하다.[77] 왕이 대신들과 대간의 의견을 듣고, 바로 결정을 내리는 경우도 점차 많아졌다. 원래 대왕대비는 조강에 참석하지 않았고, 어려운 문제는 왕이 따로 대비에게 물었다. 가령 5년 7월에는 환관을 처벌하는 문제로 신하들의 의견이 사형과 유배로 갈라졌다. 성종은 대비의 의견을 물었고, 삼사일 더 논의한 끝에 감사정배減死定配로 결정했다.[78] 이와 같이 경연은 국정실습에 안성맞춤이었다.

성종 7년 1월 13일, 대왕대비의 섭정攝政이 끝나고, 왕의 친정親政이 시작되었다. 좌의정 한명회가 대비의 결정에 반대하다가, 표현이 지나쳐 국왕을 무시하는 것 같았다. 이 때문에 두 달 동안 대간의 탄핵을 받다가, 3월 29일에 좌의정에서 물러났다.[79] 성종은 5월 19일에 원상院相을 없앴다. 매일 원상 두 명이 교대로 승정원에 출근해서 국정을 검토하던 일은 끝났다. 그러나 그들은 영경연사로서 두 명씩 조강에 계속 참석했다. 앞서 말했듯이, 지사/동지사의 주강과 석강 입시는 9년에야 끝났다. 성종은 실습 기간을 잘 마치고, 이제 성년 국왕으로서 국정을 주도할 수 있었다.

친정親政을 시작한 뒤에도, 성종은 이전의 틀을 바꾸지 않았다.

---

77) 밀무역은 5.2.7①, 호랑이 피해는 5.2.23②, 경복궁 수리는 5.3.3①, 환곡은 6.2.30①, 통신사 파견은 6.4.2②. 조강에서 논의한 여러 주제들 가운데 하나씩 고른 것이다.

78) 성종 5.8.13②③. 이 사건의 처리는 7월 중순부터 8월 중순까지 약 한 달 걸렸다. 감사정배는 사형을 낮추어 귀양을 보낸다는 뜻이다.

79) 대왕대비가 섭정을 그만두면, 종묘사직이 위태해지고 동방의 백성들이 버림받게 된다고 말했다. 성종은 친정을 선포한 다음 날, 한명회의 말이 못마땅함을 비쳤다.

1일 3강을 계속했고, 조강에서 경연관들과 대간을 만나서 국정의 크고 작은 문제들을 협의했다. 주강과 석강과 야대에서는 승지 및 옥당과 국정을 논의했다. 재위 8년부터 25년까지 경연을 평균 이틀에 한 번 열었고, 조강이 그 절반을 넘었다. 국왕이 많은 시간을 경연에서 보내니, 경연은 자연스레 국정을 협의하는 기구가 되었다. 이것이 경연정치이다. 참석자의 구성과 토론 방식 등이 특이하여, 조선왕조의 권력구조에 큰 변화를 일으켰다.

우선 국왕과 신하들이 매일 만나서 국정을 토론하는 것은 엄청난 변화였다. 이제껏 조선에는 국정을 협의하는 상설 기구가 없었다. 의정부·육조·대간 등은 대개 문서로 국왕에게 보고하고 지시를 받았다. 모든 정보와 제안은 국왕에게 올라가고, 왕의 결정은 해당 관서로 내려가며, 부서들 사이에는 공식 협의가 없었다. 대간은 사후에 국왕에게 이의를 제기할 뿐, 육조나 의정부에 직접 따질 수 없었다. 이제 왕과 핵심 부서가 경연에서 자주 만나서 국정을 토론함에 따라, 정부 안의 소통이 크게 늘고, 정책 결정이 더욱 투명해졌다. 중요한 토론 내용은 다른 소식과 함께 조보朝報에 매일 실렸다.[80]

경연은 참석자의 규모와 구성이 국정토론에 알맞았다. 조강에는 국왕을 비롯하여, 영사 한두 명, 지사/동지사 한 명, 승지 한명, 홍문관 두 명, 대간 두 명, 사관 두세 명, 그리고 후에는 특진관 두 명 등, 신하들 12명이 참석했다. 주강과 석강(및 야대)에는

---

80) 승정원은 매일 아침 조보朝報를 만들었다. 여기에는 관리 임명, 상소문과 비답, 국왕과 신하들의 대화 등 조정의 중요한 소식이 실렸다. 사헌부와 사간원을 비롯하여 여러 관청의 기별서리寄別書吏들이 와서 베껴 갔고, 조만간 전국에 유통되었다. 중종 때 조보가 있었던 것은 확실하고, 성종 때도 있었으리라고 추측된다.

승지 두 명, 옥당 두 명, 사관 두세 명만 입시해서(처음 9년은 지사/
동지사도), 국왕까지 모두 7~8명이었다. 이들은 모두 권력 핵심부
의 구성원들이었다. 영사·지사/동지사·특진관·승지들은 의정
부·육조·승정원 등에 소속되어, 항상 국정 운영에 참여했다. 홍
문관과 대간은 항상 국정을 검증했다. 임금이 이들과 한자리에 모
이면, 국정을 꼼꼼히 검토할 수 있었다.

원래 국정토론은 미리 정한 의제가 없었고, 참석자들이 자유롭
게 발언했다. 천재지변 등 중요한 문제가 발생하면, 왕이 신하들
의 의견을 물었다. 정승들은 외교와 국방 등 중요한 업무를 논의
했고, 지사·동지사·특진관은 흔히 조세·과거 시험·토목공사
등 담당 업무에 관하여 건의했다. 승지들은 대개 왕이 하문下問하
면 대답했다. 홍문관원들은 왕의 스승으로 자부自負하여, 왕의 언
행이나 결정에 대해 논평했다. 대간은 발언이 가장 많았다. 국정
비판이 그들의 임무인데다, 조강에서 국왕을 자주 만나니까 당연
한 일이었다. 경연은 활짝 열린 토론 마당이었고, 삼사가 이를 가
장 잘 이용했다.

경연에서는 경사 강의와 시사 토론이 밀접하게 연결되었고, 이
것이 국정을 논의하는 방식에 영향을 끼쳤다. 경연관들이 경사를
강독할 때는 그 내용을 현재와 연결시켰고, 국정을 토론할 때는
경사를 인용했다. 공자와 성종의 시대는 약 2천 년의 간극이 있으
나, 통치자가 당면하는 문제와 처방은 비슷했다. 국왕과 신하들은
경사를 공부하면서 현재의 정치를 반성하고, 현재의 문제를 논의
할 때는 경사에 실린 정치의 원리와 사례에서 해결의 실마리를 찾
았다. 이렇게 '과거와 현재의 대화'가 매일 반복되어, 유가의 가르

침이 국정에 많이 반영되었다.

경연에서 국정토론은 대체로 국왕·대신·삼사의 삼각구도를 이루었다. 셋의 역할 분담이 가져온 결과였다. 국왕은 국정의 최고 결정자였고, 대신들은 행정 실무를 맡고, 삼사는 감시를 맡았다. 삼사는 유교의 이상을 강조했고, 대신들은 국정의 현실을 중시했다. 삼사의 이상론은 과감한 개혁을 요구했고, 대신들의 현실론은 안정을 추구했다. 창과 방패였다. 삼사의 이상론과 대신들의 현실론이 팽팽하게 맞서면, 왕은 양쪽을 절충하거나 어느 한쪽 의견을 채택했다. 왕과 대신들과 삼사의 삼각구도는 경연정치의 특징이고, 셋 사이의 '견제와 균형' 및 절충이 경연정치의 열쇠였다.

가령 매년 가을에 전세田稅의 등급을 정했는데, 대신들과 삼사는 늘 입장이 달랐다. 세종이 만든 공법貢法에 따라, 연분年分, 곧 풍흉은 9등급이고, 면面 단위로 등급을 매겼다. 먼저 수령이 결정해서 감사에게 보고하면, 감사가 조정해서 호조에 보고하고, 마지막으로 의정부와 6조가 결정했다. 대개 수령은 낮게 매기고, 감사와 대신들이 각각 한 등급씩 올렸다. 때로는 왕이 경차관을 지방에 보내서, 풍흉의 실태를 파악하기도 했다. 규정에 따라 등급 결정은 9월 15일 이전에 끝났다. 이때부터 대간은 올린 등급을 낮추라고 요구했다. 전세를 줄여야 백성들이 한숨 돌린다는 것이었다. 대신들은 올려야 한다고 반박했다. 그래야만 재정 부족을 보충하고, 내년 봄에 굶주린 백성들을 구제한다는 것이다.

전세의 등급을 정하는 논란은 거의 매년 일어났다. 특히 성종 16년에는 9월 16일부터 11월까지 계속되었다. 11월 7일에 대신들이 1등급을 올리기로 결정하자, 8일 조강에서 대사간이 따졌다.

왕은 창고가 비어서 내년에 진휼할 곡식을 거두어야 한다고 변명
했다. 검토관은 백성들이 당장 굶어 죽을 지경인데, 내년 진휼을
위해 거두냐고 반박했다. 장령도 흉년에 세금을 올리는 데 반대했
다. 9등급에서 8등급으로 올리면, 1결당 전세가 쌀 네 말에서 여
섯 말로 올라간다는 것이다. 영사는 부득이함을 강조하고, 작황이
괜찮은 고을들도 있다고 말했고, 승지는 한 등급 올리게 된 사정
을 설명했다. 이날따라 동지사도 반대했지만, 왕은 결정을 바꾸지
않았다.

   경연정치는 삼사의 발언권을 크게 늘렸다. 원래 대간은 간쟁諫
諍을 맡았지만, 절차상 한계가 컸다. 상소上疏는 격식을 갖춘 글
이라, 자주 사용할 수 없었다. 또 왕이 "알았다知道"고 비답批答
하면 그만이었다. 구전口傳은 대간이 승지에게 말하고, 승지가 환
관을 통해서 왕에게 전달하는 방법이다. 긴 이야기는 못하고, 간
단한 말도 중간에 굴절되었다. 성종 4년부터 차자箚子를 사용하면
서, 사정이 훨씬 좋아졌다.[81] 그러나 이것도 왕이 묵살하면 헛수
고였다. 때로는 대간 전원이 사직하고 파업하고 농성하는 극단적
인 방법을 쓰기도 했지만, 이것은 국정을 일부 마비시키므로 자주
쓸 수가 없었다.

   그런데 대간 두 명이 매번 조강에 참석하자, 상황이 바뀌었다.
이들은 왕에게 직접 따지고, 왕의 답변을 듣고 반박하며, 입시한
대신들과 논쟁도 할 수 있었다. 간쟁이 관철되지 않으면, 다음 조
강에서 그날 당번들이 이를 반복하고, 상소 · 차자 · 구전 등 다른

---

81) 성종 4.1.21②. 차자는 왕에게 올리는 간단한 문서로, 대사헌 서거정이 제
    안했다.

수단도 동원했다. 반면에 대신들은 사전 협의 없이 입시하고, 쟁점에 대해서도 개인 의견을 말할 뿐이었다. 대간은 날마다 안건을 미리 결정하고, 그날 당번이 이를 대변하여, 매우 조직적이고 연속적이었다. 간쟁이 대간의 직책이라, 그들의 말이 지나쳐도, 왕이 처벌할 수 없었다. 이 불문율은 대간의 힘을 더욱 키웠다.

가령 성종 8년 7월 12일 조강에서 대간이 건의하고 왕이 대답한 말을 줄이면 다음과 같다. (1)가뭄·홍수·충해蟲害가 겹쳤으니, 군사훈련을 그만두어라. / 꼭 필요하다. (2)변방 수령을 조전장助戰將으로 삼지 말라. / 별도로 파견하면 폐단이 더 크다. (3)형사사건에 개입한 동부승지를 국문하라. / 국문하겠다. (4)왕비의 친척들이 궁중에 드나들며 온갖 소문을 퍼뜨리니, 출입을 금지하라. / 좋은 지적인데, 다시 살피겠다. (5)고제古制에 따라, 의정부가 국정을 총괄하게 하라.(여기서는 영사가 감당할 수 없다고 반대했다.) (6)양전量田과 호패법이 백성들을 괴롭히니 정지하라. / 양전을 정지하겠다. (7)주인 때문에 계집종을 죽이는 것은 부당하다. / 주인을 무고했기 때문인데, 재검토하겠다.[82] 대부분 묵은 쟁점들이다.

홍문관의 정치적 역할도 급증했다. 성종은 3강을 자주 열고 야대도 가끔 했는데, 홍문관원들은 언제나 입시했다. 이들은 주강·석강과 야대에서 왕을 거의 독차지했다. 옥당은 왕을 대면하는 시간이 많고 자유롭게 조언하니, 왕의 언행과 국정 운영에 큰 영향을 미칠 수 있었다. 더구나 이들은 왕을 성군으로 만든다는 사명감이

---

82) 이날따라 안건이 많았는데, 왕과 대간이 논의를 주도하고, 영사·지사·승지·옥당이 조언했다. 군사훈련은 이튿날(8.7.13) 조강에서 다시 논의했는데, 영사 두 명과 지사 한 명이 적극 의견을 말했다. 승지 및 계집종의 처벌도 그 뒤 몇 번 더 논의했다.

강했다. 그래서 간쟁을 일삼고, 대신과 대간까지 탄핵하더니, 곧 대간과 함께 언론 삼사三司가 되었다. 삼사의 세력 증대는 원래 왕이 허용한 것인데, 나중에는 국왕도 감당하기가 어려워졌다.[83]

예를 들어 성종 13년에 홍문관은 내수사內需司 장리長利를 혁파하라고 요구했다. 왕실이 백성을 상대로 하는 고리대를 없애라는 것이다. 말은 옳지만, 현실적으로 어려웠다. 왕실의 재산은 유한한데, 자손들은 계속 불어나기 때문이다. 이해 11월 하순부터 한 달 동안, 홍문관원들은 날마다 경연에서 왕에게 따졌다. 사리私利를 도모하는 성종이 국리國利를 도모한 양梁 혜왕惠王만도 못하다고도 했다. 사헌부도 상소하여, 장리를 옹호하는 대비들이 삼종三從의 도리를 어겼다고 공박했다.[84] 왕은 이들의 비판을 감수하면서, 고리대의 관행을 유지할 수밖에 없었다. 대신들은 대답을 얼버무렸다. 이상과 현실의 절충은 갈수록 어려워졌다.

홍문관은 경사 강의로 대간을 지원했는데, 특히 간쟁과 재이의 중요성을 가르쳤다. 왕은 간쟁을 받아들여야 하며, 표현이 지나쳐도 처벌하면 안 된다. 자주 생기는 가뭄과 홍수는 물론, 혜성·달무리·햇무리·지진·이상 기온 등도 모두 왕이 정치를 잘못해서 생긴 것이다. 천재지변이 생기면, 대간이 간쟁하고 홍문관이

---

83) 김범의《사화와 반정의 시대 : 성종·연산군·중종과 그 신하들》(역사비평사, 2007)은 조선의 9대~11대 국왕들이 재위한 75년 동안의 정치사를 권력구조의 모순이라는 관점에서 고찰했다. 국왕·대신·삼사라는 삼각관계의 변화에 초점을 맞추어, 정치적 변화를 서술한 역작이다. 정치사상(이데올로기)의 역할을 소홀히 한 점이 좀 아쉽다. 김범은 성종이 대간을 견제하고자 홍문관의 언론활동을 키웠다고 주장한다.(위의 책, 65~73쪽.) 그렇다면 호랑이에게 날개를 붙여준 셈이었다.

84) 양 혜왕과 비교는 성종 13.12.2. 대비들 비난은 13.12.15. 세종 때도 본궁本宮 장리를 논의한 적이 있다. 세종 25.2.13①, 27.9.1①. 유은숙, 〈조선 전기의 내수사 장리에 대하여〉,《이대사원》11(1973) 참고.

가세하여, 왕을 수세로 몰았다. 경연정치를 권력게임으로 보면, 경기장과 경기 규칙(간쟁)과 선수구성(참석자)이 삼사에게 매우 유리했다.

성종 21년 11월 하순에 성변星變이 거듭 나타났다. 12월 1일 조강에서 옥당은 왕에게 두려워하고 반성하며, 덕을 닦고 정사를 바로잡으라고 했다. 왕은 변괴가 모두 자신의 탓임을 인정했다. 영사는 대신들이 부덕하여 천변天變이 생겼으므로, 왕이 덕을 닦으면 해소된다고 했다. 대간은 왕이 두려워하고 반성하면, 백성이 혜택을 입는다고 했다. 왕은 곧바로 음식을 줄였다. 4일에 홍문관이 왕에게 자책自責하고 구언求言하라고 요구했고, 5일에 왕이 그런 뜻을 전국에 알렸다. 사간원은 6일에 상소하여 왕을 비판했고, 사헌부가 8일에 여러 개혁안을 올리자, 왕이 대신들과 협의했다. 혜성은 한 달 뒤에야 사라졌다.[85]

삼사의 힘을 지나치게 키운 것은 성종이었다. 경연의 삼각구도에서 두 편이 손잡으면, 나머지 하나를 제압하기 쉽다. 성종 즉위 초에는 대비와 대신(공신)들이 조정을 압도했다. 이들은 오랜 관행과 기득권을 지키며, 정국을 안정시켰다. 성종은 이들에게 국정을 배우다가, 성년 이후에는 삼사와 손잡고 점점 개혁과 변화를 지향했다. 따라서 대신들의 영향력이 줄고, 국왕과 삼사의 역할이 늘었다. 이제는 국왕이 대신들과 손잡고 삼사의 횡포를 견제할 차례였다. 그러나 고지식한 성종은 국왕의 재량권을 제대로 활용하지 못하고, 삼사에게 휘둘렸다. 때로는 사태를 더 악화시켰다.

---

85) 성종 21.12.1②④, 12.4③, 12.5③, 12.6④, 12.8④. 혜성의 출현은 21.11.27①, 소멸은 22.1.3①.

성종 9년의 임사홍 처벌이 대표적인 사례였다. 4월 1일에 흙비가 내렸다. 왕은 하늘의 경고에 대응하여 구언求言하는 글을 내렸다. 종실 이심원은 세조의 공신들을 쓰지 말라는 등 과격한 내용의 글을 올렸고, 유생 남효온은 내수사의 폐지와 소릉昭陵의 복구 등을 거론했다. 소릉은 매우 민감한 문제였다.[86) 도승지 임사홍은 두 상소의 내용을 일일이 반박했다. 16일과 20일, 왕은 조강에 입시한 신하들의 의견을 묻고, 상소를 문제 삼지 않기로 했다. 21일, 사헌부가 마련한 금주령을 왕이 재가하자, 임사홍이 반대했다. 24일 조강에서 이심원과 남효온을 국문할까 물었는데, 찬성보다 반대가 더 많았다.

4월 27일, 홍문관과 예문관이 연명으로 상소하여 도승지 임사홍을 성토했다. 소인이 간쟁을 막고 임금을 그릇된 길로 인도한다는 것이다. 28일, 왕이 사헌부·사간원·홍문관·예문관의 신하들을 모두 불렀다. 이들을 설득할 심산이었으나, 중과부적衆寡不敵이었다. 불려온 관원들은 모두 임사홍이 소인이라고 주장했고, 성종은 이들에게 설득되어 임사홍의 고신을 거두었다. 그 뒤 여러 날 논의가 이어졌다. 왕은 5월 7일 조강·주강·석강에서 임사홍과 아비 임원준의 처벌을 신하들과 논의하고, 8일에 임사홍을 의주로 유배했다. 임원준의 경우에는 한 달 이상 더 끌다가, 9월 20일에 대신들과 대간 등 26명을 모아서 논의하고, 파직으로 결정했다.[87) 소인 추방은 마치 인민재판 같았다.

---

86) 소릉은 문종비(현덕왕후)의 무덤이다. 그는 세자빈으로 아들(단종)을 낳고 곧 죽었다. 뒷날 세조가 조카(단종)를 죽이면서, 무고한 형수까지 서민으로 만들고, 무덤도 격하시켰다. 소릉 복구는 세조의 정통성 문제를 제기하는 극도로 민감한 쟁점이었다.

87) 임원준의 옛날 비리를 캐려고, 정승과 판서들의 증언을 들었다. 9.5.1④. 신

경연은 삼사의 발언권을 극대화했다. 교재 강의는 간쟁론과 재이론으로 대간의 간쟁을 옹호했고, 조강의 국정토론은 대간의 영향을 강화했다. 원래 간쟁은 과격한 표현을 요구하며, 간쟁에 거스르는 말은 소인의 아첨으로 배격되었다. 대간이 한 번 간쟁을 시작하면, 한 달씩 계속하기도 했다. 왕은 처음에 거부 이유를 밝힌 후, 그냥 '불윤不允'이라는 말만 되풀이할 뿐, 간쟁을 그만두게 할 수 없었다. 대신들이 대간과 다른 의견을 말하면, 대간은 이들을 '소인'으로 몰아 파면을 요청했다. 대신은 반박할 수 없고, 왕에게 거듭 사직을 청할 뿐이었다. 왕도 사표를 반려할 뿐이었다. 이것이 게임의 규칙이었다.

성종 말년에는 상황이 극도로 심각해졌다. 삼사가 걸핏하면 대신을 소인으로 규탄했다. 왕이 의견을 물어도, 대신들은 삼사를 꺼려서 대답을 얼버무렸다. 성종 24년 11월 3일 조강에서 논쟁이 벌어졌다. 영사(좌의정) 허종許琮이 대간의 횡포를 지적하자, 왕도 그 폐단을 개탄했다. 대간이 사소한 일에도 꼭 이기려 하고, 대신에게 조그만 허물이 있어도 당장 국문鞫問을 요구한다는 것이다. 그러나 대간은 물론, 지사와 낭청까지 대간을 옹호했다.[88] 허종은 삼사의 핍박에 시달렸고, 악순환은 계속되었다. 마침내 견제와 균형이 깨지고, 구조적인 모순이 더욱 악화되었다.

지금까지 살펴본 바와 같이, 조선의 경연은 성종 때 최고 수준에 이르렀다. 첫째, 경연의 일정이 획기적으로 바뀌어, 세종 때 1

동준申東埈은 임사홍이 왕권을 옹호하다가 무능한 국왕 때문에 부자가 함께 억울한 누명을 썼다고 평가했다. 《조선의 왕과 신하, 부국강병을 논하다》(살림, 2007), 198~206쪽.

88) 성종 24.11.3①.

일 1강이 성종 때 1일 3강으로 늘었다. 또 야대도 가끔 열렸다. 따라서 경연의 횟수도 3~4배로 늘었다. 세종은 1년 평균 출석이 재위 전반 16년 동안 121회인데, 성종은 재위 25년 동안 344회였다. 1년 최고 기록은 세종 197회(5년), 성종 810회(5년)였다. 경연은 성종의 가장 중요한 일과였고, 그는 매일 여기서 많은 시간을 보냈다. 국정에서 경연이 차지하는 비중이 너무 커졌다.

둘째, 경연 참석자도 한결 늘었다. 세종 때는 승지 한 명, 집현전 두 명, 사관 한 명, 모두 네 명이 경연에 입시入侍했고, 대신들과 대간은 배제되었다. 성종 때도 승지 한 명, 홍문관 두 명, 사관 두세 명은 3강과 야대에 늘 입시했다. 조강에는 영사 한 명, 지사/동지사 한 명, 대간 두 명, 그리고 말년에는 특진관 두 명도 참석했다. 매일 대신 네 명과 대간이 경연에 참석한 것은 중요한 변화였다. 국정에서 큰 비중을 차지하는 대신과 대간이 날마다 참석하자, 경연의 정치적 역할도 훨씬 커졌다.

셋째, 강독 교재도 꽤 늘었다. 성종은 4서 5경을 공부하고, 경서에 버금가는 《공자가어》를 야대에서 읽었다. 역사책은 세종처럼 《통감》·《강목》·《사기》·《강목속편》·《송감》·《명신언행록》 등을 읽고, 《한서》·《진서》·《정관정요》·《고려사》·《국조보감》을 더 읽었다. '기타' 범주의 책으로는 《대학연의》와 《성리대전》, 《근사록》과 《문헌통고》, 그리고 중국어 교재인 《동자습童子習》과 《이문등록吏文謄錄》도 공부했다. 이렇게 교과과정이 더 다양해졌다.

넷째, 성종은 강독이 끝난 뒤에 참석자들과 국정 전반을 협의했고, 이것이 '경연정치'로 진화했다. 특히 조강에는 의정부·육조·승정원·대간·홍문관 등 정부 핵심 부서의 대표들이 참석했고, 왕은 참석자들과 국정 전반을 논의했다. 여기서 과거와 현재, 원칙과 현실이 만나면서, 합리적 결정을 모색할 수 있었다. 대신들은 현실론을 대변하고, 삼사는 이상론을 대변하며, 왕이 양자를 절충하는 삼각구도가 형성되었다.

경연정치는 군신공치君臣共治라는 이상에 맞았으나, 설관분직設官分職 즉 업무 분담의 원칙에는 어긋났다. 이것은 종래의 의정부나 육조 중심의 통치 방식에 중대한 변화를 의미했다. 특히 삼사의 발언권이 급증한 것은 필연적이었다. 대간은 조강의 국정토론을 주도하고, 홍문관은 하루 종일 국왕을 거의 독점했다. 따라서 삼각구도의 장점인 견제와 균형을 유지하기가 어려웠고, 이러한 구조적 모순이 뒷날 사화로 폭발한다.

왜 이렇게 되었나? 과도한 길들이기 때문이다. 조선의 유교화가 높은 수준에 이르러, 주자학의 도그마가 군주와 신하들의 사고와 행동을 지배했다. 특히 고지식한 성종은 삼사의 말을 너무 잘 들었다. 그래서 국왕이 대신과 삼사, 이상과 현실 사이에서 균형을 잃고, 삼사의 이상론으로 기울었다. 재가再嫁금지법은 성종이 교조주의敎條主義에 빠졌음을 잘 보여 준다.[89] 흑백론이 팽배하여 타협과 절충은 더욱 어려워지고, 정치는 대립과 갈등으로 쏠렸다.

---

89) 성종 8년 7월에 왕은 신하들의 압도적인 반대에도 불구하고, 과부의 개가를 법으로 금지했다. 아사餓死는 작은 일이고, 실절失節은 큰일이라는 정이程頤의 한 마디가 철칙이었다. 성종은 자손들을 볼모로 과부들을 철저히 억압했다. 논란 과정은 이숙인의 《정절의 역사》(푸른역사, 2014), 299~309쪽에 잘 정리되었다. 경연 밖에서 진행된 일이라, 경연정치의 사례로 들 수 없어서 아쉽다.

제5장 연산군~중종 : 경연과 사화

  조선의 경연은 두 번 도약하면서, 최고 수준에 이르렀다. 세종
때는 경연이 학문 연구의 중심이 되었고, 성종 때는 국왕과 신하
들이 국정을 협의하는 토론 마당으로 진화했다. 두 번의 비약이
각각 침체 끝에 일어났듯이, 경연은 연산군 때 철저히 파괴되었
다가 중종 때 온전히 부활했다. 이때는 '사화士禍와 반정反正'의 시
대로서, 정치권력의 모순이 사화로 폭발했는데, 경연은 바로 갈
등의 중심에 있었다. 그래서 경연정치가 사화와 어떤 관계인지
밝혀 보자.[1]

  연산군은 폭군으로 악명이 높다. 그의 특이한 행동은 많은 연구
자들의 관심을 끌었고, 소설과 영화의 단골 소재가 되었다. 간혹
연산군의 입장에서 그를 이해하고 변호하는 경우도 있었다. 그는
경연의 역사에서도 특별한 자리를 차지한다. 연산군은 경연의 길
들이기를 거부하고, 끝내 이를 없애 버렸다. 그 과정에서 일어난
두 차례의 사화는 군주 길들이기의 위험성과 필요성을 잘 보여 준
다. 먼저 '경연정치의 파탄'에 초점을 맞추어 연산군 때의 경연을

---

1) 김범의《사화와 반정의 시대》(역사비평사, 2007)는 제4장 각주 83)에서 이미
   언급했다.

개관하겠다.[2]

중종대는 경연제도의 부활과 경연정치의 굴곡을 함께 볼 수 있는 대목이다. 중종은 세종처럼 탁월한 군주도 아니고, 성종처럼 공론을 잘 따르는 모범 군주도 아니었다. 그는 자질이 평범한 군주로서, 성종대의 경연을 복원하고 부지런히 공부했다. 그러나 권력게임을 잘못해서 사화라는 유혈극을 일으켰고, 후에는 척신戚臣에게 휘둘렸다. 그의 경연은 성공과 실패가 반반이고, 그러한 한계는 후대 경연의 모습을 미리 보여 준 셈이다.

제5장은 세 부분으로 구성된다. 먼저 연산조의 경연과 사화를 통해서 경연정치의 파탄을 살펴본다. 다음에는 중종반정으로 경연이 부활하여 진행되는 과정을 확인하고, 끝으로 경연정치의 권력게임이 기묘사화로 파국을 맞는 과정을 검토한다. 경연의 폐지와 부활과 굴곡에서 경연정치의 문제점을 확인하고, 그것이 후대에 어떻게 나타나는지 전망하려는 것이다. 사화와 당쟁은 권력게임이었다. 선수들이 바뀌고 전선戰線의 형성이 달라졌지만, 경기장과 게임 규칙은 비슷했다.

1. 연산군의 경연 폐지

연산군이 19세에 즉위하자, 왕과 삼사는 곧 대결로 치달았다. 연산군은 부왕父王 성종을 본받지 않고, 태종과 세조처럼 강력한 왕권을 지향했다. 특히 삼사의 집요한 간쟁을 혐오하고, 이들의

---

2) 김범의 저서《연산군 : 그 인간과 시대의 내면》(글항아리, 2010)은 기왕의 연구 성과를 종합하고, 새로운 관점에서 쟁점들을 꼼꼼히 검증하여, 이 주제에 대한 이해를 크게 높였다.

'능상지풍淩上之風' 곧 '임금을 능멸하는 풍조'를 고치겠다고 다짐했다. 그러나 마땅한 방법이 없었다. 한편 삼사는 젊은 국왕을 초장에 길들일 태세였다. 왕과 삼사의 대결은 불가피했고, 싸움은 경연을 둘러싸고 펼쳐졌다. 국왕은 경연을 극도로 기피했고, 삼사는 경연에 나오라고 계속 다그쳤다. 그래서 팽팽한 줄다리기가 벌어졌다. 삼각관계의 한 축軸인 대신들은 보조 역할에 그쳤다.

성종이 25년 12월 24일에 죽고 세자(연산군)가 즉위하자, 대행왕大行王(죽은 왕)의 명복을 비는 불사佛事가 첫 쟁점이 되었다. 대간은 당장 중단하라고 요구했고, 왕은 오랜 관행이라고 거부했다. 대간이 간쟁을 반복하고, 홍문관과 예문관도 동참하더니, 곧 성균관의 유생儒生들까지 가세했다. 간쟁이 시작된 지 한 달 뒤인 원년 1월 하순, 연산군은 유생 157명을 의금부義禁府에 가두어 국문한 끝에, 주모자 세 명을 유배하고 21명을 정거停擧(과거 응시 자격 박탈) 처분했다. 우선 만만한 유생들을 길들이기의 표적으로 삼은 것이다.[3]

국장國葬이 끝난 원년 4월 이후에는 경연이 쟁점이 되었다. 신하들은 경연을 열라고 거듭 요청했고, 왕은 여러 가지 핑계로 미루었다. 원년 4월 19일에 홍문관이 경연의 개시를 요청하자, 영의정도 즉시 경연을 열어 《강목綱目》과 《대학연의大學衍義》를 공부하라고 권했다. 그러나 연산군은 신병 치료를 핑계했다. 4월 22일에는 대간이, 28일에는 우의정도 요청했으나, 대답은 같았다. 5월 8일 사헌부가 독촉하자 역시 핑계로 대응했다. 5월 14일에는 환관

---

3) 유생들은 연산군이 즉위하던 12월 29일에 처음 상서上書했고, 원년 1월 1일부터 나흘 내리 상서하여 불사를 논란했다. 왕은 1월 27일에 이들을 처벌했다가, 5월 22일에 경감했다.

을 홍문관에 보내어 《강목》을 왕 대신 배우라고 했다가, 홍문관의
강력한 항의로 취소했다.[4] 왕이나 신하들이나 득점 없는 게임이
답답했을 것이다.

　한 달을 미루던 연산군은 원년 5월 21일에 경연을 개시했다. 이
날 경연관으로는 영사(우의정)와 지사(병조판서), 참찬관(승지), 홍문
관의 상번인 시강관(응교)과 하번인 사경(박사)이 입시했고, 대사헌
과 대사간, 그리고 사관들이 참석했다. 이 자리에서 대간은 그동
안 누적된 쟁점들을 죄다 거론했고, 대신들은 주로 국방문제를 논
의했다.[5] 이튿날도 경연을 열었는데, 주로 홍문관과 대간이 발언
했다. 이틀 건너서 25일의 경연에서는 대간의 발언이 활발한 가운
데, 지사와 특진관도 각각 건의했다.[6] 경연의 구성과 진행 방식은
성종 때와 같았으나, 내용은 전혀 달랐다.

　〈표 5-1〉은 연산군이 원년에 경연을 개시한 때부터 10년에 이
를 폐지한 때까지 경연 기록을 정리한 '출석부'이다. 연산군은 경연
을 시작하여 겨우 세 번 참석한 뒤, 석 달 동안 중단했다. 8월 24
일에 경연을 재개하여 조강·주강·석강을 잇달아 열고, 25일에도
조강을 했으며, 9월에는 4일(3강), 5일, 6일, 8일에 경연을 열었다.
그 뒤로 두 달 가량 쉬었고, 11월에는 조강 7회, 12월에는 주강만
6회 실시했다. 연산군 원년에는 모두 26회의 경연(주강과 석강을 포

---

4) 연산군은 세자로서 서연書筵에서 《강목》을 공부하다가, 즉위한 뒤에도 이 책
　을 계속 공부했다. 《대학연의》는 새로 추가한 것이다. 왕 대신 환관을 가르
　치라는 것은 경연제도와 경연관에 대한 최대의 모독이며, 전무후무한 일이었
　다. 앞서 성종이 내관들에게 《춘추좌전》을 가르치라고 했다가, 홍문관의 항의
　로 체면이 깎였다. 물론 왕 대신 배우라는 것이 아니었다. 성종 13.7.3② 및
　13.7.8②.
5) 연산군 1.5.21①. 그 밖에 특진관도 한 명 참석한 것으로 추측된다.
6) 연산군 1.5.22① 및 1.5.25①.

함)을 열었으니, 한 달에 두 번꼴이였다. 연산군은 줄곧 '꾀병' 작전
으로 길들이기를 회피했다. 교재는 두 가지로 《강목》은 조강에서
공부했고, 《대학연의》는 주강과 석강에서 공부했다.[7]

〈표 5-1〉 연산군의 경연 출석

원년	[5월] 21 · 22 · 25 / [8월] 24(조 · 주 · 석) · 25 [9월] 4(조 · 주 · 석) · 5 · 6 [11월] 5 · 8 · 10 · 11 · 12 · 14 · 15 [12월] 16 · 17 · 18 · 20 · 21 · 26
2년	[1월] 17 · 18 · 19 · 20 · 21 · 23 · 24(모두 주강) [4월] 20 · 21 · 22 · 23 [9월] 18 · 19 · 20 · 21 · 24 · 27 · 28 · 29 · 30 [12월] 1 · 2 · 8 · 9 · 10 · 11 · 12 · 13 · 14
3년	[1월] 22 · 23 · 24 · 25 · 26 / [6월] 29 [7월] 1 · 2 · 3 · 4 · 5 · 6 · 7 · 8 · 11 · 12 · 14 · 15 · 16 · 17 · 18 · 19 · 26 · 27 · 29 · 30 / [8월] 1 · 2 · 4 · 6 · 7 · 8 · 9 · 11 · 12 · 13 · 17 [9월] 18(조 · 주 · 석) · 19 / [10월] 19(조 · 주) · 20 · 21(조 · 주) [11월] 9 · 10 · 11 · 12 · 14 · 15 · 16 · 17 · 18 · 22 [12월] 1 · 15 · 17 · 18
4년	[1월] 12 · 13 · 24 / [2월] 18 · 20 · 22 · 23 · 24 · 25 · 26 · 27 [3월] 10 · 11 · 13 · 14 / [4월] 29(조 · 주) · 30 [5월] 1 · 3 · 15 / [9월] 27 · 28(조 · 주) [10월] 11 · 12 · 13 · 14 / [11월] 1 · 13 · 14 · 23 · 24 [윤 11월] 10 · 12 · 13 · 14 · 18 · 19 · 29 · 30 / [12월] 9 · 13
5년	[4월] 21 · 22 · 23 · 24 · 25 · 26 · 27 · 28 · 29 / [5월] 2 · 6 · 8 · 17 [8월] 10 · 14 · 17 · 18 · 19 · 20 · 22 · 24 · 28 · 29 · 30 [10월] 12 · 13 · 14 · 15 · 19 · 22(주) · 23 · 25 · 27 [11월] 1 · 15 · 16 · 17 · 18 · 19 · 20 · 23 · 24(조 · 주) [12월] 1 · 3 · 14(조 · 주) · 15 · 16

7) 교재와 강의한 대목은 9월 4일 기사에 처음 나온다. 이날 《강목》〈왕망기王莽紀〉의 '3월 일식'이란 대목을 강의했다. 이것이 즉위 이후 여섯 번째 강의니까, 개강일에는 이보다 약간 앞부분부터 강독했을 것이다. 연산군은 세자로서 서연에서 《강목》의 〈주기周紀〉와 〈진기秦紀〉를 이미 강독했다(연산군 8.4.20⑤ 홍문관 상소). 〈한기漢紀〉의 전한前漢 부분도 절반 이상 읽었을 것이다. 그는 8세에 세자로 책봉된 뒤, 10년 동안 《소학》과 4서 3경(《시경》·《상서》·《춘추》) 및 《십팔사략十八史略》 등을 공부했다.

6년	[1월] 17 · 18 · 19 · 20 · 21 · 22 · 23 · 26 · 27 · 28 [2월] 5 · 6 / [5월] 16 · 17 · 18 · 20 · 21 [6월] 2 · 3 · 5 · 6 · 14 · 16 · 17 / [8월] 13 · 14 / [9월] 20 · 21 · 29 [10월] 1 · 5 · 7 · 8 · 9 · 10 · 11 · 12 · 13 · 14 · 17 · 24 · 25 [11월] 1 · 2 · 3 · 4 · 5 · 6 · 13 · 14 · 15 · 20 · 29 · 30 [12월] 2 · 3 · 11 · 12
7년	[2월] 4 · 5 · 6 · 7 · 10 [4월] 12 · 13 · 21 · 22 · 23 · 25 · 26 · 27 · 28 · 30 [5월] 11 · 27 · 28 / [8월] 8 · 9 · 10 · 11 · 12 · 20 · 21 · 22 · 24 · 25 · 27 · 28 / [9월] 27 · 28 · 29 · 30 [10월] 1 · 6 · 7 · 9 · 13 · 14 · 15 · 17 · 18 · 22 · 23 · 25 [11월] 11 · 12
8년	[2월] 4 · 5 · 6 · 9 · 10 / [4월] 27 · 28 · 30 [5월] 1 · 2 · 11 · 12 · 15 · 21 / [8월] 9 · 12 · 13 · 25 · 26 [10월] 11 · 12 · 14 · 15 · 16 · 17 · 18 · 19 · 20 · 23 · 24 · 25 · 27 · 28 · 30 [11월] 1 · 2 · 3 · 4 · 5 · 8 · 9 · 10 · 11 · 12 · 15 · 16 · 17 · 18 · 20 · 21 · 23 · 24 · 25 · 26 / [12월] 7 · 8 · 9 · 10 · 11 · 12 · 13 · 14 · 15 · 17 · 18 · 19 · 20 · 25 · 26 · 27 · 28
9년	[1월] 3 · 4 · 5 · 6 · 7 · 8 · 9 · 10 · 11 · 12 · 13 · 14 · 15 · 16 · 17 · 19 · 20 · 21 · 22 · 23 · 24 · 25 · 26 · 27 · 28 · 29 [2월] 1 · 2 · 3 · 4 · 5 · 7 · 8 · 9 · 10 · 11 · 12 · 13 · 14 · 15 · 18 · 19 · 2 1 · 22 · 23 · 24 · 25 · 26 · 27 · 28 · 29 · 30 [3월] 1 · 2 · 3 · 4 · 6 · 7 · 8 · 9 · 10 · 12 · 13 · 14 · 15 · 16 · 17 · 18 · 1 9 · 20 · 25 · 26 · 27 / [4월] 1 · 2 · 3 · 5 · 6 · 7 · 23 · 24 · 25 · 28 [5월] 15 · 16 / [8월] 1 · 2 · 3 · 6 · 7 · 8 · 9 · 10 / [9월] 29 [10월] 1 · 2 · 7 · 8 · 9 · 13(조 · 주) · 14 · 24 · 25 · 30 [11월] 1 · 2(조 · 주) · 3 · 4 · 9(조 · 주) · 10 · 11(조 · 주) · 23 [12월] 1 · 2 · 7
10년	[1월] 30 / [2월] 18 · 21 · 22

　　연산군 2년에도 상황은 비슷했다. 1월에도 주강만 7회 내리 열고, 대간이 참석하는 조강을 기피했다. 1월 16일, 주강에 대신과 대간을 참석시키자고 홍문관이 제안하자, 왕은 당연히 거절했다. 왕이 몸이 불편하여 오래 앉아 있을 수 없는데, 그들이 참석하면 논의가 길어진다는 이유였다. 1월 23일에는 경연에서 《강목》만 강의하기로 했다. 그러나 연산군은 또 석 달 동안 휴강했다가, 4월 하순에 연속 나흘 경연을 연 뒤, 다시 다섯 달 동안 중단했다.

대간과 홍문관은 경연을 자주 열라고 거듭 건의했고, 왕은 몸이
불편하다고 계속 미루었다.[8] 그 뒤 9월에 8회, 10월에 2회, 12월
에 7회 경연을 열었다. 이해에는 경연이 모두 28회였고, 며칠 계
속하다가 몇 달씩 쉰 점도 전년과 비슷했다.

한편 연산군은 다른 문제로도 삼사와 대립했다. 왕은 관리 임명
과 상벌 등을 맘대로 하려 했고, 삼사는 끈질기게 맞섰다. 연산군
원년 7월에 영의정 노사신盧思愼이 왕을 옹호하자, 대간이 두 달
동안 날마다 그를 탄핵했다. 결국 9월 15일에 왕이 노사신을 해임
했다. 삼사가 한판 이긴 셈이다. 또 연산군 2년 2월 4일에는 왕이
정문형鄭文炯을 우의정에 임명했는데, 대간이 계속 반대하여, 윤 3
월 4일에 한직인 영중추부사로 벼슬을 바꾸었다. 이해 3월 초, 왕
이 유모의 친척 62명을 면천免賤 또는 면역免役하고, 절에 물품을
내리고, 인척을 중용하려 하자, 삼사가 집요하게 반대했다.

왕의 생모生母인 폐비廢妃 윤尹씨에 대한 예우도 큰 쟁점이었다.
성종의 왕비였던 윤씨는 후궁들을 질투한 죄로 쫓겨났다가, 끝내
사약賜藥을 받았다. 연산군은 2년 윤 3월에 폐비를 이장移葬할 뜻
을 밝혔고, 4월에는 예우禮遇를 격상하기로 했다. 이때부터 대간
은 날마다 성종의 결정을 따르라고 요구했고, 7월부터는 대간의
사직과 왕의 복직 명령이 반복되었다. 대간의 업무는 거의 마비되
고, 8월부터는 대간이 연일 대궐에서 농성하며 상소했다. 마침내
9월 말에 왕은 대신들과 상의한 뒤 도성 안에 생모의 사당을 세우
고, 제사를 예관禮官에게 맡기기로 결정했다. 10월 초에는 대간이
왕의 언행을 왕안석王安石의 '삼부족설三不足說'에 비겼다가 왕의

---

8) 예컨대 연산군 2.2.29④, 3.25⑤, 4.6③, 5.13②, 6.2①.

반격을 받았다.[9]

왕과 삼사의 대립 속에서 경연이 정상적으로 운영될 수는 없었
다. 그러나 왕이 경연을 자주 열어야 한다는 원칙은 엄연히 존재
했다. 삼사는 왕에게 경연을 열라고 계속 독촉했고, 왕은 구차한
변명을 반복했다. 가령 연산군 2년 10월 26일에는 왕이 건강 때
문에 경연을 열지 못하여 부끄럽다는 글을 써서 승정원에 보냈다.
또 11월 5일에는 경연을 10일부터 실시한다고 예고했다가, 8일에
이를 다시 취소하여 대간의 비난을 받고, 22일에 왕이 변명을 했
다. 그 다음날 왕이 자신의 소회를 읊은 시를 써서 승정원에 보냈
는데, 대간의 독촉에 짜증 나는 심정을 솔직히 드러냈다.[10]

咳深煩多困氣綿   심한 기침이 잦고 몸은 솜처럼 나른한데,
耿耿終夜未能眠   이리저리 뒤치면서 밤새 잠 못 이룬다.
諫官不念宗社重   간관들은 종묘사직의 중함을 생각하지 않고,
每上疏章勸經筵   상소할 때마다 경연에 나오라고 권한다.

연산군 3년에는 사태가 더욱 악화되었다. 1월 하순에 경연을 5
회 열고, 6월 말경까지 경연을 사실상 폐지했다. 이 기간에 대간
은 왕에게 총공세를 벌였는데, 특히 3월 하순에는 임사홍 등 공
신功臣들의 가자加資(품계를 올림)를 줄기차게 반대했다. 왕이 간관
들을 국문하려 하자, 승정원과 의정부까지 반대했다. 대간이 57

---

9) 왕안석의 '삼부족설'이란 '천변부족외天變不足畏, 조종부족법祖宗不足法, 인언부
   족휼人言不足恤'을 말한다. 연산군이 천재지변도 두려워하지 않고, 조종의 법도
   를 본받지 않고, 남의 말도 듣지 않는다는 비판으로, 매우 모욕적인 표현이다.
10) 연산군 2.11.23③. 국왕이 종묘와 사직 곧 왕조의 중심이라, 옥체玉體의 안녕
    이 경연보다 더 중요하다는 말이다.

일 동안 대궐에 엎드려 요청해도, 왕이 듣지 않고 경연도 열지 않
자, 사헌부·사간원·홍문관을 차라리 없애라고 극언했다.[11] 대간
이 계속 사직하자, 왕은 이들을 모두 파면하려 했는데, 육조의 당
상들까지 반대했다.[12] 대간의 사직은 6월 중순까지 거의 70회에
이르렀다. 사직하면 왕이 복직을 명하고, 대간이 복직했다가 바로
사직하는, 지루한 줄다리기가 계속되었다.

　이때 엄청난 사건이 발생했다. 연산군 3년 6월 27일 밤, 벼락이
창덕궁昌德宮의 중심인 선정전宣政殿 기둥을 쳤다. 이것은 하늘이
왕에게 보내는 엄중한 경고였다. 왕이 놀라서 근신謹愼하는 가운
데, 경연 참석이 확 달라졌다. 6월 말일에 경연을 열더니, 무더운
7월 한 달 동안에 무려 19회, 8월에도 11회 실시했다. 그 뒤 빈도
가 다시 줄어 9월에 4회, 10월에 5회, 11월에 10회, 12월에 3회
경연을 열었다. 연산군 3년의 경연 59회는 2년의 두 배인데, 그
가운데 53회가 벼락이 떨어진 뒤였다. 그러나 벼락의 충격은 곧
사라지고, 승부 없는 공방전이 한동안 계속되었다.

　답답하던 경기는 연산군 4년 7월에 시작된 무오사화戊午士禍로
급변했다. 알다시피 연산군은 김일손金馹孫의 사초史草를 빌미로
김종직 일파 다섯 명을 사형하고(이미 죽은 김종직은 부관참시), 자신
을 비판하던 신하 20여 명을 유배했다. 그들의 죄목은 대역大逆·
난언亂言·결붕당結朋黨 등이었다.[13] 4년 반 넘게 삼사의 공세에

---

11) 연산군 3.5.10②. 이때 57일 동안 복합伏閤했음을 대간이 스스로 밝혔다.
12) 연산군 3.5.11③.
13) 첫째, 대역은 십악十惡의 하나로서, 죄인을 능지처사陵遲處死하고 아비와 아
　　들도 교형絞刑에 처하며, 나머지 가족과 재산을 적몰한다.《대명률》〈형률刑
　　律〉'모반대역'. 둘째, 국왕에게 난폭한 말을 한 자는 참斬하고 가산을 몰수한
　　다.《경국대전》〈형전刑典〉추단推斷. 셋째, 붕당을 만들어 조정을 어지럽힌 자
　　는 모두 참하고 처자와 가산을 적몰한다.《대명률》〈이율吏律〉'간당姦黨'.

시달리던 왕이 드디어 반격의 칼을 휘둘렀다. 대역이나 난언 같이 거창한 죄목을 들먹이니, 대신들도 이들을 변호할 수 없고 오히려 처벌을 방조하거나 방관했다. 대간과 홍문관은 중상을 입고, 겨우 명맥을 유지할 뿐이었다. 마침내 왕이 삼사를 길들였다.

무오사화 이후에는 대간의 간쟁 방식이 눈에 띄게 달라졌다. 가령 4년 10월에는 왕이 사냥을 나가겠다고 하자, 대간·홍문관·의정부가 반대했으나, 전처럼 끈질기지 않았다. 경연에서도 간쟁이 훨씬 줄었다. 왕이 간쟁을 받아들이지 않으면 그것으로 끝났고, 같은 얘기를 반복하는 일이 없어졌다. 연산군 5년 10월 13일, 경연에 입시한 대간 두 명과 홍문관원 두 명이 각각 왕에게 사냥을 가지 말라고 말렸다. 왕은 대꾸도 하지 않았고, 삼사도 그 뒤로 이를 다시 거론하지 않았다.[14] 이제 대간과 홍문관의 간쟁은 시늉으로 변하여, 왕권 견제의 기능을 상실하고 말았다.

오히려 왕이 사소한 일로 종종 대간을 핍박했다. 연산군 5년 11월에 사헌부와 우의정 성준成俊 사이에 시비가 일어나자, 왕은 사헌부의 말을 트집 잡아 헌관憲官 다섯 명을 옥에 가두었다. 소신小臣이 대신을 업신여기는 풍조를 바로잡자는 뜻이었다. 그러나 승지·사간원·육조·의정부가 모두 반대하자, 왕이 이들을 석방했다.[15] 이듬해 4월에 성준이 다시 대간을 고발하자, 왕은 대간을 의금부에 하옥下獄하여 심문한 뒤, 곤장을 때려서 유배했다.[16] 대간

---

14) 연산군은 5년 10월에 두 번 사냥을 나갔다. 5.10.16① 및 5.10.28①.

15) 사헌부와 우의정 성준의 시비는 아이들 싸움이 어른 싸움으로 번진 셈이었다. 10월 28일 사헌부의 서리들이 거리에서 불법을 단속하다가, 우의정의 종과 시비가 붙었다. 서리들이 종을 가두자, 성준이 29일 임금에게 일러바쳤다. 사헌부가 성준을 성토하면서, 둘의 공방이 거의 한 달 동안 계속되었다. 11월 22일 왕이 사헌부 5명을 하옥시켰다가, 25일 석방했다.

16) 연산군 6.4.9~15.

은 7년 1월에도 간쟁하다가 국문鞫問을 당했으며, 이해 11월에는
홍문관이 유자광柳子光을 소인이라고 탄핵하다가 7일 동안 심문을
받고 파직되었다.[17] 윗사람을 능멸하는 삼사의 버릇을 왕이 마침
내 고쳤다.

한편 경연의 횟수는 한동안 큰 변화가 없었다. 가령 무오년 전
반기에 21회, 후반기에 22회 열렸다. 연도별로 보면, 4년에 43
회, 5년에 47회, 6년에 58회, 7년에 40회였다. 대략 한 달에 서
너 번 출석한 셈이다. 첫 이태에 비하면 거의 두 배로 늘었다. 5년
의 경우에는 경연이 4월·8월·10월·11월에 집중된 것이 눈에
띈다(47회 중 39회). 6년에는 1월·11월·12월에 강의가 집중되었
고, 7년에는 4월·8월·10월에 집중되었다. 또 이렇게 경연이 몰
려 있는 시기에는 오륙일 동안 연속으로 경연을 실시한 경우가 많
았다. 이따금 강의를 집중적으로 실시하여 삼사의 비판을 피하려
는 것이었다.[18]

그러나 연산군 8년부터 왕의 행동이 정상 궤도에서 벗어났다.
이해 3월에 의정부가 상소하여 시폐時弊 열 조목을 거론했는데,
이 무렵 왕의 행태를 잘 꼬집었다. 왕은 경연과 시사視事를 폐지한
채, 후원後苑에서 내시나 궁녀들과 놀이를 즐겼고, 화원畵員과 공
장工匠들을 궐내로 불러들여 여러 가지 사치스런 일을 벌였다. 이
로 말미암아 정사政事가 적체되고, 국고가 바닥나고, 백성들의 생
계가 어렵다는 것이다.[19] 왕의 연락宴樂과 사치는 갈수록 심해졌

---

17) 연산군 7.11.16~23.
18) 무오사화 이후에는《연산군일기》의 경연 기사는 대개 '어경연御經筵(경연에
납시었다)'이란 세 글자뿐이어서 구체적인 내용을 알 수가 없다. 사관들이 필
화筆禍를 겁냈기 때문이다.
19) 연산군 8.3.25③.

다. 이해 10월에는 왕이 사냥을 네 번이나 갔고, 11월에는 대궐
담 밖의 민가들을 철거하고, 군신君臣의 연회에서 대취하여 술주
정했다.[20]

왕이 정사에 태만하고 행동의 일탈逸脫이 잦았으나, 아직 국정
이 마비되지는 않았다. 앞서 성종도 중요한 정책을 결정할 때, '대
신수의大臣收議'라는 방법을 종종 활용했다. 2품 이상의 대신들을
모아서 의견을 묻고, 이들의 의견이 두세 가지로 모이면, 왕이 그
가운데 하나를 고르는 방식이었다. 연산군이 국사를 내팽개치면
서, 대신수의가 잦아졌다. 어려운 문제만 생기면, 으레 정승(정1
품)을 비롯한 대신들에게 의견을 묻고, 그들의 제안 가운데 하나를
골랐다.[21] 왕이 대신들의 지혜로 문제를 해결해서, 국정이 아직
최악에 이르지는 않았다.

왜 연산군은 8년과 9년에 경연을 자주 열었을까? 8년에는 모
두 71회인데, 52회가 10월에서 12월에 몰려 있다. 9년에는 무려
119회였고, 73회가 1월(26회), 2월(26회), 3월(21회)에 몰렸다. 즉
8년 10월부터 9년 3월까지 반년 동안 125회(월 평균 21회)로, 세종
에 견줄 만하다. 그러나 왕의 행동은 엉망이었다. 간쟁을 억압하
고 재물을 낭비하고, 벼슬과 상을 남발하고 조종祖宗의 양법良法을

---

20) 사냥한 날짜는 10월 3일, 10일, 16일, 22일. 민가 철거령은 11월 5일에 내
렸고, 그 뒤 철거가 계속 확대되었다. 왕이 술주정한 기사는 11월 21일에 나
온다. 원래 대궐 담장에서 100척(약 30m) 이내나 대궐을 내려다보는 높은 곳
에는 민가를 지을 수 없었다.
21) 연산군 8년에 수의한 사례를 보면, 신원伸寃 및 유랑민 쇄환(4.16)·상벌
(6.12)·함경도 안정 대책(6.28)·수령 근무평정(8.16)·사채 징수(9.20)·
왜적 체포에 대한 포상(10.21)·부령진富寧鎭을 옮기는 일(11.22)·형률 적용
(12.19~20) 등 다양했다.

지키지 않았다.[22] 그런데도 경연을 자주 연 이유는 이해할 수 없다. 광기狂氣가 폭발하기 직전의 이변일까? 그 뒤 연산군은 10년 1월에 한 번과 2월에 세 번, 도합 네 번 경연을 열었고, 이로써 그의 경연은 끝났다.

연산군은 10년부터 12년 9월 초에 쫓겨날 때까지 끔찍한 학정虐政을 펼쳤다. 그 절정은 10년 4월에 폭발한 '갑자사화'였다. 이것은 생모 윤씨의 폐출에 대한 무자비한 보복이며, 성종이 물려준 업보였다. 성종은 세자가 어릴 때 그의 생모(당시 왕비)를 쫓아냈다가 3년 뒤에 죽였다. 세자는 생모의 비극을 몰랐다가, 즉위한 뒤 들었다. 연산군은 부왕(성종)의 후궁 두 명과 그 소생(자신의 이복 아우) 둘을 죽이고, 폐비에 관련된 관리들을 모두 처형했다. 이미 죽은 대신들을 부관참시剖棺斬屍하고, 대신과 삼사의 관원 등 약 백 명을 죽였으며, 이들의 재산을 몰수하고 가족과 친인척들도 처벌했다. 유배流配된 백여 명을 포함하면, 갑자사화의 피해자는 2백 명 이상이었다.[23]

게다가 연산군은 지난 10년 동안 왕에게 간쟁한 사람들을 꼼꼼히 조사하여, '능상凌上' 곧 임금을 능멸한 죄로 죽였다. 이렇게 잔혹한 살육을 계속하는 한편, 연산군은 여색女色과 술잔치와 사냥에 빠졌다. 전국에서 미녀 수천 명을 선발하고, 성균관을 기방妓房으로 만들었으며, 도성 밖 백 리 안을 사냥터로 만들었다. 또 백성

---

22) 연산군 9.2.19⑥. 대간 상소 10조목.
23) 김범,《연산군 : 그 인간과 시대의 내면》, 239~244쪽에 상세한 분석이 실려 있다. 폐비 윤씨는 성종 4년에 후궁(숙의)으로 간택되어, 5년에 왕자(연산군)를 낳았고, 7년에 왕비가 되었다. 8년에 빈嬪으로 강등되고, 10년에 대궐에서 쫓겨났다가, 13년에 사약을 받았다. 이때 성종은 25세, 세자(연산군)는 일곱 살이었다.

들로부터 끊임없이 물품을 거두어 비용을 충당했다. 관리들에게 소위 '함구패緘口牌' 일명 신언패慎言牌를 목에 걸고 다니게 했는데, 여기에 이렇게 새겼다.

口是禍之門   입은 재앙의 문이고
舌是斬身刀   혀는 몸을 베는 칼이다.
閉口深藏舌   입 다물고 혀를 깊이 감추면
安身處處牢   몸 편안하기 어디서나 굳건하리라.[24]

국왕은 학정과 방탕을 즐겼고, 신하들은 감히 경연을 거론하지 않았다. 살육이 한창이던 연산군 10년 4월 하순, 대간이 경연을 말했다가 곧 발뺌했고, 그 뒤로는 입을 다물었다. 다음 달, 연산 군이 건강을 핑계로 경연을 중단할까 묻자, 대신들이 모두 찬성했다.[25] 그는 곧 논조를 바꾸었다. 경연은 어린 왕에게나 필요한데, 자신은 학문과 경륜이 충분해서, 경연을 열 필요가 없다는 것이다.[26] 11년 2월, 왕이 의정부 · 육조 · 승정원 · 대간에 물었다. 왕이 10년 동안 충분히 배웠는데, 아직도 경연이 필요한가? 모두 불필요하다고 대답했다.[27] 아무도 폭군에게 바른말을 할 수 없었다.

마침내 연산군은 경연제도를 철저히 파괴했다. 10년 12월 말,

---

24) 이 '설시舌詩'를 쓴 풍도馮道는 처세의 달인으로, 당나라와 송나라 사이의 5 대五代라는 난세에 다섯 왕조에서 여덟 성姓을 가진 군주 열한 명을 섬겼다. 연산군은 먼저 환관들에게 이 글을 새긴 목패를 걸게 했다가(10.3.13⑧), 후에 조정의 모든 신하들도 걸도록 했다(11.1.29②).

25) 연산군 10.4.23⑧, 10.윤4.23⑥.

26) 연산군 10.8.10⑨, 12.2.1②.

27) 연산군 11.2.18①.

홍문관을 없애고, 대궐에서 숙직하던 홍문관원들을 쫓아냈다. 신
진新進의 무리들이 왕의 스승을 자처하여 제멋대로 떠든다고 논죄
하고, 세조가 집현전을 혁파한 전례를 인용했다. 같은 날 특진관
特進官도 없앴는데, 경연에서 쓸데없는 말을 많이 한다는 이유를
들었다.[28] 며칠 뒤에는 경연관이라는 명칭을 없애고 진독관進讀官
이라는 관직을 만들어, 3품 이상의 관리 다섯 명이 겸직하도록 했
다.[29] 그러나 진독관을 임명했다는 기록은 없으며, 몇 달 뒤에는
이마저 없앴다.[30] 경연제도가 다시 사라졌다.

연산군 10년 12월 말, 왕은 대간제도를 축소했다. 사실 무오사
화 이후 대간의 간쟁이 훨씬 줄고, 갑자사화 이후에는 아예 없었
다. 그러나 대간은 백관을 감시하고 탄핵하는 기능도 있었다. 연
산군은 먼저 사간원의 정언正言과 사헌부의 지평持平을 없앴는데,
'바른말'과 '공평을 유지'한다는 말이 귀에 거슬렸기 때문이다.[31]
또 11년 초에는 대간의 서경署經 권한을 박탈했다.[32] 서경은 간쟁
과 함께 대간이 왕권을 견제하는 장치였다. 이제 대간의 권한은
관리의 탄핵彈劾뿐이었다. 탄핵은 본래 사헌부의 몫이라, 사간원
은 할 일이 없어졌다. 마침내 연산군은 12년 4월에 사간원을 폐지
했다.[33]

끝으로 연산군은 사관史官제도를 짓밟았다. 재위 11년 1월에는

---

28) 연산군 10.12.27①②.
29) 연산군 11.1.4⑥.
30) 연산군 12.5.1①.
31) 연산군 10.12.26①. 이들을 낭청이라고 부르고, 대궐에 들어와서 임금에게
    말하거나, 경연에 입시하지 못하게 했다.
32) 연산군 11.1.13①. 서경권은 혁파문革罷文 맨 끝에 언급되었다.
33) 연산군 12.4.25⑧.

춘추관春秋館의 기사관記事官을 없애서,[34] 사관들을 실록 편찬에
서 배제했다. 7월에는 예문관의 7품(봉교) 이하 관직들을 아예 없
앴다. 그 대신 녹고관錄考官들이 매일 승정원에 출근하여 공문서
의 출납만 기록하도록 했다. 그리고 6품 이상의 교사관校史官 여섯
명이 승정원에 상근하면서, 이 기록을 검열하도록 했다.[35] 연산군
즉위 이후의 사초史草를 즉시 제출하라고 명령하자,[36] 다급해진 사
관들이 사초를 없애느라고 소동이 일어났다. 12년 4월에는 신하
들이 왕의 행동을 기록하거나, 논평하거나, 사초를 집에 보관하지
말라고 명령했다.[37] 공문서만 정리하고, 가타부타 하지 말라는 것
이다.

　이로써 연산군은 왕권을 제약하는 세 가지 장치, 경연과 대간
과 사관을 철저히 파괴했다. 그러나 그는 고작 석 달 뒤인 9월 초
에 왕위에서 쫓겨났다. 연산군은 왕권을 강화하려고 애썼으나, 과
도한 숙청과 일탈로 자신의 지지 기반과 정통성을 함께 훼손했다.
태종과 세조는 왕권의 걸림돌을 철저히 제거하는 한편, 공신들에
게 많은 특혜를 주어 방패로 삼았다. 연산군은 거꾸로 공신들의
재산을 빼앗아 적으로 만들었다. 권력게임의 기본조차 몰랐다. 그
래도 조선왕조의 정치적 통합이 고도에 이르고, 관리들이 유교로
잘 길들여져서, 연산군의 폭정이 계속될 수 있었다. 학정이 극도
에 달하여 신하들이 쿠데타를 일으켰을 때, 폭군은 완전히 고립되

---

34) 연산군 11.1.15⑬.
35) 연산군 11.7.9① 및 12.4.6①. 녹고관은 주서注書와 함께 승정원에 근무했
　다.
36) 연산군 11.7.9④.
37) 연산군 12.4.18⑤, 12.4.20④.

어 허무하게 무너졌다.[38]

역설이지만, 폭군 연산군의 탈선과 퇴출은 경연의 발달에 좋은 밑거름이 되었다. 그는 경연을 줄곧 기피하다가, 두 번의 사화를 계기로 홍문관과 대간을 제압할 수 있었다. 그러나 연산군은 여기서 그치지 않고, 신하들을 마구 죽이고 경연제도마저 없애더니, 결국 자신도 파멸했다. 사화와 반정이라는 끔찍한 사건으로, 경연은 신성하고 불가결해졌다. 경연에서 국왕을 잘 교육하지 않으면, 국왕도 신하들도 비참해지기 때문이다. 이 역설적인 교훈을 우리는 자칫 흘려 버리기 쉽다.

2. 중종과 경연의 부활

1506년 9월 2일, 박원종·성희안·유순정 등 신하들이 쿠데타를 일으켰다. 연산군을 쫓아내고, 왕의 처남이자 좌의정인 신수근愼守勤과 심복 임사홍 등 측근들을 살해했다. 그리고 연산군의 이복동생인 진성대군晉城大君을 새 임금으로 추대했다. 연산군보다 열두 살 아래인 19세의 왕자는 이렇게 갑자기 왕이 되었다. 반정反正으로 열린 중종 시대(1506~1544)는 처음부터 정치적 상황이 특이했고, 그 뒤 38년 동안 파란곡절이 많았다. 특히 경연과 경연정치의 부침이 심해서, 마치 성종과 연산군을 뒤섞은 것 같았다. 여기서 경연정치의 가능성과 모순도 극명하게 드러났다.

쿠데타를 주도한 세력은 '반정反正'을 표방했다. "바름으로 돌

38) 가령 숙직하던 승지 두 명도 무슨 일이 일어났는지 알아본다는 핑계로 도망쳤다. 이들은 반정공신이 되었고, 환관 몇 명도 반정의 대열에 가담했다.

이킨다."는 뜻이다. 중종이 즉위한 다음 날, 모든 법제를 성종 때
로 되돌리고, 특히 경연의 중요성을 강조했다. 이로써 사간원·경
연·홍문관·사관(예문관) 등이 고스란히 부활했다. 9월 5일에 경
연을 되살리고, 10일에는 특진관도 복구했으며, 6일부터 26일까
지 몇 차례에 걸쳐 경연관들을 임명했다. 국왕이 세자를 거치지
않고 갑자기 즉위하여, 체계적인 교육이 시급했다. 13일에는 경연
교재를 조강에《상서》, 주강에《강목》, 석강(및 야대)에《대학연의》
로 결정했다. 마침내 원년 9월 29일에 경연을 열고, 3강에서 이
교재들을 강독했다. 아래에서 중종의 경연관, 강의 일정 및 교재,
경연정치를 차례로 살펴보자.

첫째, 경연관 가운데 당상관은 대부분 공신들이 차지했다. 영사
는 9월 13일에 임명된 영의정 유순柳洵·좌의정 김수동金壽童·우의
정 박원종朴元宗 등 세 명과 26일에 추가로 임명된 일등공신 네 명
─유자광柳子光·구수영具壽永·정미수鄭眉壽·유순정柳順汀─을 합
친 일곱 명이었다. 지사를 임명한 기사는 실록에 없으나, 단순한 누
락이다.[39] 동지사는 개강일에 김전金詮(예조참판)·허집許諿(병조참
판)·신용개申用漑(형조참판) 등 세 명을 선임했다. 특진관은 수가 많
아서 실록에 명단을 실은 적이 없다. 6승지는 본래 정3품 당상관으
로 경연 참찬관에 임명되는데, 반정 초에는 6승지가 모두 1·2품
공신으로 경연 참찬관을 겸했다.[40] 과도한 포상 때문이다.

경연당상의 임명은 곡절이 있었다. 영사들은 3정승이 당연

---

39) 경연을 개시한 직후, 지사(송질)가 조강에 참석해서 발언한 사례가 있다. 중
　종 1.10.5①.
40) 중종이 즉위한 다음 달, 6승지의 품계는 강혼 종1품, 김준과 윤장 정2품, 조
　계형·이우·홍경주 종2품이었다. 중종 1.10.8② 대간의 비판. 홍경주는 2년
　9월에도 정2품(정헌대부)으로 승지였다. 2.9.6④ 정난공신 책봉 기사.

히 겸직했다. 여기에 반정공신으로 부원군(정1품)에 책봉된 유자
광·구수영·정미수·유순정 등 네 명을 추가로 임명하자, 대간
이 이의를 제기했다. 이들은 학문과 덕망이 부족하다는 것이다.
앞의 세 명은 영사에서 해임되고, 유순정은 우의정이 되어 영사
직함을 유지했다. 성희안成希顏도 부원군에 임명되자, 영사로서
경연에 참석했다.[41] 부원군에 책봉된 공신 열 명을 모두 영사에
임명했다가 일부를 해임한 것 같다. 지사와 동지사 및 참찬관의
경우에는 늘 정원을 지켰고, 임명에 관한 시비도 없었다. 특진관
은 자질이 부족하여 왕의 이목耳目을 넓히지 못한다는 비판이 계
속되었다.[42]

강의를 전담하는 홍문관원은 9월 6일, 13일, 20일, 26일 네 차
례에 걸쳐 임명했는데, 그 사이에 승진과 교체도 있었다. 개강하
던 9월 29일에는 부제학 정광필鄭光弼, 직제학 성몽정成夢井, 전한
최숙생崔淑生, 응교 이윤李胤, 부응교 유숭조柳崇祖, 교리 이행李荇
및 경세창慶世昌, 부교리 김안국金安國, 수찬 김철문金綴文 및 안처
성安處誠, 부수찬 이사균李思鈞 및 김관金寬 등이었다. 대개 전에 홍
문관이나 대간을 지낸 사람들로, 연산군 때 유배되거나 물러났다
가 복귀했다. 조정에 공신들이 넘쳤으나, 홍문관에서는 성몽정이
유일한 공신이었다. 참하관(7~9품)의 임명 기사는 보이지 않는데,

41) 영사 4명의 추가 임명은 1.9.26⑦, 성희안의 부원군 임명은 1.10.27③, 경
연 참석은 1.10.29①.
42) 가령 시강관의 특진관 무용론無用論은 1.10.3① 조강, 사간원의 요청에 따
른 특진관 부적격자 6명의 교체는 1.11.16④, 특진관 엄선에 대한 찬반 토론
은 2.8.24① 조강. 13년 12월에도 10일부터 13일까지 특진관의 선임에 대한
논란이 계속되었다. 뒷날 특진관 후보의 자격을 의정부·육조·한성부의 당상
을 거친 2품관으로 제한하고, 홍문관 부제학이 후보자 명단을 작성했다. 《속
대전》〈이전吏典〉 경관직.

개강이 급해서 미처 선발하지 못한 것 같다.

홍문관원의 선발은 엄격했고, 하자가 있으면 해임했다. 중종 2
년에 홍문관원 두 명을 해임했는데, 하나는 부친상에 상례喪禮를
지키지 않았고, 다른 하나는 젊어서 장물아비의 신세를 졌다. 3년
에는 대간이 〈홍문록〉에서 부적격자 열네 명의 삭제를 요구했다.
대개 연산군 때 발탁되었고, 학문과 가계家系에 하자가 있었다. 왕
은 이튿날 개정을 명했다가 그 다음 날 철회하여 비난을 받았다.[43]
강의가 정론에서 벗어나면 쫓겨났다. 직제학 안팽수安彭壽는 조강
에서 군자와 소인의 진퇴는 신중히 처리해야 한다고 말했다가, 대
간의 탄핵으로 교체되었다. 김식金湜은 학문이 뛰어났지만, 문과(
대과) 출신이 아니라 홍문관에 임명되지 못했다.[44] 선발은 이렇듯
엄격했으나, 대간과의 잦은 교체로 독자성이 약하고, 오히려 삼사
의 동질성이 강했다.

경연 참석자들의 구성은 성종 초기와 비슷했다. 경연 당상관은
정권을 장악한 공신들이 거의 다 차지했다. 이들은 반정을 주도
하고 많은 특권을 누리며, 기득권을 방어했다. 홍문관과 대간의
구성원들은 대개 연산군 때 폭정의 피해자들이었다. 이들은 유교
이데올로기의 지킴이로서, 도덕 정치를 지향하며 군주 길들이기
에 나섰다. 왕을 포함한 경연의 삼각구도가 형성되고, 공신 집단
이 정국을 주도한 점은 성종 초기와 유사했다. 그러나 연산군을
축출한 직후의 경연 분위기는 성종 때보다 훨씬 더 팽팽했다.

---

43) 중종 8년 4월 13일에는 사간원이 〈홍문록〉에서 4명의 삭제를 요구하여 왕
   의 재가를 받았다.
44) 2명의 해임은 중종 2.윤1.18⑤. 〈홍문록〉 시비는 3.3.29~30. 안팽수 사건
   은 5.2.24~3.18. 김식은 《성리대전》을 강독할 최적임자로 꼽혔으나, 대간 등
   다른 관직에 임명되었다.

둘째, 강의 일정은 대체로 성종 때와 같았다. 중종은 이듬해에 성년이 된 뒤에도 1일 3강(조강 · 주강 · 석강)을 계속하고, 야대夜對와 소대召對를 이따금 실시했다. 훗날 3강을 법강法講이라 부르며, 2대對와 차별했는데, 그 틀이 이때 형성되었다. 3강과 2대는 격식과 비중이 달랐지만, 경사 강의라는 점은 같았다. 《중종실록》은 왕의 경연 출석을 충실히 기록했고, 저자는 이를 토대로 중종의 〈경연 출석부〉를 만들었다. 종축縱軸에는 연월일을 표기하고, 횡축橫軸에는 경연의 종류를 조강 · 주강 · 석강 · 야대 · 소대로 나누어 출석부를 만들고, 여기에 출석을 '○'로 표시했다. 4백 개가 넘는 '월별 출석부'를 다시 연도와 월별, 연도와 경연의 종류로 구분하여 집계한 것이 〈표 5-2〉이다.[45]

〈표 5-2〉 중종의 경연 출석

월\연	1	2	3	4	5	6	7	8	9	10	11	12	윤달	계	조	주	석	야	소
1									8	53	47	65		173	56	60	54	3	
2	8	29	41	25	18	6	16	22	15	28	15	44	①61	328	175	82	66	5	
3	38	42	65	31	16	7	1	19	5	46	48	32		350	141	104	103	2	
4	72	54	43	48	32	22	0	35	29	18	42	28	⑨40	463	197	138	125	3	
5	45	34	14	14	27	2	1	25	27	31	37	19		276	162	63	46	5	
6	47	14	15	46	36	14	17	4	29	37	44	48		351	163	95	90	3	
7	32	41	15	28	19	0	14	27	28	53	31	0	⑤21	309	144	85	78	2	
8	23	13	12	7	22	2	1	40	24	18	47	0		209	88	61	56	4	

---

45) 《중종실록》에서 확인된 경연 기사의 착오를 바로잡았다. 같은 날 조강이나 주강이 두 번 나오면, 하나를 고쳤다. 중종 3.3.17①④. 날짜의 누락이 명백하면 넣었다. 6.4.11에는 3강이 두 번씩인데, 둘째 조강부터 12일치였다. 경연을 열었다는 기록이 빠졌는데, 다른 기사에서 확인한 경우도 있다. 34.윤7.29①. 경연 기사 6천 건 이상 가운데, 열 건 정도의 착오를 수정했다.

													윤	계	조	주	석	야	소
9	23	71	30	28	26	8	0	15	21	6	12	41		281	117	84	76	3	1
10	29	34	0	0	18	0	12	26	10	41	1	0	④8	179	77	46	55	1	
11	39	50	21	20	39	13	4	8	29	57	43	27		350	140	84	102	17	7
12	40	34	32	26	0	0	5	29	21	11	34	2	⑫32	266	101	45	97	21	2
13	44	37	22	17	28	15	20	31	22	31	20	16		303	138	22	117	13	13
14	20	22	12	32	28	20	20	18	11	10	4	5		202	83	12	52	6	49
15	14	17	18	20	15	13	2	11	11	25	22	10	⑧14	192	113	39	24	5	11
16	24	20	19	6	7	1	4	9	11	10	23	4		138	78	40	20		
17	13	24	15	13	15	8	1	5	12	9	7	0		122	53	52	9	8	
18	0	3	12	4	12	1	4	9	13	13	19	6	④10	106	33	55	14	4	
19	10	13	7	28	20	4	8	23	21	19	18	6		177	65	70	38	4	
20	17	24	9	22	17	8	3	10	11	12	20	13	⑫7	173	49	39	82	3	
21	21	25	18	12	15	1	12	16	12	8	15	2		157	50	17	90		
22	20	16	11	4	2	0	4	12	14	17	19	2		121	46	8	65	2	
23	16	21	14	7	15	2	1	5	6	4	5	12	⑩7	115	44	6	61	4	
24	9	7	6	4	8	3	0	9	6	7	9	0		68	31	1	35	1	
25	18	15	10	10	14	1	0	0	0	0	0	6		74	36	2	36		
26	7	12	5	6	3	7	9	8	6	5	7	3	⑥0	78	25	2	51		
27	15	9	5	9	7	0	4	6	9	0	0	0		64	38	2	24		
28	0	0	0	6	2	9	4	9	5	6	8	0		49	21	0	27		
29	9	9	7	4	1	1	0	2	3	2	2	0	②7	47	24	1	22		
30	3	8	4	4	8	1	3	5	0	7	1	1		45	26	0	19		
31	2	5	4	6	5	1	1	2	5	10	3	0	⑫0	44	17	0	27		
32	9	6	2	6	5	0	2	3	1	3	4	1		42	16	0	25	1	
33	10	11	3	5	6	1	3	5	6	5	2	1		58	25	4	29		
34	3	8	0	2	3	3	0	6	8	8	4	0	⑦1	46	19	1	25	1	
35	7	5	2	8	2	1	0	9	6	6	8	2		56	21	1	34		
36	8	8	9	5	4	3	0	8	2	6	11	2		66	21	2	43		
37	4	2	5	6	7	0	2	8	8	5	3	0	⑤2	52	15	2	34	1	
38	11	13	10	10	11	0	4	10	7	12	3	0		91	20	13	57	1	
39	1	0	1	7	3	0	0	2	6	6	0			26	11	3	12		
계														6247	2679	1341	2020	124	83
%															42.9	21.5	32.3	2.0	1.3

  * 조=조강, 주=주강, 석=석강, 야=야대, 소=소대.
 ** 윤달은 원문자로 표시. ①61은 윤정월에 61회(2년).

중종은 38년 3개월 남짓 재위하면서, 경연(3강+2대)을 모두 6,247회 열었다. 1년 평균 164회 정도로, 성종(재위 24년)의 평균 344회에 버금간다. 3강의 비중이 압도적이었고, 2대는 무시해도 좋을 정도였다. 6,247회 가운데, 조강 2,679회(42.9%), 주강 1,341회(21.5%), 석강 2,029회(32.3%)로 3강이 전체의 96.7%를 차지했다. 3강 가운데 조강의 비중이 가장 크고, 석강이 다음이고, 주강이 가장 작았다. 왕이 오전에 업무 처리와 주강을 마쳐야 점심을 먹으니까, 주강을 종종 생략했다. 낮이 짧은 겨울에는 조강 대신 주강을 실시하여 횟수가 늘었다. 중종 22년 이후에는 주강이 거의 없어졌다. 한편 비공식 경연인 야대는 124회(2.0%), 소대는 83회(1.3%)로 둘을 합쳐도 전체의 3.3%에 그쳤다. 소대는 기묘사화 직전에 가장 활발했다.

중종의 경연 출석률은 시기에 따라서 크게 달랐다. 즉위 후 14년 동안은 매년 2백 회 이상이었다. 누계 4,040회, 연평균 288회이며, 최고는 4년의 463회(평균 매일 1.3회), 최저는 10년의 179회(이틀에 한 번)였다. 10년에는 3월에 국상(왕비 윤씨)과 왕의 감기로 각각 두 달씩 휴강했다. 원년에는 173회에 불과하나, 개강한 9월 말부터 12월까지 석 달의 통계로서, 경연이 가장 활발했다. 중종 15년~23년의 9년 동안은 1년에 1백~2백 회로 줄었다. 앞 시기의 2백 회 이상보다는 저조하지만, 1년 평균 145회, 닷새에 두 번은 양호한 편이다. 중종 24년~39년의 16년 동안에는 경연 출석이 1년 평균 62회에 불과하다. 대략 6일에 한 번 정도로, 명종 이후 국왕들과 비슷하다. 경연 출석은 왕의 나이와 관계가 있다. 19세부터 30세까지는 매우 잦다가, 30대에는 늦추었고, 40대와 50

대에는 겨우 명맥을 유지했다.

중종은 1일 3강도 이어 갔다. 즉위 후 10년 동안 1일 3강을 잘 지켰다. 경연 첫날을 비롯하여, 10월에는 1일부터 14일까지 내리 1일 3강이었고, 11월에는 4회, 12월에는 19회 실시했다. 다음 10년 동안 1일 3강의 빈도는 2년 58회, 3년 74회, 4년 95회, 5년 31회, 6년 66회, 7년 58회, 8년 44회, 9년 73회, 10년 23회, 11년 65회 등으로, 1년 평균 59회였다. 한 달에 1일 3강을 가장 많이 한 기록은 9년 2월의 22회였다. 12년부터 14년까지는 1년에 2백 회 이상의 경연을 열었지만, 1일 3강은 12년 13회, 13년 7회, 14년 1회로 매우 드물다. 그 후 1년에 10회 미만이다가, 23년에 1회(12월 18일)를 끝으로 없어졌다.[46]

한편 방학과 휴강도 있었다. 한겨울과 삼복더위에는 방학을 하거나 수업을 단축했다. 가령 원년 11월 6일부터 23일까지는 조강을 생략하고 주강과 석강만 실시했다. 3년과 5년에는 12월에 조강을 생략했다. 여름에는 6월과 7월이 방학이었는데, 두 달에 보름 정도 조강만 하고, 주강과 석강은 생략한 경우도 있다. 겨울방학과 여름방학은 해마다 날씨에 따라 기간을 조정했다. 매년 정초에는 사흘 동안 휴강하고, 3월 5일은 왕의 생일이라 휴강했다.[47]

연례적인 방학이나 휴강 이외에, 국상國喪, 중국 사신의 접대, 왕

---

46) 월별 빈도는 윤달이 종종 끼어 의미가 줄어든다. 월별 기록은 4년 1월 72회, 9년 2월 71회, 즉위년 12월 65회, 2년 윤 1월의 61회 등으로, 매일 2회 이상 경연을 열었다.

47) 삼복인 6월(음력)에 경연을 전폐한 경우가 세 번(7년; 10년, 12년)이며, 겨우 2회 실시한 경우가 두 번(5년, 8년)이다. 7월에도 전폐 두 번(4년, 9년), 1회 세 번(3년, 5년, 8년)으로 6월과 비슷하다. 반면에 가장 추운 12월에는 전폐 세 번(7년, 8년, 10년), 2회 한 번(12년) 등도 있으나, 주강만 실시할 때가 많았다.

의 질병(감기), 대간의 파업 등 일시적인 사정으로 휴강하는 경우
도 많았다.[48]

강의 방식과 절차는 세종과 성종의 전통을 따르고, 경연 참석자
를 조금 늘렸다. 즉 조강의 참석자는 성종 때와 같고, 주강과 석강
의 참석자는 조금 늘었다. 중종은 12년 10월 8일에 하교하여, 대
신들이 두 명씩 주강·석강·야대에도 참석하라고 했다. 12일에
는 야대에 참석하는 대신들의 숙소를 충훈부 숙직실로 지정했다.
실제로 11월 15일의 주강에는 특진관 두 명이 등장한다. 그러나
11월 11일에 참찬관이 의전문제를 제기했다. 야대에서는 임금이
편복을 입는데, 참석하는 대신에게 결례가 되고, 장소도 비좁다는
것이다. 그래서 대신의 야대 참석은 도로 없애고, 주강과 석강에
는 두 명이 계속 참석했다.[49] 강의 방식은 중종 20년에 조금 달라
졌다. 《강목》을 진강할 때, 강관이 음독과 번역을 한 번씩 했는데,
앞으로는 왕이 따라 읽지 않기로 했다.[50]

경연의 좌석 배치를 바꾸려는 시도가 한 번 있었다. 중종 11년
야대에서 시강관 한충韓忠이 파격적인 제안을 했다. 왕은 교의交椅
에서 내려 평좌平坐하고, 신하들도 책을 서안書案 위에 놓고, 앉아
서(부복이 아니라) 진강하자는 것이다. 군주와 신하들이 가까이 둘
러앉아서 친밀하게 공부할 수 있고, 성현의 언행이 담긴 책을 바

---

48) 흔한 일이라 사례의 소개를 생략한다. 3년 2월 24일에 천둥과 번개가 심하
고 우박까지 쏟아져 조강을 취소했다. 또 5년 5월 17일에는 가뭄 때문에 근신
하는 의미에서 정전正殿의 월랑月廊에서 경연을 하다가, 갑자기 비바람이 들
이쳤다. 왕이 안으로 대피하느라고 경연을 중단했다. 대간의 파업으로 경연을
열지 못한 경우는 3.2.15~18 및 3.7.28~8.4.
49) 중종 12.10.8①, 12.10.12②, 12.11.15①, 12.11.11①.
50) 영사들이 재위 20년 된 왕을 예우하려는 취지인데, 성종 때 고사를 확인하
고 나서 결정했다. 중종 20.8.27⑤⑦, 8.28①⑤.

닥에 놓는 결례도 피하자는 취지였다. 왕이 일단 찬성하고, 대신
들의 의견을 물었다. 그러나 대신들은 선대先代에 없던 일을 갑자
기 하는 데 반대했고, 왕은 이를 따랐다.[51] 이렇게 좌강坐講의 시
도는 다시 실패하고, 부복俯伏이 조선왕조 끝까지 계속되었다.

셋째, 교재는 늘 경서와 사서가 기본이고, 경사를 결합한 교재
와 성리학 책도 함께 읽었으며《소학小學》과《대학연의보大學衍義
補》가 새로 추가되었다. 후자는 명나라의 구준丘濬이《대학연의》의
틀을 빌려서 내용을 많이 보충한 책인데, 분량이 너무 많았다. 제
자諸子와 문집은 여전히 금서禁書였다.[52] 중종은 반정으로 갑자기
왕이 되었는데, 그때까지 왕자로서 기본 교육을 받았을 것이다.
그는 19세에 즉위하여 57세까지 38년 동안 재위하면서, 많은 책
을 공부했다. 〈표 5-3〉은 중종의 교과과정을 정리한 것이다. 강
독기간은 대부분 확실하고, 일부는 추정했다.

처음 개강할 때 교재는 조강에《상서》, 주강에《강목》, 석강(및
야대)에《대학연의》로, 경서·사서·기타를 갖추었다.《상서》는 약
1년 반,《강목》은 약 8년,《대학연의》는 2년 3개월 뒤에 끝냈다.[53]
주강에서《강목》을 공부하던 8년 동안, 조강에서는《상서》에 이어
《춘추》·《시경》·《대학》·《중용》·《주역》을, 석강에서는《대학연
의》에 이어《논어》·《맹자》·《송감宋鑑》을 차례로 공부했다.

---

51) 중종 11.11.16③.
52) 중종은 당시唐詩에 관심을 보였다가, 홍문관 정자正字의 비판을 받았다.
   2.11.5④.
53) 중종 3년 12월 6일에《대학연의》권43 '양준楊駿의 전권專權'을 강의했다.
   곧 이 책을 끝내고,《논어》를 시작했다.《강목》은 조강에서도 강의했는데, 8년
   1월부터로 추정된다.

〈표 5-3〉 중종의 경연 교재

종 류	교 재	강독 기간
4서	《논 어》	3.12.□~4.9.26, 13.3.17~15.10.10
	《맹 자》	4.9.29~5.9.□
	《대 학》	5.10.□~? 12.8.20~13.1.18
	《중 용》	5.11.11, 5.11.21
5경	《상 서》	1.9.29~3.2.25, 9.4.28~11.9.11 21.11.□~23.11.□
	《춘 추》	3.3.8~4.8.28, 20.3.4~22.1.□
	《시 경》	4.9.5~5.10.9, ?~20.3.2
	《주 역》	6.1.4~8.1.18
	《예 기》	9.4.28~12.4.25, 23.11.초~29.4.□
역사책	《강 목》	1.9.29~9.4.25, 20.8.27~34.4.22
	《송 감》	6.4.□~9.5.7
	《속강목》	13.5.26~17.2.말
	《고려사》	9.4.□~17.3.□
기타	《대학연의》	1.9.29~3.12.□, 11.9.20~13.4.□ 18.8.□~20.8.말
	《대학연의보》	19.7.□~38.2.13
	《소 학》	12.4.□~15.4.□
	《근사록》	11.10.□~14.9.□

  《춘추》는 1년 반, 《시경》은 1년 남짓 걸렸고, 《대학》과 《중용》
은 2개월, 《주역》은 약 2년, 《송감》은 약 3년 걸렸다.[54] 중종 8년

---

54) 《주역》의 종강은 중종 7년 11월 19일로 추정된다. 이후 두 달 동안 조강을
   열지 않다가, 8년 1월 하순부터는 조강에서도 《강목》을 강독했기 때문이다.
   《송감》을 강독한 기록은 6년 4월 24일에 처음 나오고, 9년 5월 17일에 종강

1월부터 조강에서도《강목》을 1년 남짓 공부했다. 이로써 4서와
4경을 공부하고, 역사책으로《강목》과《송감》을, 그 밖에《대학연
의》도 강독했다. 그런대로 무난한 교과과정이다.

교재는 중종 9년 4월부터 다시 바뀌었다. 조강에서는《예기》를
12년 4월까지 3년 동안 공부하여, 5경 공부를 모두 끝냈다. 주강
에서는《상서》를 2년 이상 복습했다.[55] 석강에서는《고려사》를 2
년 남짓 공부하다가, 11년 9월부터《대학연의》로 바꾸었다. 야대
에서는《고려사》를 공부하다가, 11년 10월에《근사록》으로 바꾸
어 14년 9월까지 읽었다. 교과과정은 12년 전후에 또 한 번 바뀐
다. 조강에서는《대학연의》를 13년 4월까지, 뒤이어《속강목》을
17년 2월 말까지 공부했다. 주강에서는《소학》을 12년 8월 말부
터 15년 4월경까지 강독했다. 석강에서는《대학》을 12년 8월부터
13년 1월 말까지,《논어》를 2월 초순부터 15년 10월까지 복습했
다.《소학》은 처음으로 경연 교재가 되었다.

기묘사화 이후에는 경연의 횟수도 줄고, 내용도 부실해졌다. 조
강에서는《속강목》에 이어,《대학연의보》를 거의 20년 걸려 강독
했다. 이어서《주역》을 재위 38년 4월부터 이듬해 11월 왕이 죽
을 때까지 20회 정도 강독했다. 주강에서는 15년 10월경에《고려
사》의 강독을 재개하여 17년 3월까지 계속했다.[56] 이어서《대학연
의》를 약 2년 동안 강독하고, 20년 8월부터는 줄곧《강목》을 강독

잔치 얘기가 나온다.

55)《상서》의 개강은 중종 9년 4월 28일로 추정했다. 9년 4월 25일에《강목》을
마친 뒤, 첫 주강이 이날이다. 종강일은 11년 9월 19일로 추측된다. 그 다음
날《대학연의》(복습)를 시작했다. 11년 4월 24일에 〈주관周官〉편을 강의한 것
을 보면, 대략 진도가 맞는다.
56)《고려사》를《고려사절요》라고 기록한 경우도 있다. 10.1.19 및 12.1.12.

했다. 석강에서는 15년 10월경부터 《시경》을 강독하여 20년 3월에 끝냈고, 뒤이어 《춘추》와 《상서》를 공부했으며, 23년 11월부터는 《예기》를 강독했다. 또 20년 8월에는 주강과 야대에서 《강목》을 공부하기로 했다.[57] 오랜 세월, 조강에서 《대학연의보》, 주강에서 《강목》, 석강에서 《예기》를 공부했다. 첫째는 분량이 너무 많고, 셋째는 내용이 잡다하지만, 중종의 취향에 맞았던 것 같다.[58]

《성리대전》은 내용이 어려워서, 세종과 성종 때도 강의를 일찌감치 준비했다. 중종은 4년에 홍문관에 《성리대전》의 강의를 미리 준비하도록 명하고, 8년에는 김응기金應箕 등이 홍문관원들에게 어려운 대목을 가르치도록 했다. 13년에는 강의할 사람 26명을 뽑았다. 14년에는 주강에서 《소학》이 끝나는 대로 《성리대전》을 강의하기로 결정하고, 강의할 사람 21명의 명단을 확정했다.[59] 이렇게 거창하게 준비했지만, 중종은 끝내 《성리대전》을 공부하지 않았다. 곧 기묘사화가 일어났고, 그 뒤에는 성리학에 대한 관심이 더 줄었을 것이다. 한편 《심경心經》은 36년에 경연 교재로 논의했으나, 강독하지는 않았다.[60] 결국 중종이 공부한 성리학 책은 《근사록》뿐이다.

중종의 경연은 출석률과 교과과정이 성종에 버금간다. 중종의 학업 성취는 어떠했을까? 입시했던 사관은 솔직하게 평했다. 경연

---

57) 중종 20.8.27⑤. 윤기신尹起莘의 《강목》 해설서인 《서법발명書法發明》도 함께 읽기로 했다.

58) 중종 34년에 전주부윤全州府尹 이언적李彦迪이 상소에서 《대학연의보》 강독은 시간 낭비라고 지적했다. 34.10.20②.

59) 강의 준비 논의는 4.6.10①②, 4.6.22②. 홍문관원 특별 교육은 8.9.24②, 8.10.7①. 강관 선발은 13.11.6①, 14.5.11②. 최종 선발된 21명은 남곤, 김안국, 이자, 김정, 조광조, 김세필 등이었다.

60) 중종 36.3.23①. 22일 석강에서 부제학 이언적이 이 책을 추천했다.

관이 교재를 두 번 읽고 나서, 왕이 한 번 읽는데, 막힘이 없고 한 자도 틀리지 않는다. 그러나 왕이 토론과 질문을 하지 않아서, 어느 정도 이해했는지 알 수 없다는 것이다. 며칠 전의 경연 기사에도 사관의 논평이 실려 있다. 국왕이 총명을 자부하여, 문서의 세밀한 데까지 살피고, 사소한 하자를 찾아내어 담당자를 힐책하니, 임금의 체면을 손상할 뿐, 아랫사람을 감화시키는 덕이 부족하다는 것이다.[61] 중종은 그릇이 작아서 왕 노릇에 문제가 있었는데, 이는 경연정치에서 잘 드러난다.

3. 경연정치와 사화

경연이 부활하자, 조강에서 국정을 논의하는 관행도 되살아났다. 주인공들이 바뀌어서, 국왕·대신(공신)·삼사가 벌이는 권력 게임의 양상도 달라졌다. 중종 즉위 후 14년 동안이 가장 흥미롭다. 먼저 등장인물들을 보자. 첫째는 국왕 중종으로, 성종의 둘째 아들이고, 부인은 살해된 신수근의 딸이다. 남의 덕으로 왕이 된 탓에, 그는 반정 세력의 꼭두각시 같았고, 즉위한 지 7일 만에 신하들의 요구대로 조강지처糟糠之妻를 버려야 했다. 성종이나 연산군과 달리, 중종은 공신들의 눈치를 보는 외로운 처지였다. 다행히 대간과 홍문관이 공신 집단을 계속 공격한 덕분에, 국왕이 입지를 조금씩 넓힐 수 있었다.

둘째는 공신들인데, 9월 2일의 중종반정으로 정권을 장악하고, 정부의 요직을 거의 독점했다. 9월 8일에는 자신들과 친지들 117

---

61) 중종 9.3.8②, 9.2.29①.

명을 '정국공신靖國功臣'으로 책봉하여, 관직과 토지와 노비 등 여러 가지 특혜를 차지했다. 여기에 '원종原從공신' 약 2백 명을 추가로 책봉하여, 어중이떠중이도 공신이 되었다. 전리품을 마구 챙기던 공신들도 약점이 있었다. 대다수가 반정에 아무런 공로가 없는 가짜 공신들이어서, 사람들의 비웃음을 샀다. 소수의 진짜 공신들도 연산군 때 고위직을 차지한 인물들이라, 반정의 명분이 부족했다. 그들은 권력과 부를 잔뜩 누렸지만, 대간의 준엄한 공격을 피할 수는 없었다.

셋째는 삼사에 포진한 '사림士林' 세력으로, 연산군에게 바른말을 하다가 유배된 사화의 피해자들이었다. 옥당과 대간에 임명된 20여 명 가운데 공신은 한 명에 불과하여, 독자성과 연대 의식이 강했다. 모두 최고의 엘리트 관료로서 도덕적·학문적 우월성을 자부하고, 군주를 바른 길로 인도하여 밝은 정치를 펴겠다는 사명감을 가졌다. 공신들은 쿠데타를 정당화하고자, 이들을 유배에서 풀어 주고 주로 홍문관과 대간에 복직시켰다. 이들은 즉시 새 국왕을 길들이고 공신 집단을 공격하기에 나섰다. 성리학 교조주의敎條主義로 무장한 이 개혁 세력은 도학道學정치의 실현을 목표로 삼았다.

선수들이 바뀌자, 권력게임의 흐름도 달라졌다. 중종이 즉위한 뒤 9년 동안, 삼사의 공격과 공신들의 방어가 치열했다. 선수들은 거의 매일 조강에서 만났다. 옥당은 경서를 강독하면서, 성현의 가르침을 빌려 현재의 국정을 비판했다. 강독이 끝나면, 대간이 공신들을 줄이고 몇몇 대신들을 해임하라고 요구했다. 힘없는 국왕은 완곡한 말로 거절했다. 삼사에 포진한 20여 명은 매일 교

대로 파상공격을 펼쳤다. 해당 공신은 거듭 사표를 냈고, 국왕은
매번 이를 반려했다. 탄핵당한 공신이 대질을 요구하면, 삼사는
언론을 탄압한다고 성토했다. 선수들 모두 게임의 규칙을 잘 따
랐다.

삼사의 공격이 끝없이 계속되자, 철벽 같던 공신들의 방어에도
구멍이 뚫려, 거물 공신들이 하나씩 퇴출되었다.[62] 왕이 삼사의
요구를 일부 수용해서, 자신의 재량권을 늘리고, 삼사의 힘도 키
운 결과였다. '3대장' 또는 '3대신'이라는 박원종 · 유순정 · 성희안
도 중종 4년 여름에 3정승 자리를 함께 차지하더니, 다음 해부터
하나씩 죽었다.[63] 중종 6년 10월에는 대간이 좌의정 유순정을 탄
핵하여, 두세 달 끌었으나 대간의 판정패로 끝났다. 이해에 경연
을 351회, 조강을 163회 열었으니, 경연에서도 공방전이 계속되
었을 것이다. 날마다 같은 얘기가 반복되었기 때문인지, 실록에는
그러한 내용을 거의 싣지 않았다.

중종 9년에 대간의 공격이 극도에 달했다. 2월 22일, 사간원이
영의정 송질宋軼 등 대신 네 명의 교체를 왕에게 요구했고, 곧 사
헌부와 홍문관이 가세했다. 송질은 용렬하고, 우참찬 홍숙洪淑은
기개가 없고, 형조판서 윤순尹珣은 추잡하고, 병조참판 강징姜澂은
나약하다는 것이다. 하루에도 여러 번 탄핵하여, 3월 21일에는 무
려 여덟 번이었다. 4월 18일부터는 날마다 서너 번씩 사직했다.

---

62) 가령 중종 2년 초부터 1등 공신인 유자광柳子光 한 사람을 약 3개월 동안 집
   중 공격하여, 공신 칭호를 박탈하고 유배시켰다. 또 4년 윤 9월에는 영의정 유
   순柳洵을 탄핵하여 영의정에서 해임시켰고, 11월부터 1등 공신 박영문朴永文
   을 집중적으로 성토하여 대신 자리에서 쫓아냈다.
63) 박원종은 중종 5년 4월 17일에, 유순정은 7년 12월 20일에, 성희안은 8년
   7월 27일에 사망했다. 박원종과 유순정은 중종 원년에 각가 좌의정과 우의정
   까지 올라갔다.

대간이 사직하면 국정이 마비되기에, 국왕이 복직을 명했고, 대간은 복직하자마자 다시 사직했다. 5월 28일에는 홍문관이 대간을 탄핵했다. 사직했다가 복직해서 대간의 체통을 잃었다는 것이다. 다음 날 대간은 열 번 사직했고, 대간의 불참으로 경연도 취소되었다. 6월 23일에 국왕이 대신 세 명을 교체하고, 7월 16일에 영의정도 해임했다.[64] 6월 28일에는 대간이 의정부와 6조의 대신들을 모두 부적격으로 판정하고 해임을 요구했다.

중종 10년 가을, 판세가 급변했다. 대간이 마구 설치다가 제 발등을 찍은 것이다. 발단은 8월 8일에 담양부사 박상朴祥과 순천군수 김정金淨이 왕의 구언求言에 응하여 함께 올린 상소문이다. 이해 3월 초에 왕비가 죽어서 그 자리가 비었는데, 이들은 반정 직후 억울하게 쫓겨난 신씨愼氏를 다시 모시자고 제안했다. 3대장이 제 이익을 위해서 무고한 국모國母를 내쫓았으니, 이제라도 바로잡자는 것이었다. 9년 전의 강제 이혼은 중종에게 뼈아픈 치욕이고, 죽은 3대장과 살아 있는 공신들에게는 자칫 역적으로 몰릴 사안이었다. 신씨가 복위하면, 죽은 왕비의 차례도 뒤로 밀릴 판이었다. 상소에 대응하는 과정에서, 국왕과 대간이 크게 실수했고, 홍문관은 체면을 잃었다.

당초에 중종은 이런 상소를 올린 승지들을 나무라고, 처리를 미뤘다. 상소를 선별해서 올리라는 힐책은 반칙이었고, 비판을 구하고서 처벌하면 안 되니, 보류는 옳았다. 그러나 8월 13일에 대간이 박상과 김정을 국문하여 처벌하라고 요구하자, 왕은 즉각 수

---

64) 왕은 좌의정 정광필 등 대신 12명의 의견을 묻고 결정했다. 이들은 모두 영의정을 교체하지 않을 수 없다고 회답했다.

용했다. 여러 대신들과 홍문관이 반대했으나, 왕은 강경했다. 12
일의 조강에서도 대간은 국문을 주장했고, 왕은 엄벌을 원했으나,
영사는 파직罷職으로 충분하다고 했다. 왕이 신하들의 의견을 묻
자, 모두 처벌에 반대했다. 대간의 처벌 주장과 나머지의 반대가
계속되는 가운데, 8월 23일에 왕은 박상과 김정의 고신告身을 박
탈하고 유배했다. 이날 홍문관이 사면을 네 번 요청했으나, 왕은
듣지 않았다.[65]

처벌에 대한 찬반 논쟁은 계속되었다. 8월 24일 조강에서 경연
관들은 모두 처벌을 비판했고, 26일 조계朝啓에서도 처벌 반대가
압도적이었다. 이후 조강에서는 홍문관과 대간이 매번 맞섰다. 이
해 가을에 별시別試가 있었는데, 유생이 전시殿試의 대책對策에서
대간을 비판했다.[66] 왕과 대간은 상소문이 종사宗社를 위태롭게 한
다고 주장했고, 대신과 홍문관은 언로言路를 막으면 종사가 위태
롭게 된다고 반박했다. 매우 특이한 편 가르기였다. 원래 대간이
관리를 탄핵하고 홍문관이 처벌을 말리면, 왕이 마지막에 조정할
사안인데, 왕이 섣불리 나서서 사태를 악화시켰다.

중종 10년 11월 22일, 조광조의 사직상소로 상황이 급변했다.
그는 사간원 정언에 임명되자, 즉시 자신을 교체하라고 상소했다.
대간이 언론을 탄압하고서도 잘했다고 하는데, 그들과 함께 근무
할 수 없다는 것이다. 이로써 쟁점이 완전히 바뀌었다. 상소에 대
한 처벌과 용서가 아니라, 대간의 잘잘못이 문제였다. 왕은 3정승

---

65) 홍문관은 양쪽 다 잘못이라는 어정쩡한 입장을 취했다가, 오래 비난을 받았
   다. 가령 10년 8월 22일에는 사관이 홍문관의 양비兩非론을 비판했다.
66) 이해 8월 22일의 문과 전시에서 급제한 생원 이충건李忠楗은 대간의 언론탄
   압을 비판하는 대책을 썼다. 며칠 뒤 야대에서 이 얘기가 나왔다. 중종 10,9,4
   ⑤. 조광조도 이때 함께 급제했다.

의 의견을 물었고, 이튿날 그들은 대간의 파직을 건의했다. 왕은 대간을 교체했는데, 일이 다시 꼬였다. 11월 27일, 새로 임명된 사헌부와 사간원의 관원들이 조광조의 상소에 대한 찬성과 반대로 갈라졌다. 12월 6일까지 대간을 네 번 교체하고서야, 대간이 겨우 진정되었다. 홍문관은 대간도 옳고 조광조도 옳다는 어정쩡한 입장을 취하다가 체면을 구겼다.[67]

마침내 12월 11일에 대간이 입장을 바꾸어, 박상과 김정의 석방을 요구했다. 해가 바뀐 11년 1월 내내, 조강에 입시한 경연관과 대간이 모두 박상과 김정의 석방을 왕에게 요청했다. 홍문관원들은 3일과 5일의 야대에서도 거듭 요청했다. 서너 달 동안 신하들이 두 사람의 석방을 요구했으나, 왕은 완강했다. 홍문관은 4월 7일의 석강과 13일의 야대에서 이들의 석방을 요청했고, 5월 7일의 야대에서도 다시 요청했다. 이튿날, 왕은 여러 대신들의 의견을 들은 다음, 마침내 박상과 김정의 석방을 명했다. 이리하여 조광조는 명성이 진동했고, 홍문관은 체면을 살린 반면, 국왕과 대간은 위신을 잃었다.

중종은 즉위한 지 십 년이 넘었지만, 임금 노릇이 불안정했다. 정승의 임명과 교체는 국왕의 대권인데, 여기서 갈팡질팡했다. 11년 3월에 영의정 유순이 여러 번 사직하자, 왕은 좌·우의정에게 물었고, 이들은 사표의 수리를 건의했다. 3월 30일, 좌·우찬성과 좌·우참찬에게 물었는데, 대답은 같았다. 이튿날 우참찬이 문제를 제기했다. 수상의 진퇴를 아랫사람에게 묻는 것은 도리가 아니라

---

67) 홍문관은 대간도 옳고 조광조도 옳다는 어정쩡한 입장이었다. 11년 3월 8일 조강에 입시한 장령과 정언은 당시에 홍문관원에 있으면서 양시兩是론으로 실수했음을 고백했다.

는 것이다. 그래서 왕은 영의정에게 사표를 수리하지 않는다고 통
보했다. 국왕 스스로 결정할 일을 괜히 묻고는 중론을 따르지 않
아서, 신하들의 불신만 샀다. 4월 25일에는 의정부 서사署事를 대
신들과 의논하고, 6월 1일부터 시행하기로 했으나, 약속을 지키지
않고 시시콜콜 지시했다.

중종 13년 3월 4일, 왕은 여러 신하들에게 우의정감을 의논하
라고 하교했다. 이튿날 대간이 부적절한 일이라고 거부했고, 홍문
관도 사양했다. 영의정과 좌의정은 문제를 제기했다. 이런 전례가
없었는데, 여러 사람이 의논하다가 의견이 갈라지면 어떻게 할 것
인가? 6조 판서들도 사양하자, 왕은 부득이 하교를 거두었다. 영
상과 우상이 관례대로 종1품 후보자 세 명을 추천하자, 왕은 엉뚱
하게 호조판서 안당安塘이 어떠냐고 물었다. 두 정승은 그의 품계
가 정2품이라 자격 미달이라고 대답했다. 3월 11일, 왕은 이조에
서 올린 우찬성(종1품) 후보자 세 명을 무시하고, 안당을 여기에 임
명했다가, 5월 15일 우의정에 임명했다. 국왕의 표리부동한 행동
은 신하들의 의혹만 키웠다.

중종 14년, 왕은 조광조를 초고속으로 승진시키며, 부제학·동
부승지·대사헌 등 요직을 맡겼다. 삼사에 포진한 개혁파는 11년
부터 불교식 기신재忌辰齋, 내수사의 고리대금, 도승度僧, 여악女樂
과 소격서昭格署 등을 없앴다. 성종 때 허용했거나 묵인했던 관행
들까지 바꾼 것이다. 보수파가 반대했지만, 국왕이 찬성했다. 게
다가 14년 4월에는 현량과賢良科를 실시하여 28명을 급제시켰는
데, 대부분 조광조 일파였다. 기세가 오른 개혁파는 공신세력에
대한 총공세를 펼쳐, 이해 11월 11일에 정국공신靖國功臣들 가운

데 76명의 책봉을 박탈하는 데 성공했다. 그러나 나흘 뒤에 기묘사화라는 날벼락으로 소위 사림파가 대거 숙청되고, 이들의 개혁은 모두 취소되고 말았다.[68]

기묘사화는 국왕이 일으킨 쿠데타였다. 중종은 한밤중에 밀지密旨로 심복들을 대궐로 불러들이고, 조광조 일파를 모조리 의금부에 가두었다. 궐내에서 숙직하던 승지들과 사관들도 영문을 몰랐고, 뒤늦게 달려온 의정부 대신들은 기가 막혔다. 조광조 등이 잘못했으면, 대낮에 법 절차에 따라서 처벌할 일이었다. 왕은 조정 대신들이 요청했다고 핑계하다가, 영의정 정광필 등이 항의하자, 우물쭈물 둘러댔다. 그러나 왕은 조광조 일파에게 붕당朋黨 등의 죄목을 씌워, 네 명을 죽이고, 십여 명을 유배하기로 이미 작정하고 있었다. 정광필 등이 범죄의 증거가 없다고 반박하자, 일단 유배로 등급을 낮추었다. 그러나 한 달 뒤에 정승들을 교체하고, 곧 조광조 등에게 사약을 내렸다.

도대체 왜 그랬을까? 중종이 권력게임에서 너무 밀리자, 치사하게 반칙을 한 것인가? 원래 삼사는 공론公論을 주도했고, 그들의 무기는 주자학 이데올로기였다. 이들은 세상만사를 시是와 비非로 나누고, 사람을 군자와 소인으로 나누었다. 옳고 그름을 밝히고, 군자와 소인을 구별하는 것은 세상에서 가장 중요한 일이라, 절충은 없었다. 개혁파는 왕도정치를 표방했지만, 실제로 한 일은 주로 인물의 탄핵과 이단異端의 배척이며, 민생과는 거리가 멀었다. 중종은 경연에서 이들의 가르침을 받아들였고, 이들의 개혁을

---

68) 박성순은 조광조 일파의 개혁이 양반 지주계급의 이익을 반영했다고 평가했다. 《선비의 배반》(고즈윈, 2004), 110~113쪽('그들만의 나라').

지지했다. 이들이 공신세력을 견제한 덕분에 국왕은 숨통이 트일 수 있었다. 반면에 개혁파는 승리에 도취해서 자신들의 한계를 잊었다. 국왕의 지지가 없으면, 개혁도 없었다.

개혁파의 이데올로기는 양날의 칼이었다. 칼날은 공신세력과 국왕 양쪽을 향했다. 게다가 삼사는 선수이자 심판이었다. 무엇이 옳고 무엇이 그른지, 누가 군자이고 누가 소인인지, 최종 판결은 삼사의 몫이었다. 국왕이 삼사의 요구를 듣지 않으면, 들을 때까지 고집했다. 그것도 경기 규칙이었다. 개혁파는 국왕에게 흑과 백 가운데 선택하라고 압박했고, 고지식한 국왕은 잘 따랐다. 그들의 말대로 하는 것이 곧 성군의 길이었다. 국왕은 재량권을 포기하고, 심지어 재정이나 국방문제도 그들의 흑백논리에 따라서 결정했다.[69] 그러다가 중종은 벼랑 끝으로 몰렸다. 반정공신의 책봉을 대거 무효화한다면, 결국 국왕 자신의 정통성도 문제가 된다. 왕은 뒤늦게 위기임을 깨닫고 반격에 나섰다.

왜 중종은 '밀지密旨'라는 떳떳하지 못한 방법을 썼을까? 그것이 위기를 탈출하는 유일한 방법이라고 믿었기 때문이다. 그는 개혁파의 명분론에 밀려서, 소격서의 혁파와 '위훈僞勳 삭제' 등 자신이 원하지 않는 개혁에 동조했다. 이제 와서 번복하려면, 삼사가 주도하는 이른바 공론의 공세에 시달려야 했다. 더구나 중종은 자신이 개혁파에 포위되어 고립되었다고 믿었다.[70] 그래서 깡패들을

---

69) 가령 중종 13년 8월 16일에 함경도 갑산을 노략한 여진 추장 속고내速古乃를 체포하는 작전을 확정하고, 17일에 왕과 대신들이 신임 방어사를 작별하고 있었다. 이 자리에 부제학 조광조가 나타나서 기습 작전에 반대했다. 왕도가 아니라 패도라는 것이었다. 왕은 이 말을 받아들여, 곧바로 작전을 취소했다. 영의정과 병조판서가 군사작전은 명분보다 시기가 중요하다고 역설했으나 소용이 없었다.

70) 중종의 표리부동한 행동의 원인을 그의 성장과 즉위의 어려운 과정에서 찾

경기장으로 불러들여, 심판과 선수들 여러 명을 죽이고 해쳤다. 국왕은 '광명정대光明正大'하지 못하다는 비난을 감수하고 돌파구를 마련했으며, 결과는 일단 성공이었다.

기묘사화를 고비로 권력의 삼각관계가 달라졌다. 중종은 개혁과 조광조 일파에 대한 배신으로 도덕성을 잃었지만, 왕권을 크게 강화할 수 있었다. 숙청에 적극 가담한 대신들은 의정부와 육조를 장악하여 권력을 누렸다. 조광조 일파가 없어진 뒤, 삼사는 간쟁을 자제하여, 국왕을 압박하는 일이 없었다. 경연의 분위기와 토론의 내용도 일변하여, 한동안 여기서 조광조 일파의 잘못을 성토하고, 그 추종자들을 색출하여 처벌의 등급을 논의했다.[71] 반면에 기묘사화에 대한 비판은 철저히 탄압했다.[72] 국왕이 시비를 주도하며, 신하들 길들이기에 나선 것이다. 이후 경연에서 국정의 자질구레한 실무를 자주 논의했다. 이것은 국왕의 기질에도 맞았고, 고담준론高談峻論보다 생산적이었다.

그러나 기묘사화의 정신적 상처와 부작용은 매우 컸다. 국왕의 배신으로 개혁파는 치명적인 타격을 받았고, 개혁은 좌절되었다. 공맹의 가르침을 신봉하는 신하들은 허탈한 마음으로 뒷날을 기다려야 했다. 연산군의 폭정 이후 밝은 정치를 바라던 유생들도 목

을 수도 있다. 신명호는 《왕을 위한 변명》(김영사, 2009)에서 중종을 다룬 제5장의 제목을 "극도의 공포심이 빚어낸 이중성"이라고 했는데, 매우 설득력이 있다.

71) 가령 중종 15년 6월 19일 조강에서 《속강목》을 강독할 때, 왕안석을 얘기하다가, 경연이 조광조 성토장으로 변했다. 왕과 신하들이 저마다 한마디씩 했는데, 영사(우의정) 이유청은 조광조의 무리가 《소학》과 지치至治로 세상을 속였다고 비판했다. 왕은 여기서도 이를 대신들 탓으로 돌렸다.

72) 특진관 김세필金世弼은 조광조에게 죽음을 내린 것이 지나쳤다고 말했다가 귀양을 갔다(15.9.13 석강).

표를 잃었다. 그들은 책을 읽지 않았고, 달밤에 피리를 불며 비분강개하거나, 말없이 정좌靜坐하여 시간을 보내기도 했다.[73] '밀지'로 재미를 본 중종은 후에 남곤과 김안로를 제거할 때도 같은 방법을 썼고, 뒷날 문정왕후도 을사사화 때 밀지를 썼다. 중종은 배신과 반칙으로 많은 신하들을 죽이고 해치면서 왕권을 유지했다. 왕은 주로 인척들을 중용했고, 거짓 고변告變이 늘어서 권력게임은 잦은 반칙과 살육으로 얼룩졌다.

중종 말년에는 대윤大尹과 소윤小尹이라는 외척 집단이 세력을 다투었고, 이 갈등이 중종 사후에 끔찍한 사화로 폭발했다. 중국에서도 외척은 항상 왕권의 우군이자 적군이었고, 진덕수는 《대학연의》 끝머리에서 이 문제를 누누이 강조했다. 조선의 태종은 이를 명심하여, 외척을 무자비하게 제거했다. 우선 자신의 집권에 결정적인 역할을 한 네 처남들을 모두 죽였고, 셋째 아들(세종)에게 왕위를 물려주자마자 신왕의 장인인 영의정 심온沈溫을 죽이고, 그 딸은 왕비로 그냥 두었다. 신하들을 잘 제어하지 못하는 중종은 외척들에게 권력을 맡겨서, 그의 후계자도 왕 노릇하기 어렵게 만들었다.

돌이켜 보면, 조선의 경연은 성종 때 최고조에 이르렀고, 그 후에는 기복이 심했다. 성종의 경연은 빈도가 단연 최고였고, 교재와 강의 내용이 매우 충실했으며, 국정토론도 가장 활발했다. 그러나 경연정치가 삼사의 힘을 너무 키워서, 국왕·대신·삼사의 균형이 깨졌다. 연산군과 중종 때의 사화는 권력의 모순이 악화되

---

73) 15.9.30 조강에서 영사 남곤이 근래의 사습士習을 걱정하면서 이런 얘기를 했다. 특진관 손주도 선비들이 문학을 근본으로 삼지 않고 고담이론高談異論을 일삼으며, 글 읽는 사람을 비루하게 여기고, 스승을 업신여긴다고 말했다.

어 폭발한 것이다. 연산군은 군주를 길들이는 장치, 곧 경연과 간쟁과 사관제도를 모두 없앴다가, 결국 쫓겨났다. 갑자기 왕이 된 중종은 경연과 경연정치를 부활시켰으나, 조광조 일파를 밀다가 끝내 배신하여, 절반의 성공으로 끝났다.

중종이 죽고 두 아들이 뒤를 이으면서 경연은 계속 내리막이었다. 인종(1544~1545)은 중종의 적장자로서 여섯 살 때 세자에 책봉되었다. 중종이 39년 11월 15일에 죽고, 20일에 인종이 서른 살에 즉위했다가, 이듬해 7월 1일에 죽었다. 25년간 세자 노릇을 하고, 왕 노릇은 일곱 달 남짓이었다. 그는 세자로서 경사를 많이 공부했고, 어진 군주의 자질을 보였다. 즉위한 지 넉 달 후에 경연을 열어서, 경사를 공부하고 국정을 논의하다가 곧 요절했다. 나이 서른이 넘도록 자식이 없어서, 이복동생이 왕위를 계승했다.

명종(1545~1567)은 12세에 즉위하여 22년 동안 재위했으나, 문정왕후가 20년 동안 권력을 휘둘렀다. 국상 중에 '을사사화'를 일으켜, 유능한 인재 수십 명을 죽이고 유배했다. 이렇게 공론을 탄압한 후에는 꺼릴 것이 없었다. 국왕을 허수아비로 만들고, 내수사와 불교 종단을 강화하여 손발처럼 부렸다. 수렴청정垂簾聽政 기간에는 국왕이 신하들을 만나는 자리에 대비가 곁에 앉아서 직접 지시하고, 신하들의 말을 반박했다. 20년간 수시로 왕을 불러들이거나 쪽지를 보내서 지시했는데, 신하들은 속수무책이었다. 이러한 상황 속에서 경연은 정치적 기능을 잃었지만, 경사 강독은 겨우 명맥을 유지했다.

선조(1567~1608)가 16세에 즉위하면서, 경연은 다시 좋은 기회를 만난다. 그는 중종의 손자로, 명종이 죽고 나서 후계자로 선정되었다. 갑자기 왕이 된 선조는 제왕학 공부에 부지런했다. 이 무렵 '사림정치'가 궤도에 오르고, 성리학도 성숙했다. 특히 성학聖學이 유행하여, 이황의《성학십도》와 이이의《성학집요聖學輯要》같은 명저들이 나왔다. 유희춘 · 김우옹 · 유성룡 · 기대승 등 경연관들도 선조에게 열심히 강의하고, 그 기록을 자랑스레 남겼다. 그러나 임진왜란으로 선조 재위 25년의 공문서들이 모두 불타서, 공식 경연일기 등은 사라졌다. 남아 있는 개인 일기들을 보면, 경연에서 말은 풍성한데, 거둔 성과는 적었다. 경연은 광해군 이후에도 오래 부진했다.[74)]

조선 중기 이후 경연정치도 퇴화했다. 이 새로운 관행은 장점도 많았지만, 구조적인 모순을 가지고 있었다. 그 모순이 점차 악화되어, 마침내 연산군과 중종 때 무오사화와 기묘사화로 폭발했다. 무엇이 문제였나? 경연정치는 삼사의 권한을 극대화했고, 국왕과 대신들은 이를 견제하지 못했다. 그래서 두 번이나 유혈극으로 불균형을 바로잡았다. 왜 이 지경이 되었을까? 해답은 미약한 왕권

---

74) 정재훈은 조선 중기의 경연을 고찰하여 상당한 성과를 거두었다. 첫째, 《조선 전기 유교 정치사상 연구》(태학사, 2005)는 16세기 전반의 제왕학과 후반의 성학을 집중적으로 살폈다. 둘째, 〈명종~선조간의 경연〉《조선시대사학보》10집(1999)은 공백으로 남았던 이 부분을 약간 메웠다. 셋째,《조선의 국왕과 의례》(지식산업사, 2010)의 제3장 〈국왕 교육: 조선 중기 경연제도의 실상〉은 광해군에서 현종까지 경연에 관하여, 강의 교재와 성학론과 산림山林의 역할을 개관했다.
김태환의《경연, 왕의 공부》(역사비평사, 2011)는 독특한 방식으로 경연을 일반 독자들에게 알려서 큰 반향을 얻었다. 책의 전반은 경연제도의 이모저모를 소개하면서 왕조실록과 개인의 일기 등에서 관련 내용을 소개하고 저자의 해설을 달았다. 후반은 기대승과 이이의 경연일기를 각각 길게 인용하고 해설하는 내용으로, 선조 때의 경연을 이해하는 데 도움이 된다. 소준섭은《왕의 서재》(어젠다, 2012)로 경연을 일반 독자들에게 알렸고, 오항녕은《조선의 힘》(역사비평사, 2010)의 제1장에서 경연을 "문치주의의 꽃"으로 높게 평가하고 긴닫히 소개했다.

과 성리학 이데올로기의 경직에서 찾을 수 있다.

조선의 국왕은 대개 무력한 존재였다. 그는 엘리트 집단의 우두 머리로서, 권력과 부를 배분하고 이해관계를 조정했다. 이 집단 속 에서 겹겹의 혼인 관계를 맺고, 복잡한 관계망의 중심에 있었다. 그는 독자적 권력 기반이나 정보가 없었고, 재량권도 적었다. 만일 그가 특권 집단의 이익을 위협하면, 바로 제거되었다. 임금이 무력 하기 때문에 척신이나 삼사의 월권을 견제하기 어려웠고, 경연정 치의 삼각관계도 불안정했다.

한편 주자학의 명분론은 조선의 정치를 막다른 골목으로 몰고 갔다. 유학자들은 목숨보다 명분을 중시했고, 세상만사를 선악으 로 보았다. 의견이 다르면 원수처럼 미워하고, 타협이나 절충을 죄악으로 여겼다. 민생이나 국방은 뒷전이고, 허구한 날 명분싸움 을 일삼았다. 이들은 주자학 이데올로기의 포로였다. 조선왕조의 첫 백 년 동안, 지식인들의 사고가 명분과 실용의 균형을 이루더 니, 그 뒤 점점 더 명분에 치우쳐서, 결국 균형을 잃고 말았다. 이 건창이《당의통략黨議通略》에서 말한 주자학의 말폐末弊였다.

제6장 영조의 경연과 탕평

　영조(1724~1776)가 즉위할 때, 조선왕조는 333살이 되었다. 왕
조의 통치 시스템은 낡고 닳아서, 제대로 작동하지 않았다. 조선
이 201살 되던 해에 임진왜란이 일어났고, 다시 44년이 지나서
병자호란을 겪었다. 이를테면 지진해일과 특급 태풍이 낡은 건축
물을 강타한 셈인데, 왕조는 망하지 않았다. 고도의 정치적·문화
적 통합 덕분이었다. 일본에서는 도요토미 정권이 도쿠가와 세력
의 도전에 무너졌고, 중국에서는 명나라가 신흥 만주족에게 망했
다. 조선왕조는 강력한 내부 도전이 없어서 그럭저럭 버텼다. 그
러나 낡은 통치 시스템은 큰 손상을 입어서, 수리가 시급했다.
　무엇이 문제였나? 정치는 당쟁의 피해가 심각했다. 엘리트 집
단이 혈연·지연·학연을 매개로 결속하는 것은 새삼스러운 일이
아니었다. 선조 때 동인과 서인은 그렇게 뭉쳐서 경쟁했다. 그러
나 인조반정과 숙종 때 몇 차례 '환국'을 거치면서, 당쟁은 전면전
으로 바뀌었다. 싸움에 이기면 권력을 독점하고, 지면 가문이 멸
망하는 판국이었다. 북인은 몰락하고 남인은 들러리로 전락했으
며, 노론과 소론은 서로 원수가 되었다. 왕이 애써 조정하고 화해
를 명령해도 소용이 없었다. 당인黨人들은 우두머리의 말과 당파

의 이익을 앞세웠다. 과거제도는 시험이 너무 잦고 부정까지 심해서, 엘리트 충원의 기능이 많이 저하되었다.

경제는 국가 재정의 부족이 문제였다. 조선왕조는 호구戶口와 토지에서 부세를 거두는데, 세원稅源이 자꾸 줄었다. 왕실을 비롯한 특권층의 재산으로 빠져나갔기 때문이다. 가령 국왕의 자녀가 결혼할 때마다 토지를 떼어 주어, 궁방전宮房田이 계속 늘었다. 고위 관리들과 서원 등도 국가의 토지를 잠식했다. 이것이 수백 년 쌓여, 그 규모가 막대했다. 국가와 농민은 가난하고, 특권층만 살찌는 구조였다. 흉년에는 정부가 직첩職牒을 수천 장씩 팔아서 굶주린 백성들을 먹였다. 직첩을 산 부자들은 양반이 되었고, 군포軍布를 내는 양민의 수는 계속 줄었다. 악순환은 계속되었다.

사회적 모순으로는 노비제와 서얼 차별이 심각했다. 노비는 국가와 양반의 재산인데, 임진왜란 이후 많은 노비들이, 특히 공노비들이 무더기로 도망쳤다. 양반들은 노비를 양인과 결혼시키는 불법으로 사유재산을 늘렸다. 한편 서얼은 양반제도의 부산물이었다. 아버지는 양반이지만 어머니는 천한 신분이라, 자녀들은 철저한 차별 대우를 받았다. 전란 이후 서얼은 전공戰功과 직첩 매입 등으로 신분을 높이고, 양반 대우를 요구했다. 일부 지역에서는 이들 신향新鄕과 전통적 양반인 구향舊鄕 사이에 충돌이 일어났다. 이른바 향전鄕戰이었다. 이러한 사회적 모순들을 어떻게 해결할 것인가?

영조는 31세에 즉위하여 52년 동안 재위하면서 이삼백 년 쌓인 문제들을 풀어 갔다. 탕평책으로 당쟁을 완화하고, 균역법으로 양인의 조세 부담을 줄이고, 서얼허통과 노비종모법으로 신분제의 모순을 완화했다. 또 《속대전續大典》·《속오례의續五禮儀》·《동국문헌비고東國文獻備考》·《여지도서輿地圖書》·《양역실총良役實總》 등 법전과 예전禮典과 각종 통치 자료를 많이 편찬했다. 모두 낡은 시스템을 크게 보강하는 사업이었다. 또 그의 손자 정조(1776~1800)가 뒤를 이어 시스템을 정비했다. 비록 근본적인 모순을 그대로 둔 부분적 개혁이지만, 위기를 극복하고 왕조의 수명을 연장했다.

영조는 조선왕조의 여러 국왕들 가운데 매우 특이한 인물이다. 83세로 가장 장수했고, 재위 기간도 52년으로 가장 길고 굴곡이 컸다. 이복형 경종을 독살했다는 혐의로 오래 시달렸고, 66세에 15세의 왕비와 결혼하고, 69세에 28세의 아들 사도세자를 죽였다. 극적인 감정 표현과 남다른 권모술수로 신하들을 압도하고 왕권을 강화했다. 경연에서도 조선 후기 최고의 기록을 세웠고, 자신의 개혁정책을 추진했다. 여기서 신하들을 만나 자신의 학식을 과시하고 반대파를 설득했다. 강독 교재에서 문제 해결의 실마리도 찾았다.

제6장은 영조대의 경연을 개관한다. 영조가 52년 동안 경연에서 강독하고 토론한 사실은 《승정원일기》에 자세히 기록되었고, 《영조실록》에는 간단히 언급되었다. 저자는 이 자료들을 훑어보고, 영조의 경연에 관한 세 가지 물음에 대답하겠다. (1)영조는 어떤 경연을 얼마나 자주 열었나? (2)경연에서 어떤 교재들을 어떤 방식으로 공부했나? (3)영조의 경연은 탕평과 어떤 관계인가? 이 연구는 기초적인 조사로서, 큰 윤곽을 그리는 데 그치겠다.

1. 경연의 종류와 빈도

영조대의 경연은 오랜 전통의 산물이었다. 일찍이 태조와 태종
때 송나라와 고려의 제도를 참고하여 골격을 만들었고, 세종과 성
종 때 내용을 채운 뒤, 약 2백 년 동안 조금씩 고친 결과였다. 따
라서 영조의 경연에서 조선시대 경연의 변천사를 볼 수 있다. 앞
서 조선 전기의 경연을 다룰 때는, 자료가 부족해서 윤곽만 겨우
그렸다. 조선 후기의 경우에는, 법규집에 경연의 절차가 실려 있
고, 《승정원일기》에 경연이 진행되는 과정이 상세히 기록되어 있
다. 그날그날 실시한 3강이나 2대의 시간과 장소, 참석자 명단,
강독한 교재와 범위, 토론한 내용까지 실었다. 덕분에 경연의 모
습을 훨씬 더 자세하게 그릴 수 있다.[1]

먼저 경연의 종류를 살펴보자. 조선 후기의 경연은 3강講과 2대對
로 나뉘었다. 3강은 정식 경연으로, 조강朝講 · 주강晝講 · 석강夕講이
고, 2대 또는 양대兩對는 약식 경연인 소대召對와 야대夜對였다. 소대
와 야대는 형식이 똑같고, 낮과 밤 시간만 달랐다. 성종 때는 3강
과 야대만 있었는데, 그 후에 소대가 추가되고, 비중이 점점 커진
것이다. 또 3강을 법강法講이라고 일컬어, 2대와 구별했다.[2] 두 가
지는 참석자와 진행 절차 및 교재가 달랐고, 공식 문서에 기록하
는 방식도 달랐다. 그러나 3강과 2대는 모두 군주 교육이므로, 여

---

1) 저자가 1989년에 이 주제를 연구할 때는, 영인본 《승정원일기》를 한 장씩 손
   으로 넘기면서 읽었다. 현재는 이 방대한 자료를 인터넷으로 쉽게 검색할 수
   있다. 주제어를 입력하여, 《승정원일기》 전체를 검색하거나, 범위를 한정할 수
   있다.
2) 법강이라는 말은 숙종 때 연대기에 처음 나오고, 영조 때 자주 보인다. 《숙종
   실록》에 4.10.16(대신 인견) 및 5.1.15(부교리 상소) 등 6회, 《승정원일기》에
   는 숙종 2.11.8 이후 30회쯤 나온다.

기서 경연은 두 가지를 아우른다.

3강과 2대는 《승정원일기》에 기록하는 방식부터 차이가 난다. 일기는 첫 줄에 날짜(연월일), 다음에 6승지와 주서 네 명의 이름을 쓰고, 날씨, 왕의 소재(대궐 이름), 상참과 경연의 실시 여부를 차례로 쓴 뒤, 그날 왕의 거동을 하나하나 적었다. 주로 신하들을 만나서 국정을 처리한 내용이고, 관리 임명과 해임, 긴 상소문과 왕의 짧은 비답批答 등도 실었다. 상참과 경연을 몇 달 동안 하지 않아도, 매일 '정상참경연停常參經筵'이라고 써서(국장 기간은 제외), 왕의 태만을 꼬집었다. 아래에 소대나 야대를 기록한 경우에도, 첫머리에는 경연을 안 했다고 썼다. 즉 2대는 경연으로 치지 않았다.

경연의 종류에 따라서 참석자들이 달랐다. 2대에는 3품 이하만 입시하고, 3강에는 1·2품 대신들도 참석했다. 원래 세종은 평소 참석자를 승지 한 명, 집현전 두 명, 사관 한 명으로 한정했다. 성종 때 1일 3강으로 바꾸면서, 조강에 1·2품 대신들과 대간臺諫을 추가하고, 사관을 세 명으로 늘렸다. 그 후 2백 년 동안 이 틀을 지키면서 조금 바꾸었다. 중종 때부터 2품 대신이 주강과 석강에도, 곧 3강에 모두 참석했다. 대간은 여전히 조강에만 참석했다. 효종은 3품 무신武臣을 추가하고, 숙종은 종신宗臣, 즉 종친을 참석시켰다. 영조는 이 관행을 계승하여 무신과 종신을 한 명씩 주강에 참석시키다가, 재위 후반에 이를 폐지했다. 영조 때 3강과 2대에 입시하는 사람들은 〈표 6-1〉과 같다.

〈표 6-1〉 경연에 입시하는 신하들

	대 신	승 지	홍문관	대 간	사 관	합 계
조 강	영 사 1 지사/동지사 1 특진관 2	1	2	2	3	12명
주 강 석 강	지사/동지사 1 특진관 1 종신 1, 무신 1	1	2	0	3	10명 (8명)
소 대 야 대	0	1	2	0	3	6명

아래쪽 최소 인원부터 살펴보자. 소대와 야대에는 승지 1명, 홍문관 2명, 사관 3명, 모두 6명이 입시했다. 세종 때의 방식을 성종이 물려받아서 사관만 늘린 것이다. 한림翰林(예문관)을 2명으로 늘리고, 승정원 주서 1명을 추가해서, 모두 3명이 기록을 맡았다. 주강과 석강에는 이들 6명에 지사/동지사 1명과 특진관 1명을 더하여 모두 8명이다가, 효종 때 무신武臣 1명과 숙종 때 종신宗臣 1명을 추가하여 10명으로 늘었다.[3] 영조는 36년 6월에 종신의 입시를 폐지하고, 45년 10월에 무신의 입시를 폐지하여, 다시 8명이 되었다. 조강에는 최소 인원 6명에 영사(정승) 1명, 지사/동지사 1명, 특진관 2명, 대간 2명이 더 참석하여, 모두 12명이었다.

---

3) 효종은 특진관 가운데 무신武臣을 늘리려고 했으나, 1·2품으로 한성부나 육조에 근무한 사람이 드물었다. 그래서 3품(당상관) 가운데 병사나 수사를 거친 사람들을 뽑아서, 윤대輪對 형식으로 1명씩 경연에 불렀다. 《승정원일기》 효종 1.11.5, 1.11.7, 1.11.9. 숙종은 주강이 끝날 때, 대기하던 무신 2명을 불러들였는데, 경연관 윤휴의 제안으로 종신도 2명씩 만나기로 했다. 《승정원일기》 숙종 2.1.21. 주강에 참석하는 무신과 종신은 각각 1~2명이었다. 효종과 숙종은 조강을 거의 열지 않았기 때문에, 주강에서 이들을 만났다. 여기서 '경연관'은 지사(정2품)와 동지사(종2품)를 뜻한다. 성종 때는 홍문관원을 경연관으로 불렀는데, 이때는 유신儒臣이라고 불렀다.

　1일 3강의 경우에 참석자가 같았나, 일부 바뀌었나? 가령 영조
는 원년 3월 12일에 3강을 모두 열었다. 조강에는 영사 1명, 지사
1명, 특진관 2명, 참찬관 1명, 시강관 1명, 시독관 1명, 장령 1명,
헌납 1명, 주서 1명, 한림 2명 등 12명이 입시했다. 주강에는 영
사와 지사가 그대로 참석하고, 특진관은 1명으로 줄면서 교대, 참
찬관(승지)은 교대, 시강관과 시독관 및 사관 3명은 그대로, 대간
은 빠지고, 종신과 무신이 1명씩, 모두 11명이 참석했다. 본래 10
명인데, 이날만 영사가 왕명으로 남았다. 석강에는 10명이 입시했
다. 영사가 빠지고, 참찬관은 교대, 지사와 특진관 각 1명, 그리고
옥당 2명과 사관 3명은 주강과 석강에 잇달아 참석했다. 다시 말
해 지사 1명, 옥당 2명, 사관 3명은 3강에 계속 입시했다.

　입시 절차도 세종과 성종 때 정한 것을 거의 그대로 지켰다. 구
체적인 사례들이 영조대의《승정원일기》에 다수 실려 있고, 상세
한 규정들은 정조 때 편찬한《홍문관지弘文館志》와《춘관통고春官通
考》, 그리고 고종 때 편찬한《육전조례六典條例》와《은대조례銀臺條
例》등에 실려 있다. 여기에 실린 정보들은 겹치는 부분들도 있고,
자세하고 소략한 차이도 있다. 이러한 규정과 사례들을 종합하면,
조선시대 경연의 전형典型이 나타난다. 강의를 준비하는 절차는
다음과 같다.[4]

　첫째, 취품取稟은 매일 아침 당직 승지가 다음날 경연(3강)을 하

---

4) 이강욱이 번역한《은대조례》(고전번역원, 2012)는 각주에 관련 정보를 많이
　수록했다. 특히〈예고禮攷〉제25항 '경연'의 각주 4개에《육전조례》의〈예전禮
　典〉"홍문관" '강연講筵',〈이전吏典〉"승정원" '등연登筵',《은대편고銀臺便攷》의
　〈예방고禮房攷〉'경연' 대목에 실린 내용들을 모았다. 저자가 미처 확인하지 못
　한 세세한 정보도 있어서 도움이 되었다.《홍문관지》는 영조 · 정조 · 고종 때
　편찬한 것이 각각 남아 있는데, 내용이 조금씩 다르다. 2002년 서울대학교 규
　장각에서 간행한 영인본《홍문관지》는 세 가지를 모두 실었다.

는지 묻고 왕이 결정하는 일이다. 이때 상참常參도 함께 묻는데, 둘을 합쳐서 시사視事라고 한다. 왕이 주강만 열겠다고 대답하면, 이를 분판粉板에 써서 승정원 대문 바깥쪽에 게시했다. 다음 날 날짜를 먼저 쓰고(예: 來九日), '주강'이라고 썼다. 조강과 석강도 열면, 3강을 잇달아 적었다. 쉰다(停)고 대답하면, 날짜 다음에 '무사無事'라고 썼다. 홍문관 등 해당 관청의 서리書吏들은 승정원의 게시판을 확인하고 소속 관청에 알렸다. 3강과 달리, 소대나 야대는 취품이 없었다. 그날 아무 때나 왕이 승지에게 지시하면, 승정원에서 즉시 홍문관에 알렸다.

둘째, 현두懸讀는 교재의 원문(한문)에 구두점을 찍고, 토를 다는 일로써, 현토懸吐와 같은 말이다. 다음 날 경연을 예고하면, 홍문관의 책리冊吏, 곧 책을 담당하는 서리가 왕의 거처인 대전大殿에 가서 왕이 보는 책을 가져왔다. 당직 옥당은 공부할 범위를 어디서부터(自) 어디까지(至)라고 표시하고, 붉은(朱) 글씨로 한글 토를 달아서(예: ~하고, ~이니라 등), 왕의 처소로 돌려보냈다. 토를 달때, 의견이 달라서 논쟁도 했다. 이러한 확인 및 준비 절차가 있어서, 왕과 옥당이 충분히 예습할 수 있었다. 소대와 야대의 경우에도 이런 절차를 밟았으나, 바로 당일에 통보하기 때문에 예습할 시간이 별로 없었다.[5]

셋째, 습강習講은 강의를 연습하는 절차이다. 신하들은 공복公服을 입고, 정시正時보다 2각刻 즉 30분 전에 합문閤門 밖의 막차幕

---

[5] 책리는 책색서리冊色書吏 또는 책색리冊色吏라고도 불렀다. 태조 때의 경연관직(〈표 3-1〉)에 '서리書吏 약간 명'이라고 나온다. 색色은 담당을 뜻한다. 현토 방식에 관한 논란은 선조 때 유희춘의 《경연일기》에도 나왔고, 영조의 경연에서도 더러 보인다. 서리는 대전 뜰에 들어가지 못하고, 차비문差備門 밖에서 대전별감에게 알렸다.

次에 가서 대기했다. 좌장(조강의 영사, 주 · 석강의 지사)이 좌정하면, 차례로 앞에 가서 절하고, 정해진 자리에 앉았다. 사관들은 절하지 않았다. 책리冊吏가 각자 앞에 책을 한 권씩 놓으면, 옥당 두 명이 좌장 앞에 나아가서, 상번이 교재의 첫 대목을 읽었다. 부제학이 상번이면, 하번이 읽었다. 어전에서는 물론 부제학이 읽었다. 이어서 사관(하번)이 좌목단자座目單子를 들고, 대신들과 승지 앞에 가서 무릎 꿇고 차례로 보였다. 사관이 참석자 명단을 책리에게 넘기면, 옥당 및 대간에게 마저 보이고, 대전별감을 불러서 왕에게 보냈다. 2대는 습강이 없었다.[6]

넷째, 입시入侍는 들어가서 모신다는 말로, 어전에 가서 강독하는 절차이다. 시간을 담당하는 금루관禁漏官이 정시가 되었다고 알리면, 왕이 편전으로 갔다. 왕이 전좌殿座했다는 기별이 오면, 대기하던 신하들이 각자 책을 들고 차례대로 들어가서, 임금에게 절하고 지정된 좌석에 부복俯伏했다. 말할 때는 허리를 세워서, 왕과 다른 참석자들에게 잘 들리도록 했다. 부복은 조선왕조의 오랜 전통으로 그동안 몇 차례 좌강坐講이 거론되었으나, 끝내 실현되지 않았다. 들어갈 때는 품계가 제일 높은 사람부터 들어가고, 나올 때는 제일 낮은 사람부터 나왔다. 국왕은 남쪽 문, 영사는 동쪽 문, 나머지는 모두 서쪽 문으로 드나들었다.

다섯째, 좌차坐次는 좌석 배치를 뜻한다. 국왕은 북쪽 어탑御榻에 남면하여 앉았다. 1품 영사는 동벽(동쪽)에서 서향, 2품은 서벽에서 동향, 3품 이하는 남쪽에서 북향이다. 동벽과 서벽은 어탑

---

6) 같은 날 주강과 석강을 한 경우, 석강의 습강을 따로 했다.《승정원일기》영조 17.6.21.

에 가까운 북쪽이 상석이고, 남쪽 줄에서는 동쪽(임금의 왼쪽)이 상
석이다. 2품의 경우에는 지사가 상석(어탑에 가까운 북쪽), 특진관이
중간, 종신이 말석이다. 사관 두 명은 어탑 가까이 동서로 마주 보
고, 주서의 자리는 동쪽 사관 다음(남쪽)이다. 주서의 품계가 더 높
았지만, 경연에서는 사관을 우대했다. 품계가 같은 신하들(예: 승
지·부제학·대사간) 사이에 자리(상석) 다툼이 있어서, 세세한 규정
을 전에 만들었다. 〈표 6-2〉는 조강, 주강과 석강, 그리고 소대와
야대의 좌차를 보여 준다.[7]

〈표 6-2〉 경연의 좌석 배치

조 강	주 강·석 강	소 대·야 대
융	융	융
영의정 … 영의정	영의정 … 영의정	영의정 … 영의정
사관	사관	사관
지사 … 영사	지사 / 참찬관 / 시독관	
특진 2품		
대간 2명 / 옥당 2명 / 승지	무신 / 옥당 2명 / 승지	옥당 2명 / 승지

---

7) 이 좌차는 최한기의 〈강관론〉에 실린 '본조경연반차도本朝經筵班次圖'를 참고
   하여 작성했다. 〈강관론〉은 송나라 경연의 고사故事를 모았고, 조선의 경연에
   관한 정보는 이 좌차도뿐이다. 《명남루전집明南樓全集》 제2책(여강출판사 영인
   본, 1986), 580~581쪽.

경연은 언제, 어디서 열었을까?《홍문관지》는 3강의 정시正時를 규정하여, 조강은 평명平明(동틀 무렵), 주강은 오정午正(낮 12시), 석강은 미정未正(오후 2시)이라고 했다. 영조 때 조강은 계절에 관계없이 거의 다 진시辰時(오전 7시~9시)에 시작했고, 이보다 늦은 경우도 가끔 있었다. 주강은 거의 다 오시午時에 시작했다. 석강은 처음 10년 동안 대개 신시申時(오후 3시~5시)나 유시酉時(5시~7시)에 시작했고, 이후에는 시간이 불규칙했다.《홍문관지》의 '미정(오후 2시)'이라는 규정과 전혀 달랐다. 소대는 '불시不時'에 거행했는데, 오후가 많았다. 야대는 대궐 문을 닫은 뒤에 하는 소대였다. 야대는 대개 초경初更(오후 7~9시)에, 가끔 이경二更(오후 9시~11시)에 시작했다.

경연의 장소는 편전便殿이었다. 왕은 주로 창덕궁에 기거하면서, 가끔 창경궁 등으로 옮겼다. 즉위 직후에는 국상 중이라, 왕이 창덕궁의 무망각無妄閣에 머물렀다. 여기서 대신들을 만나서 국정을 처리하고, 소대와 야대도 열었다. 즉위년 12월 16일에 국장을 끝내고, 창경궁으로 거처를 옮긴 뒤에는, 진수당進修堂과 시민당時敏堂에서 공부했다. 영조는 2년 겨울에 창덕궁으로 돌아온 뒤, 3강은 선정전에서, 2대는 희정당熙政堂에서 열고, 다른 전각들도 더러 이용했다. 후에 경희궁에서는 흥정당興政堂·집경당集慶堂·경현당景賢堂 등을, 창경궁에서는 환경전歡慶殿·숭문당崇文堂·함인전涵仁殿·명정전明政殿·극수재克綏齋 등을 사용했다.[8]

---

8) 영조는 31년부터 정전에서도 경연을 열었다. 정영기,《조선시대 궁궐 운영 연구》(도서출판 역사문화, 2014), 163~164쪽. 저자는 영조가 야대와 소대를 여러 편전에서 거행한 사례들을 따로 정리했고(216~221쪽), 저자가 만든 영조의 경연 출석 통계에 일부 누락이 있음을 확인했다.

영조는 3강과 2대를 얼마나 자주 했을까? 영조의 경연 출석은 《승정원일기》와 《영조실록》에 기록되었다. 실록의 기사는 매우 간략하여 대개 중요한 내용 한두 가지만 실었다. 주강이나 소대를 했다는 사실만 밝힌 경우도 종종 있고(예: 行晝講, 行召對), 그것마저 누락된 경우도 가끔 있다.[9] 반면에 일기는 왕이 그날 한 일을 꼼꼼히 적어서, 경연 출석을 빠트릴 수가 없다. 3강의 경우에는 매일 기사 첫머리에 '했다'/'쉬었다'를 밝혀서, 출석을 확인하기 쉽다.[10] 이와 달리 2대는 그날 기사를 끝까지 훑어보아야 한다. 〈표 6-3〉은 영조 재위 52년의 방대한 기록을 검토하여 작성한 '경연 출석부'이다.[11] 여기서 몇 가지 사실을 바로 확인할 수 있다.

〈표 6-3〉 영조의 경연 출석

연\월	1	2	3	4	5	6	7	8	9	10	11	12	윤달	합계	조	주	석	소	야
0								즉위	1	10	3	1	④·	15				9	6
1	11	14	12	8	13	3	7	6	12	6	5	5		102	2	51	9	34	6
2	3	6	13	8	15	16	3	5	9	5	11	7		101	2	34	5	54	6
3	6	7	10	10	8	4	4	6	4	9	4	3	③9	84		44	4	26	10
4	6	19	6	3	4	10	7	13	4	6		4		82	3	23	3	50	3
5	2	8	8	7	13	5	9	8	13	7	4	4	⑦14	102	1	39	5	53	4

9) 《승정원일기》에 기록되고 《영조실록》에 누락된 사례는 0.11.18 소대, 1.1.26 석강, 1.2.7 소대, 1.2.19 주강, 1.2.24 소대, 1.3.13 석강, 1.4.21 주강, 1.5.2 주강, 1.5.11 주강, 1.5.15 소대 등 즉위 초부터 많이 나온다.

10) 첫머리에 잘못 기록한 경우도 있다. 가령 영조는 40년 3월 13일에 조강과 석강을 열었는데, 《승정원일기》에 자세한 내용을 싣고도, 첫머리에 주강을 빠트리고 '지석강只夕講'이라고 적었다.

11) 저자는 27년 전에 여러 사람들의 도움으로 영조의 '경연 출석부'를 만들어, 이 출석 통계를 작성했다. 최근에 출석부에서 누락이 일부 확인되었으나, 통계표를 다시 만들지는 않았다. 《승정원일기》에서 영조 재위 52년 동안의 출석을 다시 부르는 일은 감당하기 어렵다. 재점검으로 누락과 착오를 추가로 확인하더라도, 그 비중은 그리 크지 않을 것이다. 따라서 영조대 경연의 큰 그림은 그리 달라지지 않는다.

	1	2	3	4	5	6	7	8	9	10	11	12	○	계	1	2	3	4	5
6	6	3	2	3	1	5		2	1	1	2	8		34		6		23	5
7	5	4	2	7	15	9	5	2		17	11	5		82	2	25	6	45	4
8	12	9	9	10	3		1	1	2		1	1	⑤6	55	1	27	2	25	
9	1	3	1	4	24	8	2	2	9	8	11	13		86	2	32	5	44	
10	2	11	12	15	22	27	14	13	23	6	12	11		168	8	45	21	89	5
11	6	10	4	5	7	12	11	9	9	10	6	11	④18	118	1	36	9	65	7
12	4	13	9	12	23	12	14	6	15	12	11	8		139	3	41	12	71	12
13	7			7	6	10	5	5	14	18	6	6	⑨17	101	6	32	14	45	4
14	6	6	2	6	2	3	8	4	15	14	3	5		74		25	17	29	3
15	7		2	2	9	18	6	1	2		12	2		61	1	20	11	27	2
16		3	6	9	8	15	13	10	13	7	6	6	⑥3	99	1	29	26	42	1
17	11	13	11	23	10	15	9	2	2	5	1	4		106		41	26	37	
18	5			8	2	2	2	6	5	5	1			36		21	2	11	2
19	1	2	1						2		2		④2	8		4		4	
20	2	3	4	2		2	4	1	2	1	10	4		35		21	3	10	1
21	1	1	1	1	3	6		4	2	2	2			23	1	13	2	7	
22	1	13	14	21	3	1		1		2	8		③2	71	1	32	20	12	6
23	4	8	10	5	8	8	13	5	3	14	10			88		24	4	57	3
24		1	2		6	7		3	6	6	3	1	⑦·	35		8	2	19	6
25	4	3	2	5	5	2	5	2	2	1	4	3		38				33	5
26	8	3	1	1		1		1		1	1			17				8	9
27	1				3			1					⑤5	10				9	1
28						1		2		2	1			6				6	
29			2	1	1									4				4	
30				9	2	1	3	1	1	2	1		④·	20				17	3
31	3	1		3						3	6			16				15	1
32	7	4		6	6	7	3	1	6	4	4		⑨8	56				56	
33	4	4		1		6	7	8	3	3				35				35	
34	2	2	1	5	3	7	14	11	25	11	8	2		91	16	27	16	21	11
35	2	6	7	10	3	5	6	7	7	7	4	5	⑥6	75	3	32	16	21	11
36	5	6	3	5	3	4	6	6	5	5	8	4		60	2	35	5	16	2
37	10	7	3	7	6	4	11		4	6	6	4		68	8	29	6	23	2
38	2	4	3	4	6	2	16	8	20	13	4	2	⑤3	87	11	52	10	13	1
39	13	13	7	20	31	22	30	16	27	10	17	3		209	31	97	32	48	1
40	19	5	17		7	25	19	20	8	18	23	12	5	188	23	103	54	8	
41	25	18	13	18	13	13	7	7	12	11	7		②20	164	9	102	52	1	
42				1				1	2					4		2		2	

43	1		2	2			1		1				⑦	·	7	1	4	2		
44	1		1	1	1						2				6		2			2	2
45	2	2	3	2	3					13	11	9			45	6	25	5	9	
46	16	31	13	24	18	14	14	16	11		10	10	⑤22		199	21	123	50		5
47	15	2	2	10	6	10	2	3	3	2	2				57	7	38	8	4	
48	5	8	3	10	10	4	4	1	2	7	3	3			60	4	55		1	
49	3	1	1	3	2	1		2			2	1	③3		19	3	16			
50	2			1				1							4	1	2	1		
51			1			2					1	1	⑩	·	5	2	7			
52	1	2 사망													3		3			
계 (%)															3458 (100)	182 (5.3)	1424 (41.2)	460 (13.3)	1246 (36.0)	146 (4.2)

　첫째, 영조는 경연에 부지런했으나, 52년 동안 기복이 심했다. 그는 32세에 즉위하여 83세에 서거할 때까지 52년 동안, 경연을 3,458회 열었다. 1년 평균 66.5회, 한 달 평균 5.5회 정도로, 출석률이 조선 후기의 군주들 가운데 최고였다.[12] 1년에 1백 회 이상 연속 출석하기도 했다. 10년의 168회, 11년의 118회, 12년의 139회, 13년의 101회는 40대 초반의 왕성한 의욕을 드러낸다. 39년의 209회, 40년의 188회, 41년의 164회 및 46년의 199회는 70대 국왕의 노익장老益壯을 보여 주지만, 42년부터 마지막 10년의 출석은 매우 저조하여, 1년에 10회 이하가 절반이다. 경연은 국상, 고변告變이나 반란, 왕의 질병 등 여러 가지 사정으로 중단되어, 출석이 들쭉날쭉하다.

　둘째, 3강과 2대의 비중이 조선 전기와 매우 달랐다. 재위 52년

---

12) 1년 평균 66회가 성종의 344회나 중종의 163회와는 견줄 수 없다. 그러나 성종은 38세에 죽었고, 영조는 83세까지 재위했음을 고려해야 한다. 영조의 재위 기간 가운데 60세 이후 노년기가 성종의 재위 기간(13세~38세)과 맞먹는다. 그는 79세(재위 48년)에도 경연을 60회나 열었다.

동안 경연 출석은 조강 182회(5.3%), 주강 1,424회(41.2%), 석강 460회(13.3%), 소대 1,246회(36.0%), 야대 146회(4.2%)였다. 조강 이 크게 줄고, 주강이 늘었으며, 특히 소대의 비중이 커졌다. 3강 과 2대는 대략 3대 2의 비율인데, 시기에 따라서 달라졌다. 영조 24년까지는 3강이 918회(48.2%)에 2대가 987회(51.8%)로 비슷하 고, 소대가 주강보다 더 많았다. 이 기간에 조강은 35회(1.8%), 주 강은 673회(35.3%), 석강은 210회(11.0%), 소대는 888회(46.6%), 야대는 99회(5.2%)였다. 앞서 세종과 성종 때는 소대가 없었고, 중 종 때는 소대의 비중이 1.3%에 그쳤는데, 명종 때 11.1%로 늘었 고, 그 뒤 기복이 있었다.[13]

영조는 25년 초부터 세자에게 대리청정을 시킨 뒤, 9년 동안 3 강을 없애고 소대와 야대만 열었다. 31년에 소대를 강경講經으로, 야대를 야강夜講으로 명칭을 바꾸었다가, 34년 6월 13일에 이전 이름으로 되돌렸다. 31년에는 강경에 2품 경연관을 입시시키더 니, 연말부터 1품 영사까지 입시시켰으나, 조강과 달리 대간은 참 석시키지 않았다. 통계에서는 편의상 소대로 분류했다. 영조는 34 년 6월 16일에 경연을 재개하여, 서거한 52년 3월까지 약 18년 동안 계속했다. 이 기간에는 3강이 1,136회(85%), 2대는 200회 (15%)로, 3강의 비중이 압도적으로 컸다. 3강 가운데서 주강이 3 분의 2를 차지했다.

왜 조강이 확 줄고, 소대가 늘었을까? 첫째, 조강의 빈도는 그

---

13) 저자가 명종의 경연 출석을 집계한 결과는 다음과 같다. 조강 829회 (34.4%), 주강 420회(17.4%), 석강 717회(29.7%), 소대 268회(11.1%), 야 대 177회(7.3%), 합계 2,413회. 선조의 경우에는 기록이 부실하고, 광해군 이후는 경연이 부실해서, 통계를 내지 않았다. 숙종과 영조에서 고종까지 소 대의 비중이 매우 컸음은 쉽게 확인할 수 있다.

중요성과 직결된다. 성종과 중종은 주로 조강에서 대신들 및 삼사와 국정을 협의했기에 그 비중이 컸다. 이와 달리, 영조는 정승·비변사 당상·대간 등을 수시로 만났으니, 상참이나 조강의 필요성이 줄었다. 둘째, 영조는 늦게 자고 늦게 일어나는 버릇이 있어서, 조강 열기가 힘들었다. 셋째, 소대의 급증은 강독 방식과 관련된다. 영조는 3강에서 경서를 공부하고, 2대에서 역사와 성리학 책을 읽었다. 양자의 균형을 맞추느라고 소대의 비중이 자연히 커졌다. 야대는 워낙 드물었다. 또 세자에게 대리청정을 시킨 9년 동안, 영조는 3강을 그만두고 약식 강독만 해서, 그 비중이 더 늘었다.

2. 교재와 강의 방식

경연의 교재도 오랜 전통의 유산이었다. 일찍이 송나라는 황제의 교과과정을 경서經書와 사서史書로 체계화했고, 경학과 사학과 성리학에 관한 새로운 저술을 많이 남겼다. 이를 계승한 조선은 경사經史에 성리학 저술을 추가했다. 가령 세종은 경서인 4서 5경, 역사책인《통감》·《강목》·《사기》·《송감》·《통감속편》, 그리고《성리대전》과《대학연의》를 공부했다. 성종은 여기에《한서》와《정관정요》,《고려사》와《국조보감》,《근사록》등을 추가했다. 그 뒤 약 2백 년 동안《소학》·《심경》·《대학연의보》등 중국 책과 함께《동국통감》·《성학집요》·《절작통편節酌通編》등 조선에서 편찬한 책을 보탰다.[14]

---

14) 지두환이 《성학집요》와 《심경》에 초점을 맞추어 교재의 변화를 고찰한 바

이 교재들은 모두 주자학 이데올로기의 산물이다. 경서는 유가 성현들의 가르침인데, 주자의 해석이 절대적인 권위를 누려서, 이와 다른 해석을 용납하지 않았다. 역사책으로는《강목》, 곧《자치통감강목》이 으뜸이었다. 《강목》은 주자가 정한 지침에 따라서 제자들이 편찬한 책으로, 주자학파 역사 서술의 본보기였다. 당연히 형식적 명분과 도덕적 비판이 넘치고, 재정과 국방 등 국가 경영의 실무에는 관심이 적었다. 조선에서 주자학이 발달하면서, 경연에서도 치인治人보다 수기修己에 치우쳐, 남송 때 편찬한《소학》·《근사록》·《심경》 같은 책을 중시했다. 이로써 유가의 국왕 길들이기가 더욱 철저해졌다.

진강책자進講冊子, 곧 강독 교재는 홍문관이 영사들(3정승)에게 묻고, 왕에게 보고하여 결정했다. 영조는 왕세제王世弟로 있던 3년간, 서연에서《소학》과《대학》을 떼고, 《논어》와《강목》을 공부하고 있었다. 즉위 후 영사들과 의논하고, 경연에서 두 책을 계속 공부했다. 교재 하나의 강독이 끝날 무렵이면, 그때마다 이런 절차를 밟았다. 영조는 3강에서 경서를 강독하고, 2대에서 역사책을 읽었는데, 이것이 조선 후기의 관행이었다.[15] 성리학 저술은 양쪽에서 읽었지만, 2대에서 더 많이 읽었다. 영조가 강독한 교재와 기간은《열성조계강책자차제列聖朝繼講冊子次第》에 나온

있다.(〈조선 후기 영조대 경연과목의 변천〉,《진단학보》81, 1996)《절작통편》은 숙종 때 송시열이 편찬한 책으로, 이황의《주자서절요朱子書節要》와 정경세의《주문작해朱文酌海》를 합치고 내용을 약간 보충했다. 원래 이황은《주자대전朱子大全》에서 편지글만 골랐고, 정경세는 같은 책에서 다른 대목들을 뽑았다.

15) 경종 즉위년에 교재를 논의하면서, 선왕들이 소대에서는 경서를 강의한 적이 없다고 했다. 《승정원일기》경종 0.7.14. 《경종실록》에는 이 구절이 빠졌다.

다. 서연과 경연을 나누고, 경연을 법강과 2대로 나누어, 교재마
다 개강하고 종강한 날을 적었다. 〈표 6-4〉는 이 책자에 실린 영
조의 강독 교재를 경서·역사서·기타로 분류하고, 법강과 2대를
통합해서 만들었다.[16)]

먼저 경서를 보자. 영조는 서연에서 《소학》과 《대학》을 떼고,
《논어》와 《강목》을 읽다가 즉위했다. 즉위 후 3강에서 《논어》·
《맹자》·《중용》을 차례로 공부하는 데 약 3년 걸렸다. 그 뒤 30년
이 지나서야 4서를 다시 공부한 점이 좀 특이하다. 《논어》와 《맹
자》는 39년(70세)에 다시 읽었고, 《대학》은 65세에서 70세까지 여
덟 번, 《중용》은 60대 후반에 일곱 번 다시 읽었다. 왜 《대학》과
《중용》만 7~8번씩 거듭 읽었을까? 이 두 책은 성학聖學에 가장 긴
요한 책이니, 여기에 집중하여 성군聖君이 되고 싶었던 것 같다.
평생 《심경》을 일곱 번 읽은 것과도 밀접한 관계가 있다.[17)]

영조는 재위 4년부터 17년까지, 5경을 《상서》, 《예기》, 《시경》,
《주역》, 《춘추》의 차례로 공부했다. 7년에 《상서》를 끝낼 무렵에 경
종비의 국상을 당해서, 《예기》의 순서를 앞당겼고, 12편목編目을
골라서 읽었다. 《춘추》는 10년부터 2대에서 조금 읽다가, 13년부
터 3강으로 옮겨서 17년에 끝냈다. 《주례》는 20년부터 4년 반 동
안 소대에서 읽었다. 처음에 경연관들은 《주례》보다 《심경》을 읽

---

16) 고종 때 편찬한 《열성조계강책자차제》(규장각 2236)는 효종에서 고종까지
   임금들 열 명이 서연(세자)과 경연에서 공부한 책들을 수록했다. 진강책자의
   정보는 확실한데, 누락도 약간 있다. 가령 영조는 45년 11월 중순부터 46년
   내내 《대학》을 약 70회 되풀이 강독하고, 사이사이에 《소학》과 《대학연의》를
   20여 회씩 강독했다. 왜 이 책들이 목록에서 빠졌는지 알 수 없다.
17) 정경희는 영조의 경연 책자가 재위 전반기의 6경 위주에서 후반기의 4서 위
   주로 바뀌었음을 지적했다.(〈영조 후반기(1749년~1776년) 경연과 영조의 이
   리론 강화〉, 《역사학보》, 162, 1999년)

으라고 권했지만, 왕이 뜻을 굽히지 않았다. 조선의 국왕들은 일찍이 《주례》를 경연에서 공부하지 않았다. 영조는 국가의 여러 제도를 정비하는 데 참고하려고, 굳이 이 책을 공부한 것 같다. 그는 70대에 《시경》과 《상서》를 일부분 다시 읽었으나, 《주역》은 복습하지 않았다.[18] 왕은 6경을 이렇게 공부했다.

둘째, 영조는 다양한 역사책을 읽었다. 그는 서연에서 《강목》을 공부하다가, 즉위 후 경연에서 1년 8개월 더 걸려서 끝냈다. 11년~12년에 다시 공부했고, 39년 여름에는 여기저기 골라서 읽었다. 《자치통감》은 정치 교과서의 원조인데, 나중에 나온 《강목》에 밀렸다. 분량이 여섯 배나 많고, 명분론에 덜 철저하기 때문이다. 영조는 《통감》을 17년부터 8년 동안 공부했다. 《송원강목》은 10년부터 꼭 1년 걸려서 읽었다. 《동국통감》을 5년부터 7년까지 읽은 것은 영조가 우리 역사에 큰 관심을 가졌음을 보여 준다. 그 밖에 《송감宋鑑》을 1년 반 공부했다. 이 책은 《강목》과 함께 경연의 단골 교재로, 세종·중종·인종·현종·숙종이 공부했다.[19]

분량이 적은 역사책들은 대개 1~3개월 걸려서 읽었다. 《정관정요》는 당나라 오긍吳兢의 편찬으로, 고려 때부터 경연에서 읽었다. 《당감唐鑑》은 북송 범조우范祖禹의 작품으로, 세종·성종·중종·숙종이 강독한 바 있다. 《육선공주의陸宣公奏議》와 《이강주의李綱奏

18) 《예기》에서 공부한 편목은 〈곡례曲禮〉 상하, 〈단궁檀弓〉 상하, 〈왕제王制〉, 〈월령月令〉, 〈예운禮運〉, 〈예기禮器〉, 〈대전大傳〉, 〈학기學記〉, 〈악기樂記〉, 〈방기坊記〉, 〈표기表記〉였다. 왕이 《주례》를 공부하려고 하자, 경연관들은 《주례》가 관직제도에 불과하다고 반대하고, 《심경》을 권했다. 《승정원일기》영조 20년 11월 3일(야대), 4일(왕이 밤에 영의정과 우의정을 만남), 5일(홍문관의 보고).
19) 《송원강목》은 곧 명나라 상로商輅가 편찬한 《속자치통감강목》, 약칭 《속강목》이다.

議》는 조선에서 처음 경연 교재로 사용된 것 같다. 명나라 초기에 편찬한《역대명신주의》일부분과《역대군감歷代君鑑》도 영조가 처음으로 경연에서 공부했다. 그는 명나라 역사에 특별한 관심을 가지고《황명통기皇明通紀》와《명기편년明紀編年》를 읽었는데, 전자는 후에 큰 풍파를 일으켰다.[20] 우리의 역사로는 강목체 고려사인《여사제강麗史提綱》과 조선 국왕들의 훌륭한 언행을 기록한《국조보감國朝寶鑑》도 읽었다.

셋째, '기타' 범주의 교재로는 우선 남송 진덕수의《대학연의》와 명나라 구준의《대학연의보》를 읽었다. 전자는 조선에서 태종 이래 경연의 필수과목이 되었고, 후자는 내용이 방대하여 중종이 경연에서 공부했을 뿐이었다. 그리고 영조는 주자학파에서 수기修己 교과서로 개발한《소학》·《근사록》·《심경》과 주자의 저술을 발췌한《주자봉사朱子封事》·《절작통편》·《주자어류초朱子語類抄》등을 공부했다.《성학집요》는 이이가 편찬하여 선조에게 올렸고, 인조부터 숙종 때까지 서인들이 꾸준히 국왕에게 권하더니, 마침내 영조가 재위 25년~26년에 공부하고, 35년부터 1년 남짓 다시 공부했다. 그는 자신이 편찬한《어제자성편》과 진백陳柏의〈숙흥야

---

20)《역대명신주의》는 320권, 77책의 거질巨帙이다. 영조는 10년 6월에 홍문관에 명하여, 군덕君德 등 10개 항목에 36건을 뽑아서 공부했다.《역대군감》은 삼황오제三皇五帝에서 명나라 황제들까지 역대 군주들의 사적을 실었다.《명기편년》은 명말~청초에 종성鍾惺이 명나라 희종 때까지 편찬하고, 왕여남王汝南이 이후를 보충했는데, 조선에서 간행하여 널리 보급했다.《황명통기》는 명나라 진건陳建이 편찬했는데, 조선왕조의 종계宗系를 잘못 기록한 것이 문제였다. 원래 명나라의《대명회전大明會典》에 이성계가 이인임의 아들로서, 고려 국왕 4명을 폐위했다고 기록되었다. 조선왕조는 태조 때부터 선조 때까지 2백 년 동안 노력해서,《대명회전》의 오류를 고쳤는데, 개인이 편찬한《황명통기》는 틀린 정보를 그대로 실었기 때문이다. 영조는 국내에 들어온《황명통기》를 모두 거두어 없애고, 조선 관련 부분을 고쳐서 47년 6월에 간행했다.

매잠夙興夜寐箴〉을 야대에서 몇 번 읽었다.[21]

영조가 '기타' 교재 가운데《심경》을 일곱 번이나 공부한 사실
이 주목된다.《소학》·《근사록》·《심경》은 조선시대 성리학자
들의 수기에 필수였다.《근사록》은 조선 전기에 문종·성종·중
종·명종·선조가 경연에서 공부했고,《소학》은 중종·명종·선
조가 공부했다.《심경》은 중종 때부터 경연 교재로 거론되었지
만, 역대 국왕들이 좀체 따르지 않았다. 효종이 처음으로 경연에
서 공부했고, 현종과 숙종이 뒤를 이었다. 영조는 이를 거꾸로 이
용했다. 자신이《심경》을 열심히 읽었을 뿐만 아니라, 잘못한 신
하들을 불러다 이 책을 읽혔다. 국왕이 성학을 주도하며 신하들
을 길들인 셈이다.[22]

〈표 6-4〉 영조의 경연 교재와 강독기간

4서	《논어》	1.1.8~5.18, 39.2.19~6.5
	《맹자》	1.7.18~3.4.17, 39.9.22~40.9.10
	《대학》	34.10.12~11.18, 35.6.12~7.19, 36.2.5~4.19 36.9.2~11.8, 37.5.11~7.26, 38. 3.1~5.9 38.9.18~11.8, 39.6.9~7.13
	《중용》	3.4.25~4.1.26, 32.5.6~34.3.29, 34.4.6~7.11 34.7.21~9.3, 34.9.4~9.20, 36.5.11~37.5.6 37.9.1~38.2.23, 38.윤5.1~9.16

---

21) 영조는 46년에《문헌비고文獻備考》를 편찬하면서, 그 초고를 경연에서도 몇
   차례 검토했다(특히 윤 5월). 이 책은 진강 책자 목록에 나오지 않는다.

22) 이 점은 다른 연구자들이 이미 지적한 바 있다. JaHyun Kim Haboush,
   "Confucian Rhetoric and Ritual as Techniques of Political Dominance:
   Yŏngjo's Use of the Royal Lecture," *The Journal of Korean Studies*,
   vol. 5, 1984, 39~62쪽; 유미림,《조선 후기의 정치사상》, 지식산업사,
   2002, 87쪽; 박성순,〈조선 중기 경연과목《심경》의 정착과정과 그 정치적 의
   미〉,《한국사상사학》19집, 2004, 202쪽.

6경	《상서》	4.2.8~7.6.3, 41.윤2.4~4.19
	《시경》	10.5.21~12.5.28, 40.9.10~41.2.10
	《주역》	12.6.3~13.10.7
	《예기》	7.8.3~10.5.17(일부 선택),
	《춘추》	10.6.9~9.7(2대), 13.10.16~17.6.21
	《주례》	20.11.7~25.4.18(소대), 33.9.2
역사	《강목》	0.9.29~2.6.1, 11.2.8~12.7.3, 39.5.16~7.21(발췌)
	《자치통감》	17.3.21~25.4.3
	《정관정요》	10.12.20~11.2.5
	《당감》	8.1.11~2.19
	《송감》	2.6.15~3.1.9, 39.8.10
	《송원강목》	12.10.12~13.10.14
	《황명통기》	3.1.16~4.2.23
	《명기편년》	4.2.24~3.7(9편)
	《육선공주의》	9.12.9~10.1.27
	《이강주의》	10.4.15~6.5
	《역대명신주의》	10.9.8~12.18
	《송명신언행록》	12.7.5~10.9
	《역대군감》	39.7.22~8.9
	《동국통감》	5.윤7.5~7.5.26
	《국조보감》	6.11.27, 9.11.14~12.8
	《여사제강》	25.4.19~5.14
기타	《대학연의》	4.6.20~5.윤7.4, 38.3.1~5.9, 46.1.14, 48.3.1(외2)
	《대학연의보》	13.10.15~16.10.5
	《근사록》	10.1.29~4.3, 35.3.17~11.2, 41.4.22
	《심경》	0.10.2~4.3.6, 17.7.15~20.11.4, 20.12.12~22.4.15, 34.7.8~35.3.4, 37.1.17~12.3, 38.2.18~39.5.17, 42.2.21~윤2.4
	《성학집요》	7.6.1~8.1.8, 25.5.25~26.4.23, 35.10.6~37.1.16
	《주자봉사》	4.3.12~6.18
	《절작통편》	8.2.20~9.10.16
	《주자어류초》	16.10.12~17.3.14, 26.5.2~8.4

	《소학》	42.5.8, 45.5.12
	《숙흥야매잠》	36.1.28, 2.3, 2.6, 2.27
	《어제자성편》	31.12.7, 12.13, 32.1.17

강의 방식은 북송 이래 강경講經과 독사讀史를 구분했다. 경서 經書는 정독하고 내용을 천천히 음미하여, 성현의 가르침을 분명 히 이해시키는 방식이다.[23] 그래서 상세한 주석까지 읽으며, 자자 구구 설명했다. 반면에 분량이 많은 역사책은 통독하면서, 중요한 대목만 얘기했다. 조선에서는 현토懸吐와 언해諺解(우리말 번역)가 추가되었다. 앞서 성종의 경연에는 음독 · 번역 · 복습에 관한 규정 이 있었다. 국왕이 어릴 때는 역사책도 이렇게 공부하지만, 성년 이후에는 강의 방식이 달랐다. 영조 때《승정원일기》에는 강경과 독사의 구체적인 사례가 3,400건 넘게 실려 있다. 대부분 실록에 없는 내용이다.

먼저 강경의 사례를 보자. 영조는 원년 1월 24일 주강에서《논 어》의 〈헌문憲問〉편을 공부했다. 즉위 후 두 번째였다. 먼저 왕이 전수前受, 곧 지난번 공부한 내용을 복습했다. '제사題辭'에서 '사이 회거士而懷居'까지, 본문만 읽었다.[24] 다음에 시독관이 신수新受, 곧 새로 공부할 부분을 음독하고 번역했다. '위언위행危言危行'부터 다 섯 대목이다. 이어서 왕이 이를 따라서 했다. 혹시 왕이 잘못 읽으 면, 경연관이 바로잡았다. 발음의 사성四聲이 틀리는 경우가 종종

---

23)《승정원일기》영조 1.3.12. 석강에서 시독관 이기진李箕鎭이 독서 방법을 자 세히 설명했다.

24)《승정원일기》영조 1.1.5. 주강 말미에 복습하는 방식을 논의한다. '음흡'을 덧붙여, 전수음前受흡 또는 신수음新受흡이라고도 한다. '수受' 대신 '수授'를 쓰 기도 하고, 전前 대신 구舊를 붙여서 구수舊受 또는 구수舊授라고도 한다.

있었다.[25] 끝으로 시독관·지사·특진관 등이 번갈아 자세히 설명
했다. 승지·종신·무신·사관 등은 듣기만 했다. 한편 석강에서
는 국왕의 복습을 생략하고, 옥당이 바로 새로운 대목을 강의했다.
그 대신 다음번 주강에서 국왕이 2회분(주강 및 석강)을 한꺼번에 복
습했다. 영조는 70대에도 전수를 복습하고 신수를 따라 했다.[26]

  위의 대목을 강의할 때, 경연관들은 먼저 용어를 풀이하고 나
서, 공자의 가르침을 설명했다. 용어 풀이는 방금 읽은 집주集註의
되풀이였다. 위언危言과 위행危行은 교격矯激이 아니라 염우廉隅이
고, 언손言遜은 표현을 자제함이지 아첨이 아니라는 식이다. 요컨
대 군주가 간쟁을 너그럽게 받아들이라는 말인데, 요순과 당 태종
의 고사도 인용했다. 둘째 대목 및 셋째 대목과 관련해서, 경연관
들은 군주가 덕을 닦아야 한다고 강조했다. 마지막 두 대목에 관
해서는 마음공부를 누누이 설명하고, 군자와 소인의 마음을 순백
純白과 순흑純黑에 비유했다. 여기서 왕이 소인小人도 사단四端이
발현할 때가 있는지 물었고, 경연관이 대답했다. 주강은 아래와
같은 다짐으로 끝났다.

    지사 민진원 : 강연講筵은 겉치레로 하는 것이 아니라, 반드시 지극한
        정성으로 호학好學한 뒤에야 집희緝熙(덕이 빛남)에 보탬이 됩니
        다. 불성실하게 호학의 이름만 취한다면, 무슨 보탬이 되겠습니

----

25) 예를 들면, 사흘 뒤 주강에서 왕이 칭稱을 거성去聲으로 읽자, 지사가 평성平
    聲으로 바로잡았다. 이날 왕의 현토(라/하시니라)와 띄어 읽기(구두점)가 헷갈
    린 것은 옥당의 준비가 부실한 탓이었다.《승정원일기》영조 1.1.27.
26) 복습하는 방식을 논의한 것은《승정원일기》영조 1.1.26 석강. 실제로 2회
    분을 복습한 사례는《승정원일기》영조 3.8.5 주강(본문과 주석). 70세에 복
    습하고 따라 읽은 사례는《승정원일기》40.3.13 조강 및 석강(《맹자》).

까? 주자가 이르기를, "강독이 비록 정밀하더라도, 실천하지 않
으면 부끄럽다."고 했습니다. 엎드려 바라건대, 성상께서는 매
번 깊이 생각하시고, 자신을 반성하여 역행力行하십시오.

영조 : 내 공부가 아직 《논어》에 이르지 못했는데, 앞질러 진강한다. 또
강관을 다 갖추지 못해서 경연을 자주 열지 못하니, 형식만 갖
춘 것 같고 정성의 부족함이 심하다. 마음의 작용은 터럭만큼
차이가 나더라도, 천 리千里나 어긋난다. 성심으로 호학好學하지
않으면 실實이 없다.

지사 민진원 : 정자程子가 말하기를, "《논어》를 읽기 전에 이런 사람이
었고, 읽은 뒤에도 이런 사람이라면, 읽지 않은 것과 마찬가지
다."라고 했습니다. 전하께서는 언제나 이 말을 유념하시고, 공
부를 더하는 데 뜻을 두소서.

영조 : 이 말이 모두 좋으니, 마땅히 깊이 생각하겠다.[27]

　독사의 방식은 전혀 달랐다. 시작할 때 왕의 복습도 없고, 옥당
이 새로 읽은 대목을 왕이 따라 하지도 않았다. 영조는 《강목》을
오랫동안 공부하면서, 교재를 한 번도 낭독하지 않았다. 옥당(상
번)이 첫 부분을 읽고 나면, 왕이 다른 신하들의 관직명을 하나씩
불러서 읽게 했다. 윤독輪讀하는 순서는 옥당 상번, 옥당 하번, 승
지, 주서, 상번 한림(사관), 하번 한림이다.[28] 모두 음독만 하고 우

---

27) 《승정원일기》의 이날 주강 기사는 한문으로 1,913글자이다. 맨 앞에 때(오
　시)와 장소(시민당)와 입시한 신하 여섯 명의 이름을 적고, 다음에 교재와 복
　습한 내용 및 새로 공부한 범위를 밝혔다. 그 다음에 왕과 신하들이 말한 내용
　을 자세하게 적었다.

28) 시력이 나쁜 사람은 촛불을 가까이 들고 읽었고, 다른 사람이 대신 읽은 경
　우도 있다. 《승정원일기》 영조 3.8.20(소대). 영조는 《어제독서록》에도 3강의
　교재만 적었다가, 뒤에 2대의 교재를 따로 추가했다. 3강에서는 자신이 공부

리말 번역은 하지 않았다. 한 차례 윤독이 끝나면, 옥당이 중요한 대목의 교훈을 설명했고, 승지도 덧붙였다. 물론 역사는 현재를 비추어 보는 거울이었다. 영조의 소대에서 경연관은 그 취지를 이렇게 설명했다.

> 시독관 윤방尹昉 : 무릇 역사를 읽는 법은 경전經傳과 다릅니다. 옛날에 제왕이 일을 처리한 것을 반드시 지금 내가 그 일을 겪는 것처럼 여겨야 합니다. 그 까닭을 구하고 시비를 가리고 변통한 뒤에야, 역사를 읽는 법에 소득이 있습니다.
>
> 영조 : 말한 바가 참으로 절실하니, 내 마땅히 유의하겠다.[29]

영조는 즉위년 9월 29일에 첫 소대를 실시했다. 교재는《강목》이고, 양梁 무제 천감天監 3년(504)부터 4년치를 강독했다. '사정전훈의본' 21장 분량이다. 천감 3년에는 날개와 다리가 각각 넷인 닭을 황제에게 바쳤고, 4년에는 태극전에 잔디가 자랐다. 일부 신하들이 상서祥瑞라고 떠들자, 시중 최광崔光이 각각 글을 올렸다. 전쟁과 가뭄이 계속되고, 재이災異까지 생겼으니, 군주가 더욱 근신하라는 내용이다. 또 3년에 가뭄이 심했는데, 상서 형만邢巒이 상주하여 선제先帝의 절검을 본받으라고 간언했다. 천감 5년에는 어사중위 견침甄琛이 소금의 전매를 폐지하라고 건의했다. 국가의 재정보다 민생이 우선이라는 것이다. 양 무제는 이들의 충고를 모

했지만, 2대에서는 강독을 시켰다[令講讀]고 밝혔다.

29)《승정원일기》영조 1.2.28.《강목》을 읽는 분량이 너무 많다고 승정원 주서가 지적하자, 영조는 역사책이라 그래도 무방하다고 대답했다.《승정원일기》영조 1.2.21 소대.

두 수용했다.[30)]

경연관들은 이 대목에서 몇 가지 교훈을 끌어내고, 모범 사례들을 인용했다. 첫째, 진짜 상서가 나타나더라도, 이를 재이로 생각하여 더욱 반성하고 덕을 닦아야 한다. 그들은 최광이 상소에서 인용한 두 고사를 들었다. 둘째, 군주는 절검의 본보기가 되어야 한다. 바로 양 무제가 종이로 휘장을 만들고, 구리로 말 재갈을 만든 사례를 말했다. 셋째, 군주는 소금의 전매를 폐지한 양 무제처럼 국부國富보다 민생에 힘써야 한다. 넷째, 적임자를 쓰면 백성이 안정되고, 그렇지 않으면 동요한다. 이렇게 역사책을 읽으면서, 국왕이 옛날 군주들의 잘잘못을 거울로 삼아, 현재의 정치를 반성하도록 충고했다.[31)]

경연에서 토론의 핵심은 '과거와 현재의 대화'였다. 여기서 군주와 신하들은 성현들의 말씀과 역사상 인물들의 행적을 음미하고, 경사經史라는 거울에 현재의 정치를 비춰 보았다. 강론의 분위기는 왕의 반응에 따라서 달랐다. 선조처럼 묵묵히 듣기만 하면, 경사 강의가 우이독경牛耳讀經이 된다. 영조는 의욕과 감정이 풍부한 군주라, 언제나 토론이 활발했다. 군주와 신하들 모두 자신의 발언을 사관들이 기록하여 후대에 전한다는 사실을 알고 있었다. 또 중요한 내용은 바로 이튿날 조보朝報에 실리고 입소문도 났다. 경연 강의는 일종의 공개수업이었다.

---

30) 양 무제(502~549)는 독실한 불교신자로, 학문과 예술에 두루 정통하며, 치세 전반에는 치적이 뛰어났고, 후반에 멸망에 이르렀다. 이때 재상들의 반대를 무릅쓰고 소금의 전매를 폐지했다.

31) 국상중이고 처음이라 그런지, 이날 승정원 주서가 '밤에 소대'를 했다고 기록하고, 시작한 시간은 적지 않았다. 이날따라 입시한 신하들이 각각 읽은 범위도 기록하지 않았다.

영조는 바쁜 일정을 쪼개어, 소대의 앞뒤로 다른 신하들도 만났
다. 예를 들어 원년 1월 6일에는 하직하는 수령 세 명을 먼저 만
난 뒤에, 바로 소대를 했다. 이날 《강목》을 강독하다가, 당나라 부
병제를 논의하고 현재의 양역良役 문제까지 토론했다. 소대가 끝
날 무렵, 사관을 내보내어 대기하던 이조판서를 불러들였다. 1월
13일에는 소대가 끝나자 대기하던 대간을 바로 불러들였다. 이날
소대 도중에 왕이 신하들을 잠시 물러나게 했다가, 다시 불러들여
강독과 토론을 계속했다. 왕의 용변 때문으로 추측된다. 2월 2일
주강에서는 왕이 새로 배운 대목을 읽다가, 신하들을 잠시 물러가
게 했다. 이들은 합문閤門 밖에 앉아서 기다리다가 다시 들어갔다.
이날 왕의 볼일이 급했던 것 같다.[32]

한편 야대는 분위기가 달랐다. 공식 일정이 다 끝난 뒤라, 분
위기가 느긋했다. 밤잠이 적은 영조는 야대를 즐겨서, 종종 늦도
록 계속했고, 밤을 꼬박 새우기도 했다.[33] 강독이 끝날 무렵 으레
술을 내렸고, 왕이 제목을 주고 모두 시를 짓게 한 적도 있다. 왕
은 신하들의 신상에 대해서, 가령 부모의 생몰과 본인의 건강 등
을 묻고, 남은 음식을 싸서 주기도 했다. 대개 술 석 잔을 돌렸는
데, 술을 즐기는 신하와 못하는 신하의 즐거움과 괴로움이 엇갈렸
다. 술을 아예 사양하거나, 소매 속에 붓는 일까지 있었다.[34] 모두

---

32) 《승정원일기》 영조 1.1.6, 1.1.13, 1.2.2.
33) 《승정원일기》 영조 11.5.27. 이날 야대는 밤 10시쯤인 이경二更 삼점三點에
  시작하여, 새벽 4시경 파루罷漏한 다음에야 끝났다. 밤을 꼬박 새운 셈이다.
  10.6.9에도 사경四更 후에 끝났다.
34) 술 석 잔은 모두 부복한 채 마셨다(10.11.22). 원하는 사람은 술을 더 마시
  기도 하고, 신상 얘기에 주량 얘기도 포함했다(11.5.27). 술을 사양한 경우는
  12.10.19 및 13.5.25. 시제詩題를 내린 것은 15.7.12. 이날 왕은 최근 중국
  에 다녀온 옥당(하번)에게 중국의 술맛을 묻고, 누구누구가 술 잘한다는 얘기

실록에는 없고, 《승정원일기》에만 나오는 얘기들이다. 야대의 소
탈한 분위기에서 영조의 친화력과 신하들을 장악하는 기술을 엿볼
수 있다.

3강이나 2대나 강독이 끝난 뒤에는 왕과 신하들이 국정 현안
들을 논의했다. 워낙 쟁점이 많고 영조가 매사에 적극적이라, 열
띤 토론이 자주 일어났다. 왕과 신하들이 한 말을 승정원 주서가
현장에서 기록했고, 그 내용이 《승정원일기》에 고스란히 실려 있
다.[35] 영조가 토론을 좋아해서, 분량이 압도적이다. 이 보물 창고
를 잘 뒤지면, 실록에 없는 정보를 많이 찾을 수 있다. 가령 영조
는 즉위 후 첫 소대부터 양역良役 문제를 거론하더니, 뒷날 균역법
均役法을 만들었다. 영조의 관심사인 탕평과 충역 시비도 경연에서
자주 논의되었다. 그래서 다음에는 영조 때 경연의 정치적 기능을
검토해 보자.

3. 경연과 탕평 게임

갓 즉위한 영조는 두 가지 큰 문제에 맞닥뜨렸다. 첫째는 당쟁
의 악화, 둘째는 민생의 어려움이었다. 당쟁은 발등의 불이고, 민
생은 대궐 밖의 불이었다. 왕은 하루에도 몇 번씩 당론黨論에 시달
렸다. 신하들이 쏟아내는 말과 글(상소)이 모두 당파 사이의 시비
였고, 이것이 때로는 왕의 권위도 흔들었다. 영조의 선택은 정면

도 했다. 소매 속에 두툼한 한지를 미리 넣고, 거기에 술을 슬쩍 붓기도 했다.
35) 다음 두 책은 《승정원일기》를 친절하게 소개한다. 승정원일기 번역팀 엮음
《후설喉舌》(한국고전번역원, 2013), 박홍갑·이근호·최재보(공저) 《승정원
일기》(산처럼, 2009).

돌파였고, 전략은 탕평蕩平이었다. 탕평으로 당쟁을 억누르고 신하들을 길들여야, 민생 문제도 풀 수 있었다. 그는 재위 52년 동안 권력게임과 제도 개혁에 심혈을 기울였다. 당시 경연은 권력게임의 주경기장이 아니라 보조경기장이었다. 영조는 경연을 탕평이란 권력게임에 어떻게 활용했나?

그는 치열한 권력투쟁의 복판에서 즉위했다. 왕실의 갈등이 당쟁과 뒤얽힌 소용돌이였다. 숙종은 아들이 셋이었다. 첫째는 희빈 장씨의 소생인데, 세자로 있다가 즉위하여 경종이 되었다. 둘째가 숙빈 최씨의 소생인 연잉군延礽君, 바로 뒷날의 영조이고, 셋째 아들은 숙종보다 먼저 죽었다. 숙종은 장희빈을 왕비로 올렸다가 다시 희빈으로 낮추고, 나중에 사약을 내렸다. 죄목은 왕비 민씨(인현왕후)를 저주해서 죽였다는 것인데, 최숙빈이 고자질했다는 말도 있었다. 14세에 생모의 죽음을 지켜본 세자는 죄인의 아들로서 몸과 마음이 병들어 갔고, 8세 아우가 부왕의 총애를 독차지했다. 남인은 장씨와 함께 몰락하고, 정권을 독점한 서인은 곧 노론과 소론으로 갈라섰다.

숙종이 말년에 후계자 문제로 고심하자, 소론은 세자(경종)를 지지하고, 노론은 연잉군(영조)을 밀었다. 곧 숙종이 죽고, 세자가 33세에 즉위했다. 그러나 경종은 건강이 나쁘고 자식도 없었다. 다시 후계자가 문제였고, 양자 이야기도 나왔다. 경종 원년에 노론이 세제世弟 책봉을 서둘러 따내고, 대리청정까지 밀어붙였다. 벼랑 끝에 몰린 소론은 이를 경종에 대한 불충으로 몰아서, 노론 대신 등 오십여 명을 숙청했다. 이른바 신축옥사辛丑獄事였다. 이듬해 소론은 역모逆謀를 빌미로 노론 약 180명을 다시 처벌했다.

세제(영조)는 가까스로 벗어났다. 바로 임인옥사壬寅獄事였다. 두 사건을 합쳐서 신임옥사辛壬獄事라고 한다. 이로써 소론은 경종에게 충신이고 영조에게 역적이며, 노론은 그 반대가 되었다.

경종이 4년 8월 25일에 죽고, 영조가 8월 30일에 즉위하자, 공격과 수비가 바뀌었다. 밀려났던 노론은 철저한 보복과 많은 보상을 바랐고, 영조는 이들에게 큰 빚을 지고 있었다. 요직을 독점하고 있던 소론은 방어에 전념하면서, 경종 독살설로 영조의 정통성을 흔들었다. 바야흐로 노론과 소론은 전면전에 돌입하고 있었다. 충역忠逆을 밝히라는 상소가 빗발쳤다. 도대체 누가 충신이고, 누가 역적인가? 물론 승자가 충신이고, 패자가 역적이다. 죽기로 싸우지 않을 수 없는 상황이었다. 조정의 신하들은 물론, 성균관과 지방의 유생들까지 아우성쳤다. 이 난장판을 어떻게 진정시킬 것인가?

앞서 숙종은 날벼락 환국으로 당쟁을 조절하고 왕권을 강화했다. 주기적으로 집권당을 조정에서 쓸어 내고, 정권을 반대당에 넘기는 방식이었다. 그러나 환국은 갈등을 더욱 악화시켰고, 피해자가 너무 많았다. 당인黨人들이 가해자와 피해자의 역할을 거듭 바꾸면서, 자손들까지 원수가 되었다. 이제 노론에게 피의 보복을 허용하면, 영조는 노론만의 국왕이 되고, 독살설의 오명도 씻지 못한다. 그는 '탕평蕩平'에서 해법을 찾았다. 탕평은 환국보다 복잡한 권력게임이다. 충역忠逆 시비를 절충하고, 관직 안배로 당쟁을 조절하며, 왕권을 강화하는 길이다. 영조는 '탕평'의 이름으로 붕당 길들이기에 나섰다.[36]

---

36) 숙종~영조대의 정치적 상황과 정권의 추이는 이성무가 《조선시대 당쟁사

영조에게는 강력한 무기가 두 가지 있었다. 첫째는 생살여탈生殺與奪하는 군주의 대권大權이다. 그는 신하들을 죽이고 살리고, 벼슬을 주고 뺏을 수 있었다. 둘째는 군부君父와 신자臣子라는 유교의 명분이다. 군주와 신하, 아버지와 아들은 하늘과 땅 같은 사이였다. 이러한 무기들을 적절히 활용하면, 큰 효과를 거둘 수 있었다. 문제는 군주의 역량인데, 영조는 풍부한 지성과 감성, 탁월한 건강과 투지까지 고루 갖추었다. 그는 뛰어난 싸움꾼으로, 싸울 때와 물러날 때와 타협할 때를 잘 헤아려, 항상 경기를 주도했다.

권력게임은 국왕과 노론, 소론의 3파전이었다. 영조의 목표는 왕권을 강화하고 자신의 권위를 높여, 노론과 소론의 충성과 복종을 누리는 것이었다. '탕평'은 두 집단을 함께 등용하고 길들이는 전략이다. 노론의 목표는 소론을 철저히 파괴하여 정권을 독점하는 것이고, 전략은 충역 시비로 영조를 제압하고 조종하는 것이었다. 소론의 목표는 기득권을 잘 지키는 것이고, 전략은 국왕의 탕평책에 동참하는 것이며, 반란은 최후의 선택이었다. 경기는 당연히 명분싸움이고, 세 팀이 주도권을 다투었다. 국왕은 권력과 명분에서 우세하지만 혼자였고, 노론과 소론은 대집단이라는 점이 유리했다.

영조는 '파붕당破朋黨'을 내걸고, 당파 길들이기에 나섰다. 그는 국왕의 대권을 행사하여, 정치판을 단계적으로 재편성했다. 처음에 양쪽의 과격파를 함께 제거했다. 임인년에 노론을 죽이는 데

---

2)《동방미디어, 2000)에서 잘 정리했다. 개정판이 2007년에 아름다운날(출판사)에서 나왔다. 영조대 탕평책의 이론과 실천에 대해서는 주로 다음 논문을 참고했다. 정만조, 〈영조대 정국추이와 탕평책〉《영조의 국가정책과 정치이념》(한국학중앙연구원, 2012).

앞장섰던 소론 강경파를 죽이고, 당장 피의 보복을 요구하는 노론 강경파도 잘랐다. 다음에는 관직을 '탕평' 방식으로 안배했다. 소론과 노론이 '견제와 균형'을 이루도록 하고, 정권을 소론에서 노론으로 서서히 옮겼다. 그 사이에 양쪽 온건파 일부를 '탕평파'로 키웠다. 약 20년에 걸쳐, 영조는 정권을 소론에서 탕평파로, 탕평파에서 노론으로 서서히 넘기고, 충역忠逆의 시비도 오랜 '절충'을 거쳐 끝내 뒤엎었다.

경연은 권력게임의 연장이었고, 영조는 여기서도 신하들을 압도하고 길들여야 했다. 군주를 길들이려는 경연을 거꾸로 이용하는 셈이었다. 경연에서 우세를 차지하는 방법은 무엇인가? 우선 경연에 부지런해야 하는데, 마음만 먹으면 쉬운 일이었다. 광해군 이후 여러 임금들이 경연에 게을러서, 영조가 조금만 노력하면 최고가 될 수 있었다. 또 학식으로 신하들을 압도할 수 있어야 한다. 그래서 영조는 평생 학문에 애썼다. 그의 목표는 지혜와 덕을 갖춘 '성군聖君'으로 당대에 칭송받고, 역사에도 그렇게 기록되는 것이었다. 그래야만 비천한 모계와 변칙적 왕위 계승의 멍에에서 벗어날 수 있었다.

영조는 조선 후기 3백 년의 군주들 가운데, 경연에 가장 열심이었다. 이 점에서 영조는 부왕 숙종을 본받은 것 같다. 숙종은 영조 다음으로 경연에 부지런했다. 재위 46년 동안, 경연 참석이 1년 평균 57회로, 영조의 66.5회에 버금갔다. 3강과 2대 가운데 주강의 비중이 가장 크고, 조강이 거의 없는 점도 둘이 비슷하다. 또 숙종은 30대부터 경연에서 자기 주장이 강해졌다. 경연관이 한 자를 잘못 읽으면 꼭 지적했고, 교재 선택과 학문 토론을 주도하려고 했다. 16년 11월 16일의 야대에서, 30세의 숙종은 옥당에게 술과 자작시를 내려 주고, 신하들이 화답한 시를 강평했다.[37] 실력을 과시하려는 것이었다.

그 아버지에 그 아들이었다. 영조 즉위년 12월 27일 소대에서 《강목》을 윤독하다가, 하번 사관이 파양鄱陽을 '번양'으로 잘못 읽자, 31세의 국왕이 즉시 바로잡았다. 내용 토론에서 시독관이 급암汲黯을 어설피 비난했다. 한 무제가 신선神仙을 구할 때 말리지 않았으니, 직신直臣이 아니라는 것이다. 영조가 당장 반박했다. 급암이 무제에게 겉으로는 인의를 내세우지만 속에는 욕심이 많다고 했는데, 불로장생의 추구가 여기에 포함된다는 것이다. 보름 뒤인 원년 1월 13일, 《강목》을 낭독하다가, 승지는 삭瘷을 '소'로 읽고, 검토관은 왕족의 이름 천蒨을 잘못 읽자, 왕이 각각 지적했다. 원년 6월 11일 야대에서도 옥당 상번이 정형井陘을 '정경'으로 읽자, 왕이 고쳤다.[38]

영조는 경연에서 탕평을 역설했다. 원년 1월 초에 탕평정치를 선언하고, 노론을 요직에 임명했다. 이때부터 노론은 역적들(소론)을 처벌하라고 아우성쳤으나, 왕은 이를 거부하고, 좌의정 유봉휘를 파직하는 데 그쳤다. 2월 18일 소대에서 시독관 신방申昉이 따졌다. 왕이 신하들의 요구를 당습黨習으로 몰고, 탕평으로 녹이겠

---

37) 서울대학교 국사학과 석사논문을 참고했다. 량싱기梁旌旗, 〈조선 후기 숙종대 경연과 군신관계〉(2012.2). 이 논문에서 숙종의 경연 출석을 남인집권기 등 4시기로 나누어 집계한 것을 저자가 합산했다. 숙종은 39년 세자 대리청정 이전까지 경연을 열었고, 이 기간에는 1년 평균 67.3회로 영조와 비슷하다. 재위 46년으로 나누면, 57.0회가 된다.

38) 신하의 오독誤讀을 왕이 고치는 대목이 《승정원일기》에 종종 나온다. 한 무제 때의 급암은 당 태종 때의 위징과 함께 간쟁의 표상이었는데, 조선 후기의 유학자들은 이들을 낮게 평가했다.

다고 하는데, 이것은 신하들을 의심하는 것이다. 시비는 반드시
밝히고, 처벌할 사람은 반드시 처벌해야 한다. 그렇지 않으면, 국
시國是가 현혹되고, 민심이 더욱 격렬해지니, 어찌 붕당을 깰 수
있겠는가? 더욱이 대간은 국왕의 이목耳目이므로, 그들의 말을 받
아들여야 한다. 날카로운 공격이었다.

여기서 영조는 충역 시비를 슬쩍 비키면서 신하들을 타일렀다.
요약하면 다음과 같다. 신임옥사 때 여럿이 살아남은 것은 경종의
크나큰 인덕仁德 때문이지만, 당시 소론 대신들이 도운 것도 사실
이다. 양쪽이 서로 반역이라고 하는데, 내가 어느 편을 들겠는가?
남이 자기 부모를 모욕하는데, 부모가 조금도 개의치 않고 자식에
게 화내지 말라고 하면, 자식은 당연히 따라야 한다. 너희들은 내
신하이고, 나와 부자 같은 사이니까, 내가 말리면 좀 참아라. 신방
이 반박하기를, 부모를 해치려고 한 죄를 자식이 그냥 둘 수 없다
고 했다. 왕이 더 이상 말이 없어, 입씨름은 여기서 끝났다.[39] 충
역론이 창이라면, 탕평론은 방패였다.

왕은 노론에게 신원伸寃만 허용하고, 보복은 막았다. 영조다운
절충이었다. 원년 3월 2일, 신임옥사를 무옥誣獄, 곧 무고로 말미
암은 옥사로 판정했다. 당시 처형된 노론 4대신(김창집 · 이이명 · 이
건명 · 조태채)의 관작을 돌려주고 시호諡號와 사충서원四忠書院 건립
등으로 예우하며, 살아남은 사람들을 신원하고, 벼슬도 주고 적몰
한 가산을 돌려주었다. 기세가 오른 노론은 가해자인 소론 대신들
을 엄벌하라고 요구했으나, 왕은 이를 거부하고 탕평을 당부했다.

---

39) 《승정원일기》에는 이 부분 기록이 매우 긴데, 《영조실록》에는 극히 일부만
　　 실려 있다.

7월에 유봉휘를 유배하고, 이광좌와 조태억의 관직을 삭탈하는 데
그쳤다. 영조가 잘 버틴 덕분에, 노론이 주도하는 탕평 정국이 2
년가량 지속되었다.

영조 3년 2월 8일, 주강에서 경연관들이 따졌다. (1)소론이 어
진 신하들을 죽이고 종사를 위태롭게 했으니, 대역죄로 처벌하여
시비를 정하고 충역을 가려야 한다. (2)죄가 가볍고 뉘우친 자들
은 탕평으로 용납할 수 있다. (3)시비와 충역이 뒤섞이면, 장차 세
도世道와 인심이 무너져 내린다. 의리의 문제는 국왕의 위엄으로
도 강제할 수 없다. (4)충역 시비를 붕당으로 몰면, 군자는 믿을
데가 없고, 소인은 두려워할 바가 없어진다. 그러므로 조정調整과
보합保合이라는 명목이 좋더라도, 가벼이 시행할 수 없다.[40] 노론
이 오래 갈고닦은 주장이었다. 4월에 유봉휘가 귀양지에서 죽자,
노론의 토역討逆 요구가 더욱 거세어졌다. 파업(사직)과 상소 공세
로 왕을 꺾고야 말 기세였다. 정말 중구난방衆口難防이었다.

이해 7월 1일, 영조는 이른바 '정미환국'으로 정권을 소론에게
넘겼다. 대신과 삼사 등 노론 관료 백여 명을 파직하고, 영의정 이
광좌와 좌의정 조태억 등 소론을 대거 임명했다. 유배 중인 소론
60여 명을 풀고 관작을 돌려주었으며, 조태구·최석항·유봉휘
등 죽은 대신들도 복권했다.[41] 이광좌와 조태억은 취임을 계속 거
부하다가, 8월 하순에야 마지못해 도성에 들어왔다. 10월 6일, 영

---

40) 앞과 같음. 영조는 격한 표현도 서슴지 않았다. '내가 밤낮 듣는 것이 당론인
    데, 의심하지 말라니, 마치 술 취한 사람이 남더러 취하지 말라고 권하는 격'이
    라고 말했다.
41) 이날 대규모 임면은 《영조실록》에도 실려 있다. 《승정원일기》는 그 과정을
    비교적 자세하게 기록했다. 가령 왕은 삼사와 만나서 논쟁을 크게 벌인 끝에,
    삼사가 당론으로 임금을 농락한다고 그 자리에서 파면했다. 울면서 말리던 승
    지를 해임하고, 사관을 파면했다.

3. 경연과 탕평 게임 257

조는 임인옥사를 역옥逆獄으로 판결하여, 2년 반 전 무옥誣獄 판결
의 절반을 뒤엎었다. 이로써 소론은 잃었던 명분과 권력을 되찾았
고, 노론 4대신은 다시 역적이 되었다. 정말 놀라운 승부수였다.
왕은 자신의 정통성에 상처까지 내면서, 노론의 공세를 물리치고
게임의 주도권을 되찾았다.

영조 4년 3월, 무신란戊申亂이 정치판을 흔들었다. 소론 강경파
와 남인 일부가 반란을 일으켰는데, 소론 정권이 잘 진압했다. 소
론 온건파는 공을 세웠고, 강경파는 꺾였으며, 영남 남인은 정권
에서 더욱 멀어졌다. 탕평세력은《감란록勘亂錄》을 편찬하여, 당쟁
때문에 반란이 일어났음을 밝혔다. 기회를 잡은 노론이 네 대신의
신원을 계속 요청하자, 왕은 두 명만 풀어 주고, 두 명은 묶어 두
었다.[42] 구차한 절충에 노론과 소론 모두 불만이었다. 5년 8월 5
일부터 18일까지, 영조는 합문閤門을 닫고 신하들을 만나지 않았
다. 마침내 그들의 절대 복종을 받아 내어, 탕평을 지킬 수 있었
다. 왕이 '폐합廢閤'하면, 왜 신하들이 허둥거릴까? 경기 규칙 때문
이다. 임금이 농성하는데 신하가 덤덤하다면, 크나큰 불충不忠이
었다.

영조 8년, 노론은 토역에서 두 대신(김창집·이이명)의 신원으로
요구를 바꾸었다. 왕이 이를 수용하면, 소론은 명분을 잃고, 탕평
도 끝난다. 9년 1월 19일, 영조는 '택군설擇君說'을 터뜨렸다. 이
른바 '십구하교十九下敎'는 경종 때 노론이 사심私心으로 자신을 선
택했다는 폭탄선언이었다. 노론은 충신, 소론은 역적이라는 주장

---

42) 이건명과 조태채는 풀고, 이이명과 김창집은 각각 아들과 손자의 죄에 얽
    었다.

을 뒤엎은 것이다. 사관에게만 기록을 허용하여, 주서는 듣기만
했다. 사책에 남겨서 후대에 전하라는 뜻이며, 《승정원일기》에
싣지 말고, 내용을 비밀로 하라는 말이다.[43] 이로써 극적 효과도
높였다.

영조는 '십구하교'로 노론의 요구를 막았다. 상소가 과격하면,
신하를 파직하고 귀양도 보냈다. 9년 6월 4일 소대에서 왕과 신하
들이 주고받은 말을 요약하면 다음과 같다. 시독관 김약로가 따졌
다. "왜 '십구하교'를 공개하지 않나? 숨길 내용이면 아예 말하지
않았어야 한다." 왕이 대답했다. "내가 보고 들은 것을 말해도 신
하들이 깨닫지 못하기 때문이다. 너희가 신자臣子의 마음이 있다
면, 좀 뉘우치고 고쳐라." 김약로가 대꾸했다. "군신은 부자와 같
다고 하면서, 상소한 신하를 왜 꾸짖지도 않고 내치는가?" 7월 24
일 소대에서 시독관 조명겸이 또 따졌다. "요즈음 왕의 처분이 지
나치고, 위엄과 벌로써 신하들을 억압한다. '십구하교' 이후, 신하
들이 말하면 의심부터 하며, 상소문을 세밀하게 살피고 언관을 박
대한다. 언로가 막히면, 장차 나라가 망한다."

왕의 반격은 단호했다. 《영조실록》과 《승정원일기》에 실린 내용
을 합쳐서 정리하면 다음과 같다. (1)내가 즉위한 뒤에는 소론이
나를 무고했다는 말을 꺼내지 말아야 하는데, 노론이 소론을 공격
해서 무신란이 일어났다. (2)기유년에 내가 당습黨習을 고치려고
합문까지 닫았는데, 그 뒤에도 달라지지 않았다. (3)택군설을 꺼

낸 것은 군주와 신하의 대의를 밝히고, 여러 당파에 모두 난역亂逆이 있음을 알리려는 것이다. (4)이렇게 하고서도 바뀌지 않으면, 조선이 반드시 망한다. (5)앞으로 4대신을 다시 말하는 자는 내 신하가 아니다. 내가 마땅히 국문할 것이다. (6)차마 말하지 못한 것은 때가 오면 말하겠다.[44]

경연관들은 이런 국왕을 길들이려고 애썼다. 가령 영조 9년 12월 11일의 소대에서《육선공주의陸宣公奏議》제3권을 공부할 때, 신하들이 교재를 읽고 내용을 설명했다. 이야기가 당 덕종에서 시작하여, 옛날 군주와 신하들의 관계를 거쳐서, 군상君上의 육폐六弊에 이르렀다. 육지陸贄는 덕종에게 군주의 나쁜 버릇 여섯 가지를 들었다. (1)호승인好勝人은 남 이기기를 좋아함이고, (2)치문과恥聞過는 자신의 허물 듣기를 싫어함이며, (3)빙변급騁辯給은 언변을 구사함이다. (4)현총명眩聰明은 총명을 자랑함이고, (5)여위엄厲威嚴은 위엄에 힘씀이며, (6)자강퍅恣强愎은 멋대로 고집부리고 까다로움이다. 군주는 입 다물고 잠자코 있으라는 것이니, 바로 경연관들이 영조에게 하고 싶은 말이었다.

신하들이 국왕에게 자신을 어떻게 평가하는지 묻자, 왕은 그들의 의견을 되물었다. 승지는 앞의 네 가지가, 시독관과 검토관은 6번만 뺀 다섯 가지가 모두 해당된다고 말했다. 영조는 이런 식으로 해명했다. 대신들의 주장이 틀려서 따르지 않는데, '호승인'이라고 한다. 비판을 들으면 통절하게 반성하는데 '치문과'로 오해한다. 학문이 천박해서 사람들을 설득하려면 말이 많고 비답이 길어

---

44)《승정원일기》영조 9.7.24. "조선이 반드시 망한다〔朝鮮必亡矣〕."는 구절은 일기에만 나온다.

지는데, '빙변급'이라고 한다. 식견은 밝지 못한데 뜻은 높아서 남
에게 '현총명'으로 보일 수 있다. 위엄은 오히려 잃었다고 해야 맞
다. 그리고 영조는 신하들에게 육지가 말한 '신하의 삼폐三弊'를 스
스로 적용해 보라고 역공했다. 그들은 이를 대충 넘기고, 영조의
변명에 대해서 구체적인 사례를 들면서 다시 반박했다.⁴⁵⁾

　영조는 11년 말부터 좌의정 김재로, 우의정 송인명, 이조판서
조현명 등 탕평파를 전면에 내세워, 연립정권을 유지했다. 13년 7
월, 우부승지 윤급이 소론을 논죄하자, 소론의 반발이 점점 커졌
다. 영조는 8월 8일에 자책하는 뜻으로 음식을 줄여 신하들을 황
송하게 만들고, 10일에 윤급을 해남으로 유배했다. 소론 영수 이
광좌를 다시 영의정에 임명하고, 김재로와 송인명은 그대로 두어,
탕평의 틀을 지켰다. 8월 28일에는 '혼돈개벽混沌開闢'을 선언했
다. 지난 일은 모두 혼돈에 부치고, 개벽으로 새출발하자는 것이
다. 왕은 극적인 언행으로 신하들을 제압하고, 관직임명을 적절히
안배하여 탕평을 줄곧 주도했다.

　영조 14년 말, 왕비의 모친이 죽자, 왕은 처조카 서덕수를 사면
했다. 왕비를 위로한다는 핑계로 '임인옥사'에 흠집을 냈으니, 다
음에는 김창집과 이이명을 신원할 터였다. 15년 초, 영의정 이광
좌가 사직소로 항의하자, 왕은 다섯 살 된 왕세자에게 전위傳位한
다고 선언했다. 어설픈 연극이지만, 신하들은 난감했다. 노론과
소론 60여 명이 허둥대며 말리자, 왕은 그들의 항복을 받고 나서

───────────
45)《승정원일기》영조 9.12.11. '신하들의 세 가지 폐단'이란 첨유諂諛 · 고망顧
　望 · 외나畏懦, 즉 알랑대고, 눈치 보고, 두려워함이다. 한편《영조실록》은 이
　대목을 전혀 다르게 기록했다. 영조가 다섯 가지 폐단을 모두 자인한 것처럼
　뭉뚱그려 적어, 영조를 모범 군주로 만들었다. 일기는 왕과 신하들이 일문일
　답식 논쟁을 그대로 기록했다.

전위 소동을 끝냈다. 마침내 16년 6월, 영조는 임인옥사를 소론이 조작한 무옥誣獄이라고 판정했다. 이른바 '경신처분'이다. 이듬해인 17년 9월 24일에는 '신유대훈辛酉大訓'으로 처분의 취지와 내용을 공표하고, 25일에 임인 옥안獄案, 즉 옥사의 기록을 소각했다. 이로써 왕과 노론이 명분싸움을 끝장냈다.[46)]

　이로부터 소론 세력의 급속한 몰락이 시작되고, 그 일부가 탕평 정권에 참가하여 개혁정책을 도왔다. 그러나 영조 31년, 나주의 괘서(벽보) 사건으로 시작된 을해옥사는 소론에게 치명타였다. 노론의 공작에 걸려든 소론의 핵심 5백여 명이 죽거나 적몰되거나 귀양을 갔다. 대학살로 소론이 몰락하자, '탕평 게임'도 끝났다. 영조는 계속 탕평을 외쳤지만, 조선은 노론의 나라였다. 소론과 남인은 구색만 맞추었을 뿐, 노론을 견제할 힘이 없었다. 몇 년 뒤, 노론 척신戚臣들은 늙은 영조를 부추겨 만만찮은 세자(사도세자)를 없애고, 뒤이어 세손(정조)을 괴롭혔다.

　탕평 게임이 끝나자, 영조는 저술에 힘을 기울였다. 자신이 군사君師, 곧 임금이자 스승이기 때문이다. 유학자들은 늘 '의리'와 '공론'을 들먹였지만, 그것은 당론에 불과했다. 신하들끼리 다투던 도통道統과 의리를 이제 왕이 주도할 속셈이었다. 군사는 말과 행동으로 신하들을 교화하는데, 때로는 저술도 필요했다. 영조는 18년 7월 11일 소대에서 강한 사명감을 피력했다. "옛날 공자와 맹자는 도道를 행할 수 없자, 책을 써서 후세에 전했다. 나는 군사의

---

46) 이광좌는 소론 온건파의 영수로서, 영조와 특별한 관계였다. 신임옥사 때 세제(영조)를 도왔고, 탕평정치에도 큰 공로를 세웠다. 그는 울분 속에 단식하다가, 16년 5월 하순, 즉 '경신처분' 직전에 죽었다. 영조는 죽을 때까지 이광좌에게 미안했던 것 같다.

지위를 얻었으나, 도를 행할 가망이 없다. 내가 세도世道를 만회할 수 없더라도, 어찌 글쓰기를 그만두겠는가?"[47]

영조는 40년 3월 13일의 조강에서도 군사 얘기를 꺼냈다. 《맹자》〈등문공〉 상편을 공부하던 왕(71세)은 세손(9세)을 그리 불러서 물었다. 등문공은 왕자사王者師가 될 수 있었겠나? 여기서 왕자사는 문왕文王 같은 성군의 스승을 말한다. 세손이 아니라고 대답하자, 다시 물었다. 너는 군사가 되고 싶은가, 왕자사가 되고 싶은가? 세손이 왕자사가 되고 싶다고 대답하자, 왕은 세손의 큰 뜻을 칭찬했다. 사관에게 잘 기록하라고 당부하고, 세손에게 다짐했다. 네가 장차 왕자사도 못 되고, 군사도 못 되면, 부끄럽지 않겠나? 알다시피 세손(정조)은 훗날 임금이자 스승으로 자부했다.

영조의 글쓰기 주제는 성학聖學이었다. 성인이 되고 성군이 되는 길이었다. 그는 약 40년 동안 수기修己와 치인治人을 공부했고, 20년 넘게 통치 경험도 쌓아서, 할 말이 많았다. 글쓰기 방식은 경사를 조금 인용하고, 자신의 체험과 생각을 많이 얘기하는 것이었다. 왕이 초고를 쓰고 신하들이 다듬었으며, 제목에는 앞에 '어제御製'라고 덧붙였다. 저술은 다목적이었다. 평생 학습을 정리하여 실천을 다짐하고, 자신의 학술을 세자와 세손에게 전수하며, 신하들에게도 과시하고 싶었다. 물론 책의 배포에도 신경을 많이 썼다. 가령 41년에 《어제독서록御製讀書錄》을 간행하여 배포할 때,

---

47) 《영조실록》과 《승정원일기》의 표현이 조금 다르지만, 내용의 핵심은 같다. 정경희 앞의 논문(각주 17) 및 〈군사 영조의 성리학 진흥책〉《한국학보》 97집 (1999) 참고. 영조는 사대事大 의리의 상징인 대보단大報壇을 이용하여, 신하들에게 군신君臣 의리를 가르쳤다.(김호, 〈영조의 대보단 준수와 명 삼황의 향사〉, 《한국문화》, 32집, 2003)

수령자 명단을 왕이 직접 써서 승정원에 내렸다.[48] 도대체 어떤 내용인가?

영인본 《영조어제훈서英祖御製訓書》 4책은 그의 교훈적인 저술 (인쇄본) 51건을 수록했다. 대부분 작은 책자들이고, 책의 체재를 갖춘 것은 몇 편에 불과하며, 일부는 언해본諺解本과 속편이다.[49] 이 가운데 《어제자성편御製自省編》(영조 22년) ·《어제경세문답御製警世問答》(37년) ·《어제경세편御製警世編》(40년)은 영조가 신하들과 10여 회 읽었고, 《어제심감御製心鑑》(22년)과 《어제독서록御製讀書錄》(43년)은 서너 번씩 읽었다.[50] 이에 앞서(20년) 영조는 《소학小學》의 '선정전훈의본宣政殿訓義本'을 간행했는데, 세종이 《강목》과 《통감》의 '사정전훈의본'을 만든 고사를 본뜬 것이다.

영조의 저술은 바라던 성과를 거두었을까? 당시에 경연관들은 칭찬을 아끼지 않았다. 《어제자성편》을 《상서》의 이전二典과 삼모三謨에 비기었고, 역대 제왕의 저술 가운데 《자성편》과 《어제심감》

48) 왕(3건)과 세자(1건) 및 사고史庫를 비롯하여, 시임·원임 정승들, 왕의 인척(장인과 사위들 및 외손들), 6조 판서, 6승지, 대사헌 및 대사간, 홍문관원 및 사관들, 8도 감사, 편집 및 교정 참가자 등이다. 《승정원일기》 영조 41.11.18~19. 《어제독서록御製讀書錄》은 어릴 때부터 74세까지 읽은 책들을 대강 열거했는데, 서연과 경연에서 강독한 책들을 포함한다. 41년에 편찬해서, 43년에 배포했다.

49) 《영조어제훈서英祖御製訓書》(서울대학교 규장각, 2003) 맨 앞에 실린 김문식의 〈해제解題〉가 자세하다. 이정민의 〈영조 어제서 편찬과 의의〉, 《한국사론》 51집(2005)도 참고가 된다. 권오영은 훈서에 실린 영조의 정치사상을 개관한 바 있다. 〈영조의 제왕학 학습과 정치이념〉, 《영조의 국가정책과 정치이념》(한국학중앙연구원 출판부, 2012) 수록. 연구원에서 진행하는 영조 집중 연구의 일부이다. 영조 어제의 해제를 계속 펴낸다고 한다.

50) 《어제자성편》은 2책 150쪽이며, 내편(수기)과 외편(치인)으로 구성된다. 35년에 편찬한 속편(80쪽)도 있다. 22년 6월 어느 밤, 영조는 이 책을 혼자 대여섯 번 낭독하다가 목소리까지 잠겼다. 《승정원일기》 영조 22.6.19. 김문식, 〈영조의 제왕학과 《어제자성편》〉 《장서각》 27(2012) 참고. 《경세문답》은 110쪽 분량에 47개 문답에서 다양한 내용을 다루며, 39년에 편찬한 속집(121쪽)도 있다. 영조의 생각을 이모저모 살펴볼 수 있는 매우 흥미로운 자료이다.

처럼 정세精細한 논의는 없다고 극찬했다.[51] 영조는 소대에서 《자성편》·《경세문답》·《심감》·《독서록》 등을 신하들과 읽었고, 세자와 세손은 서연에서 이들을 교재로 공부했다.[52] 저술의 성과는 그것으로 끝났다. 이 책들은 후대 국왕들의 경연 교재로 사용되지 않았고, 다른 역할도 없었다. 《소학》 훈의본도 곧 잊혀졌다. 성학의 도통을 이으려던 영조의 꿈은 겉치레로 끝났고, 뒤에 정조가 다시 도전했다.[53]

한편 영조 말년의 경연 강의는 종종 신하들을 교육하는 자리로 바뀐다. 가령 재위 46년, 영조는 77세의 고령인데도 자주 경연을 열었고, 주로 《대학》을 반복해서 강독하고, 《소학》과 《대학연의》도 자주 공부했다. 특히 대신과 비변사 당상을 만나는 자리에서 주강도 같이 열어, 여러 신하들과 함께 공부하기를 즐겼다. 이런 경우가 7월에 네 번, 9월에 다섯 번이었다. 예컨대 46년 9월 22일 주강에는 3정승과 4판서가 주강에 자리를 같이 했다. 왕은 먼저 한 구절을 읽고 나서, 옥당 상번과 하번에게 차례로 뜻풀이를 시켰다. 지경연사, 특진관, 승지는 특별히 더 할 말이 없다고 사양했다. 왕이 물었다. "《대학》은 공씨孔氏가 남긴 책이라고 하는데, 왜

---

51) 《승정원일기》 영조 22.6.16(수찬 조운규), 24.8.23(교리 이이장).

52) 영조가 자신의 저술을 신하들과 강독한 사례는 《영조실록》과 《승정원일기》에서 쉽게 찾을 수 있다. 가령 세손(정조)은 서연에서 《자성편》·《속자성편》·《경세문답》·《경세문답속록》을 모두 공부했다. 《영조실록》 및 《승정원일기》 영조 51.11.29.

53) 정조의 문집인 《홍재전서弘齋全書》 184권(100책)을 보면, 그의 학문적 수준을 알 수 있다. 가령 〈경사강의經史講義〉는 정조와 신하들이 4서 5경과 《강목》·《근사록》·《심경》 등을 토론한 내용을 실었다. 이 부분(권64~119)이 전체 분량의 약 30%를 차지할 뿐만 아니라, 수준도 매우 높다. 정조가 주도한 최고급 심포지엄인데, 아쉽게도 경연 강의가 아니다. 정조는 노론세력이 판치는 경연을 기피하고, 규장각을 따로 세워서 임금이자 스승으로서 신하들을 가르쳤다.

공씨를 칭하는가?" 이에 3정승이 한 마디씩 말했다.[54]

위에서 저자는 세 가지를 묻고 대답했다. 이를 정리해 보자. 첫째, 영조는 어떤 경연을 얼마나 자주 열었나? 조선 후기에 경연은 3강과 2대로 나뉘었다. 3강은 정식 경연으로, 조강(아침)·주강(낮)·석강(오후)이다. 여는지, 쉬는지 하루 전에 결정했고, 2품 대신들이 반드시 참석했다. 참석자들은 대기 장소에 미리 모여서 예행연습도 했다. 조강에는 1품 정승과 대간이 꼭 참석하여, 주강이나 석강보다 격이 높았다. 2대는 약식 경연으로, 왕이 3품 이하의 당직자들—승지 한 명, 홍문관 두 명, 사관 세 명—을 아무 때나 불러서 강독했다. 낮에 하면 소대, 밤에 하면 야대였다.

영조가 재위 52년 동안 참석한 3강과 2대는 약 3,500회에 이른다. 1년 평균 66.5회, 한 달 평균 5.5회 정도로, 조선 후기 3백 년의 국왕들 가운데 최고 기록이다. 1년 최고 기록은 39년의 209회였다. 경연의 종류별 비중은 조강 5.3%, 주강 41.2%, 석강 13.3%, 소대 36.0%, 야대 4.2%였다. 3강과 2대의 비중은 대략 3대2였다. 조선 전기에 비하면, 주강과 소대의 비중이 크게 늘고, 조강이 많이 줄었다. 이 점은 숙종 때도 그랬다. 비변사의 역할이 커지면서, 조강의 국정 협의 기능이 저하된 결과였다.

둘째, 경연에서 어떤 교재들을 어떤 방식으로 공부했나? 영조는 52년 동안 경연을 연 횟수가 많고, 읽은 책도 많았다. 교과과정은 세종 이래 경서와 사서와 기타로 구성되며, 교재가 약간 추가되었다. 경서는 4서와 6경(《주례》 포함)이었다. 역사책은 《통감》과 《강목》, 《속강목》을 비롯하여 《당감》·《정관정요》·《송감》·

54) 《승정원일기》 영조 46.9.22.

《명신언행록》·《황명통기》·《동국통감》·《국조보감》 등 다양했다. '기타'로는 《대학연의》·《대학연의보》·《소학》·《심경》·《근사록》·《주자어류초》·《성학집요》 등을 읽었다. 수기修己에 관한 책이 많아진 것은 성리학이 발달한 결과였다. 새로 추가된 교재는 《황명통기》·《성학집요》·《절작통편》 정도였다.

교재에 따라서 공부 방식이 달랐다. 경서는 정독하고, 사서와 기타는 통독했다. 경서를 공부할 때는, 맨 먼저 왕이 지난 번 공부한 대목을 복습했다. 이어서 옥당(상번)이 다음 대목의 본문과 주석을 음독하고 번역하면, 왕이 이를 따라 했다. 영조 나이 칠십에도 그랬다. 끝으로 공부한 내용을 설명하고 토론했다. 역사책과 기타는 방식이 전혀 달랐다. 왕은 책을 낭독하지 않고, 신하들만 윤독輪讀했는데, 순서는 옥당 상번, 하번, 승지, 주서, 한림 상번, 하번이었다. 그날 공부할 범위를 다 읽고 나서 토론했다. 우리말 번역은 없었다. 경서는 3강에서, 역사책과 기타는 주로 소대에서 공부했다.

셋째, 영조의 경연은 탕평과 어떤 관계인가? 탕평은 권력게임의 전략이고, 목표는 '신하 길들이기'였다. 전략의 핵심은 노론과 소론의 충역 시비를 절충하고, 두 붕당이 서로 견제하도록 관직을 안배하는 것이다. 영조는 탕평으로 당쟁을 조절하고 왕권을 강화하며, 개혁 정책도 추진할 수 있었다. 이렇게 16년이 지나자, 영조는 경종 때의 신임옥사를 뒤엎었다. 오랜 충역 시비가 노론의 승리, 소론의 패배로 끝났고, 노론의 정권 독점으로 탕평도 끝났다. 남인에 이어 소론까지 권력의 중심에서 배제하여, 결국 정치적 통합과 반대로 갔다.

경연은 권력게임의 연장이고, 영조는 경연을 십분 활용했다. 경
연을 자주 열고 성학聖學을 열심히 공부해서, 유교국가의 군주로
서 위상을 높였다. 또 경연에서 노론의 충역 시비를 탕평론으로
적극 막았다. 충역 시비가 끝나자, 영조는 자신이 군사君師임을 내
세우고, 저술에 힘썼다. 경연관들을 동원하여 성학의 교재를 많이
만들고, 소대에서 신하들과 읽기도 했다. 주자학의 도통을 장악하
고 이데올로기를 주도하려는 노력이었다.

영조는 신하들을 길들이는 데 성공했을까? 붕당을 깨는 데 성공
했을까? 절반의 성공이었다. 그의 초인적 노력으로 극심한 당쟁이
사라지고, 왕권이 신권을 압도한 것 같았다. 그러나 그는 소론을
학살하여 노론의 권력 독점을 초래했다. 세자가 희생되고 세손이
박해를 받아도, 어쩔 수 없었다. 자업자득自業自得이다. 그의 많은
저술도 곧 잊혀졌다. 그래도 영조는 성학을 애써 공부하고 실천했
다. 스스로 길들이기에 성공한 셈이다.

영조의 경연은 그의 통치에 기여한 바가 크다. 경연관들은 경사
를 강독하면서 왕이 현재의 정치를 반성하도록 유도했고, 왕도 자
신의 언동과 정책을 재검토했다. 경연은 군주와 신하들 사이에 의
견 교환을 촉진했고, 당면한 문제의 해결에도 중요한 단서와 계기
를 제공했다. 영조가 시행한 균역법과 탕평책, 노비제도와 형벌제
도의 개혁 등은 모두 경서와 역사책에서 촉발되고 경연에서 논의
되었다.

반면에 경연관들은 대의명분과 당론의 시비에 열중했고, 치인
보다 수기에 치우쳤다. 구체제의 모순이 극심한데도, 경연관들은
대개 기득권 옹호에 앞장서고 개혁에 소극적이었다. 따라서 경연

은 구체제의 보수와 유지를 도왔을 뿐, 구조적인 모순에 정면으로 대응하지 못했다. 지식인들의 사고가 극도로 경직되어 유연성을 상실한 결과였다. 성리학으로 일어난 조선왕조가 마침내 성리학으로 망하는 단계에 접어든 것 같았다.

영조가 성군聖君이라는 주장도 있다. 그가 성현의 가르침을 공부하고 실천하여 도덕적 완성을 이루었고, 신하들도 그를 성군으로 인정했다는 말이다.[55] 그러나 성군이 세자를 뒤주에 가두어서 굶겨 죽일까? 또 그의 통치는 태평성대였을까? 영조에 대한 평가는 연구자의 시각과 잣대에 따라서 다양하다.[56] 영조와 그의 시대는 명암明暗이 뚜렷했고, 이를 함께 밝히는 일이 우리의 과제로 남아 있다. 다양한 입장과 시각에서 보면, 영조와 그의 시대를 더 잘 이해할 수 있다.

---

55) 김자현(JaHyun Kim Haboush)은 1978년 미국 컬럼비아대학에서 영조 연구로 박사 학위를 받았고, 10년 뒤 이 대학 출판부에서 학위논문을 단행본으로 간행했다. *A Heritage of Kings* : One Man's Monarchy in the Confucian World(1988). 뒤에 서문을 새로 쓰고 책 제목을 바꾸었다. The Confucian Kingship in Korea(2001). 단행본에 앞서, 영조의 경연에 관한 논문(각주 22)을 발표했다.

56) 가령 이덕일이 《사도세자가 꿈꾼 나라》(위즈덤하우스, 2011)에서 그린 영조와 세자의 모습은 김자현의 그림과 매우 다르다.

맺음말

1

경연은 유교의 산물이고, 유교는 중국 춘추전국시대에 나타났다. 당시 중국은 약 170개의 제후국들이 하나의 제국으로 통합되는 과정에서 정치적·사회적 혼란이 극심했다. 여기에 다양한 학파들이 등장했는데, 유가·도가·법가·묵가는 각각 독특한 진단과 처방을 마련했다. 쉽게 말해서, 유가는 예치, 법가는 법치, 도가는 '자연으로', 묵가는 '사랑으로'였다. 처방은 달랐지만, 이들은 모두 전쟁과 범죄가 없고, 의식주가 넉넉하며, 사람들이 올바르게 사는 세상을 꿈꾸었다. 인간과 사회에 대한 이들의 성찰은 후세에 큰 영향을 미쳤다.

유가는 사람들이 군신·부부·부자 등 사회적 역할을 제대로 하라고 가르쳤다. 그것이 정명正名 곧 이름(역할)을 바르게 함이다. 예禮는 세세한 행동규범이고, 그 바탕은 인의仁義였다. 또 개인의 욕망을 극복하고 예를 따르라고 가르쳤다. 극기복례克己復禮만 실천하면, 사회가 질서와 조화를 이룬다. 구체적인 방법은 교화教化, 곧 윗사람이 모범을 보여서 아랫사람이 본받게 함이다. 그래서 공자와 맹자는 제후들을 찾아다니며 설득했지만, 모두 헛수고였다. 유가는 아직 때를 만나지 못했지만, 공맹은 군주 길들이기의 원조元祖였다.

춘추전국시대는 약육강식弱肉强食의 살벌한 세상이었다. 제후들은 부국강병을 추구했고, 법가와 병가는 제철을 만났다. 법가는 국가의 인적자원과 물적 자원을 관리하고 동원하는 효율적 프로그램을 개발했고, 병가는 전쟁 기술을 고도로 발전시켰다. 진나라는 이들의 처방을 가장 철저하게 적용하여 최후의 승자가 되었다. 학파들도 적자생존이었다. 진시황은 '분서갱유焚書坑儒'로 유가를 박살 냈다. 그러나 대진제국은 오래가지 않았다. 법가의 총동원 체제가 정복 전쟁에는 강했으나, 사회의 안정과 통합에는 약했기 때문이다.

어떻게 하면 진나라의 전철을 피할 수 있을까? 통합과 안정에는 유가의 처방이 필요했다. 그래서 한나라는 다 죽어 가던 유교를 지배 이데올로기로 삼고 유학자들을 관리로 채용했다. 대제국의 경영을 맡은 유가는 법가의 율령과 음양가의 우주론을 빌려서 자신의 취약점을 보강했다. 제철을 만난 유학자들은 황제 앞에서 경서를 강의하는 영광을 누렸다. 그러나 황제의 권위가 지극히 높아서, 신하들은 감히 황제를 길들이지 못하고, 오히려 자신들을 길들였다. 그래도 유학자들은 황태자에게 유교 경서를 가르칠 수 있었다.

한나라가 일어난 지 2백 년쯤 지나서, 불교가 중국에 들어왔다. 그 후 남북조에서 당나라까지 약 7백 년 동안, 중국에서 불교가 크게 유행했다. 인도의 독창적인 사상과 예술까지 받아들인 중국 문화가 찬란하게 꽃피었다. 유교는 대체로 침체했지만, 어전강의에 중요한 변화가 일어났다. 당나라 현종은 한림원에 시강학사와 시독직학사라는 관직을 설치하여 경서 강의를 자주 시켰고, 이들

을 스승의 예로 모셨다. 이것이 뒤에 송나라 경연의 바탕이 되었
다. 당나라가 과거제도를 통해서 권력 엘리트를 충원한 것도 중요
한 변화였다.

　송나라 약 3백 년 동안 유교가 활력을 되찾았고, 북송에서 경연
제도가 급성장했다. 첫째, 경연관직을 시독·시강·설서의 세 등
급으로 바꾸고, 정원을 늘려서 우수한 학자들을 임명했다. 둘째,
교육 일정을 만들어, 격일로 강의하고, 춘강(봄 학기)과 추강(가을
학기)으로 나누었다. 셋째, 교과과정이 체계화되고 내용이 풍부해
졌다. 유교 경서에서 정치의 원리를, 역사책에서 정치의 실제를
배웠다. 넷째, 강의 분위기가 달라졌다. 경연관들은 오늘의 경연
이 내일 국가의 흥망을 결정한다는 사명감을 가지고 황제를 열심
히 가르쳤다.

　왜 경연이 이렇게 달라졌을까? 송나라는 생산과 교환이 활기차
고, 학문과 예술이 꽃피었다. 특히 문학·역사학·성리학에서 찬
란한 성과를 거두었다. 유교가 지배 이데올로기가 되고, 학자-관
료가 정권을 주도했다. 한편 국제관계는 구차하고 험난했다. 요나
라는 만리장성 안쪽까지 차지했고, 송나라는 전쟁에 참패하여, 해
마다 막대한 공물을 바쳐서 평화를 유지했다. 나중에 금나라에 도
전했다가 화북을 잃고 강남으로 도망쳤다. 어떻게 할 것인가? 황
제와 유학자들은 경서와 역사를 공부하며 해법을 찾았다. 경연의
발달은 시대의 산물이었다.

　그러나 경연은 곧 변질되고 뒤이어 쇠퇴하고 만다. 우선 남송의
경연은 북송 때와 달랐다. 북송에서는 황제와 신하들이 경연에서
국난극복國難克服을 고민했으나, 남송에서는 내용보다 겉치레에

치중했다. 신하들이 황제에게 바른말을 하는 대신, 과도한 찬사를 퍼붓고 애써 기록으로 남겼다. 더구나 남송의 멸망으로 외화내빈 外華內貧의 경연도 끝났고, 원·명·청 세 왕조에서 경연은 이따금 거행하는 행사로 전락했다. 대제국의 황제가 절대적인 권력을 누리며 유학자들을 완전히 제압한 것이다.

한편 송나라 유학자들은 불교와 도가의 이론을 빌려서 새로운 형이상학을 개발했다. 특히 주희는 성리학 이론을 집대성하고, 경서를 새로 주석하여, 하나의 체계로 통합했다. 주자학은 곧 원나라의 지배 이데올로기가 되고, 뒤이어 조선에서 위력을 떨쳤다. 명나라에서 양명학이 유행할 때도, 조선에서는 이를 이단이라고 배척했다. 주자학은 사람들을 길들이는 데 위력을 발휘했다. 그러나 명분에 치우치고 실용성을 외면한 결과, 사고의 균형을 잃었다. 이를테면 효율성에 집착하여 도덕성을 상실한 법가와 정반대가 되었다.

고려는 예종 11년(1116)에 북송의 경연을 도입했다. 당시 북송에서는 경연의 성장이 절정에 이르렀으나, 고려에 옮겨 심은 경연은 어린 묘목에 불과했다. 이름만 경연이었지, 가끔 국왕에게 경서의 한두 대목을 강의하는 의식에 지나지 않았다. 그나마 무신집권 백 년 동안은 아예 사라졌다. 이른바 원 간섭기에는 경연이 '서연'으로 부활하여 겨우 명맥을 유지했다. 그래도 이때 원나라에서 들어온 주자학이 자라서, 마침내 왕조 교체를 추진하는 원동력이 되었다. 이렇게 고려는 중국에서 경연과 성리학을 도입하여 조선에 넘겨주었다.

2

조선왕조가 1392년에 출범하면서, 유교시대가 함께 열렸다. 새 왕조가 숭유억불崇儒抑佛 정책을 펴서, 유교의 규범이 국가 생활과 가족 생활에 폭넓게 스며들었다. 반면에 불교는 영향력을 잃고, 승려는 천시되었다. 국가는 유교식 통치 시스템을 더욱 갖추었고, 집에서는 가례와 종법을 실천하기 시작했다. 제사의 경우, 처음에 는 부모와 조부모의 제사도 잘 모시지 않더니, 2백 년이 지나자 4 대 봉사가 선비의 필수가 되었다. 고려 때는 대개 시문으로 과거 에 합격했으나, 이제는 경학과 사학과 문학이 모두 필수였다.

경연은 이렇게 좋은 환경 속에서 급성장하여 활짝 꽃피고 열매 를 맺었다. 그러나 그 과정에 굴곡이 컸다. 개국 초기에는 치열한 권력투쟁 속에서 경연이 유명무실했다. 세종 때는 경연이 비약적 으로 발전했으나, 세조의 찬탈로 된서리를 맞았다. 경연은 성종 때 최고로 성장했다가, 연산군 때 두 번의 사화를 거치면서 끝내 폐지되었다. 곧 중종반정으로 경연이 부활하더니, 기묘사화로 다 시 활력을 잃었다. 명종 때는 경연이 침체하다가, 선조의 즉위로 활기를 되찾았다. 그러나 오랜 전란과 당쟁 속에서 다시 부진하다 가, 영조 때 되살아났다.

조선왕조의 경연은 멀리 북송을 모델로 삼았고, 가까이 세종과 성종을 본받았다. 세종은 즉위 후 16년 동안 거의 매일 경연을 열 어, 경사를 공부하고 통치 프로그램을 개발했다. 집현전을 설치하 고 경사의 전문가를 양성하여, 경연 강의의 수준도 훨씬 높았다. 중국에서 그때 당시에 간행한 《성리대전》도 경연에서 처음 강독했 다. 세종은 16년부터 3년 동안 경연을 중단하고, 집현전 학자들과

함께 《통감》과 《강목》의 다양한 주석들을 정리하여, '사정전훈의
본'을 새로 간행했다. 세종의 경연은 제왕학 연구소 같았다.

성종은 세종의 경연을 계승하고, 이를 더욱 개발했다. 첫째, 경
연의 일정을 1일 1강에서 3강으로 바꾸었다. 이것은 원래 연소한
국왕을 위한 일정인데, 성종은 성년이 된 뒤에도 1일 3강을 고수
하여, 새로운 표준을 만들었다. 둘째, 그는 경연에서 더욱 다양한
교재를 강독했는데, 세종 때 같은 최고급 세미나는 아니었다. 셋
째, 성종은 조강에 대신들과 대간도 참석시키고, 강독이 끝난 뒤
이들과 국정을 논의했다. 이로써 경연은 정치의 심장부가 되고,
군주와 신하들의 만남과 소통이 극대화되었다. 이것이 바로 '경연
정치'였다.

성종의 경연은 후대의 표준이 되었다. 특히 1일 3강과 조강의
국정토론이 그대로 계승되었다. 세종의 경연도 훌륭했으나, 학문
의 수준이 너무 높았다. 반면에 강의 일정과 교과과정 및 참석자
구성 등은 성종 때가 훨씬 좋았다. 후대에 변화가 조금 있었으나,
큰 틀은 거의 그대로 유지했다. 교재 몇 가지를 새로 추가하고, 종
실과 무신(3품)을 참석시키는 정도였다. 뒷날 비변사에서 국정을
논의하고, 국왕이 대신과 비변사 당상을 자주 만나면서, 조강과
경연정치의 비중은 훨씬 줄었다.

요컨대 조선왕조의 경연은 처음 백 년 동안 많은 곡절 속에 급
속히 성장했고, 다음 백 년 동안 상당한 기복을 거쳤다. 경연은 그
뒤 3백 년 동안 이어졌으나, 눈에 띄게 시들해졌다. 그 사이에 유
학도 많이 변했다. 17세기에 예학과 이기심성론이 발달하더니, 유
학자들은 점점 명분론에 몰입했다. 조선왕조 5백 년 동안, 경연은

국왕의 인품과 나이에 따라서 계속 변했고, 때로는 빈껍데기였다. 그러나 경연제도의 큰 틀은 그대로 지속되었다. 여기서 조선시대 경연을 문답식으로 정리해 보자.

첫째, 경연이란 무엇인가? 경연은 국왕을 위한 교육제도였다. 어진 군주를 만들어 좋은 정치를 펼치자는 것이다. 그래서 국왕에게 유교 경서와 역사책을 강독하면서 정치의 원칙과 실례를 가르쳤다. 성종 때부터 대신들과 대간도 경연에 참석하여 국정을 함께 논의했다. 이로써 본래의 국왕 교육에 국정 협의가 더해졌다. 경연은 조강·주강·석강을 포함하며, 격식을 갖추었다는 뜻에서 뒷날 법강法講이라고 불렀다. 가장 중요한 조강을 그냥 경연이라고 부르기도 했다. 소대와 야대, 곧 2대는 약식 경연이었다.

둘째, 경연은 언제, 어디서 열었나? 경연은 매일 여는 것이 원칙이고, 정해진 시간이 있었다. 세종 때는 첫 새벽에 시작했고, 상참이 있으면 그 직후였다. 내일 경연을 여는지 승지는 날마다 국왕에게 묻고, 궐내에 미리 공고했다. 1일 3강의 경우, 조강은 꼭 두새벽, 주강은 한낮, 석강은 오후 4시경에 시작했다. 새벽은 계절에 따라서 시각이 달랐고, 석강의 시간은 융통성이 컸다. 야대(밤)는 가끔 열었고, 소대(낮)는 시간이 일정하지 않았다. 야대는 3강과 별도였고, 소대는 3강을 하지 못하는 경우에만 대신 열었다.

경연의 장소는 편전便殿이었다. 임금이 경복궁에 거처하면 사정전, 창덕궁이면 선정전이나 희정당(조선 후기), 창경궁이면 문정전 등이었다. 추운 겨울에는 난방이 잘 되는 작은 방을 이용했다. 임금이 다른 궁궐에 머물 때도, 편전이라는 원칙은 같았다. 왕은 북쪽 어탑에 남면하여 앉고, 신하들은 바닥에 부복俯伏하는데, 1품

은 동쪽에서 서향, 2품은 서쪽에서 동향, 3품 이하는 남쪽에서 북
향이었다. 왕이 먼저 좌정하면, 신하들이 높은 차례로 들어갔다.
나올 때는 순서가 반대였다.

셋째, 경연에는 누가 참석해서 어떤 역할을 담당했나? 국왕은
학생으로 늘 참석했다. 집현전/홍문관은 십여 명 가운데 두 명씩
교대로 참석해서, 상번이 강독하고 하번이 설명을 추가했다. 승지
는 여섯 명 가운데 한 명이 교대로 참석해서 조언했다. 사관도 참
석해서 기록을 담당했다. 예문관 소속 여덟 명 가운데 한 명이 교
대로 참석하다가, 성종 때 두 명으로 늘고, 또 승정원의 주서(정원
2명) 한 명이 추가되었다. 곧 성종 이후에는 국왕, 승지 한 명, 홍
문관 두 명, 사관 세 명, 이렇게 일곱 명이 기본이었다. 이들은 3
강과 2대에 다 참석했다.

그리고 성종 때부터 조강에 대신 네 명과 대간 두 명이 더 참석
했다. 대신들은 영사(정승) 세 명 가운데 한 명, 지사(정2품)와 동지
사(종2품) 각각 세 명 가운데 한 명, 특진관(문무 1~2품) 사오십 명
가운데 두 명이 교대로 참석했다. 영사는 조강에만, 다른 대신들
은 중종 이후 주강과 석강에도 참석했다. 이들은 주로 국정을 논
의했다. 대간은 사헌부 여섯 명(감찰 제외)과 사간원 다섯 명 가운
데 각각 한 명이 교대로 참석하여 간쟁을 담당했다. 특히 조강에
는 기본 일곱 명에 대신 네 명과 대간 두 명을 더하여 열세 명이
참석해서, 경사를 강독하고 국정을 논의했다.

넷째, 경연에서 어떤 교재를 강독했나? 교재는 세 종류였다. 경
서는 《논어》·《맹자》·《대학》·《중용》의 4서와, 《상서》·《시경》
·《주역》·《예기》·《춘추》의 5경이다. 역사서는 《사기》·《한서》

·《자치통감》·《자치통감강목》·《정관정요》·《고려사절요》·《국조보감》 등 다양했다. '기타'는 성리학서와 맞춤형이다. 성리학서로는 세종과 성종 때《성리대전》을 중시했고, 뒤에는《소학》·《근사록》·《심경》 등을 선호했다.《대학연의》와《대학연의보》는 군주를 위한 맞춤형 교재였다. 조선 후기에는 성리학 책의 비중이 늘고, 역사책의 비중이 줄었다.

다섯째, 경연관들은 어떤 방식으로 강의했나? 강의는 음독·번역·설명이었고, 왕의 나이와 교재에 따라서 차이가 있었다. 경서는 상번 경연관이 교재의 본문과 주석을 1~2회(왕이 어리면 3회) 음독 및 번역하고, 왕이 1회 따라 했다. 역사서는 상번이 1회 음독 및 번역했으며, 왕이 어리면 따라 하고, 크면 생략했다. 뒤이어 상번이 내용을 설명하고, 다른 경연관들이 설명을 덧붙였다. 경서는 매번 강의를 시작하기에 앞서, 왕이 지난번에 공부한 대목을 음독(복습)했다. 왕이 어릴 때는 날마다 자습 숙제도 있었다.

경연 강의의 핵심은 무엇인가? 경연관들은 국왕에게 성군聖君을 본받고 성군이 되라고 가르쳤다. 요임금과 순임금, 탕왕과 문왕 같은 성군들은 어진 인물을 찾아서 국정을 위임하고, 신하들의 비판을 잘 듣고 따랐다. 천재지변이 생기면, 자신의 잘못을 철저히 반성하고 고쳤다. 또 성군들은 백성들을 사랑하여 세금과 부역을 줄이고, 스스로 검소하게 살았다. 성군이 되려면 마음과 언행을 바루는 공부가 필요했다. 곧 위임委任·간쟁諫諍·재이災異·절검節儉·수기修己 등이 핵심 주제였다. 이러한 주제들은 서로 밀접하게 연결되며, 모두 왕권을 제약하는 내용이다.

278

3

　'경연정치'는 조선의 정치에서 어떤 역할을 했나? 앞서 세종은 경연에서 정책을 구상하고 스스로 입안하여 시행했다. 성종은 대신들과 대간도 조강에 참석시키고, 강의 뒤에 국정을 논의했다. 국왕이 날마다 경연에서 의정부·육조·승정원·대간·홍문관 등의 대표들과 국정을 토론하여, 경연이 정치의 중심이 되었다. 국정토론은 대개 삼각구도를 이루었다. 대간과 홍문관은 정치의 이상을 대변하고, 대신들이 현실을 강조했다. 국왕은 이상론과 현실론을 절충할 수 있었다. 이로써 견제와 균형을 유지하고, 정부 안에서 소통을 늘리고, 개혁도 이루었다.

　경연정치는 권력구조를 바꾸었다. 정치가 권력게임이라면, 경연정치는 경기장과 선수 및 경기 규칙이 모두 삼사에 유리했다. 경연이 국왕을 교육하는 곳이라, 삼사가 논의를 주도했다. 이들은 쟁점을 미리 의논하고, 연일 경연에서 주장을 되풀이했다. 국왕은 학생이고, 대신들은 각자 의견을 얘기할 뿐이었다. 삼사가 국왕이나 대신들을 계속 비판해도, 이들은 방어만 할 뿐, 반격은 금물이었다. 이것이 게임의 규칙이었다. 성종 말년에는 삼사의 힘이 너무 커져서, '견제와 균형'이 무너지고 대결로 바뀌었다. 이것도 성종의 유산이다.

　연산군은 강력한 왕권을 지향했으나, 삼사는 젊은 국왕을 초장에 길들이려 별렀고, 대신들은 삼사의 눈치를 살폈다. 수세에 몰린 연산군은 꾀병으로 경연을 회피했다. 세조의 찬탈을 빗댄 글이 사초에서 나오자, 마침내 반격의 기회가 왔다. 불충은 가장 큰 범죄이기에, 연산군은 자신을 괴롭히던 신하들에게 맘껏 보복했다.

무오사화(1498)로 연산군은 삼사에 재갈을 물릴 수 있었다. 그러나 연산군은 갑자사화(1504)로 신하들을 학살했고, 극도로 방탕한 생활에 빠졌다. 이로써 자신의 정통성을 훼손하여, 끝내 쫓겨났다. 국왕의 참패였다.

중종반정은 경연정치를 되살렸다. 중종은 공신들의 꼭두각시로 출발했으나, 삼사와 손잡고 운신의 폭을 넓혔다. 막강한 공신들은 권력을 남용해서 약점이 생겼다. 삼사는 유교적 이상의 지킴이로서, 왕을 가르치고 개혁을 추진했다. 중종이 조광조 일파와 손잡은 것은 당연했다. 그러나 국왕은 이들에게 너무 기댔고, 이들은 국왕을 너무 세게 밀어붙였다. 궁지에 몰린 중종은 공신들을 불러들여 조광조 일파를 제거했다. 기묘사화(1519)도 구조적 갈등이 폭발한 것이다. 그 뒤에도 경연은 열렸지만, 경연정치는 척신정치에 밀려났다.

중종 이후에는 권력게임의 양상이 달라졌다. 우선 대진對陣이 바뀌었다. 중종 후반에는 척신들끼리 힘을 겨루었고, 명종 때는 문정왕후가 설치는 가운데, '사림'이라는 비판세력이 나타났다. 선조가 즉위하자, 정권을 잡은 사림이 계속 갈라졌다. 이들은 지연과 혈연과 학연을 매개로 붕당을 만들어 권력을 다투었다. 처음에는 동인과 서인으로 갈라지고, 동인이 먼저 남인과 북인으로 갈라지더니, 서인이 뒤에 노론과 소론으로 갈라졌다. 대체로 국왕은 힘이 약했고, 삼사는 권력에 대한 감시 기능을 잃었다. 팀(붕당)의 분화는 계속되었다.

성리학의 발달로 경기 방식도 달라졌다. 붕당들은 명분과 예법을 다투었고, 승부에 따라서 집단 전체의 흥망이 갈렸다. 승자는 국왕을 압도하고, 패자를 역적으로 몰아서 박살 냈다. 승자독식 (winner-take-all)이다. 주자의 경서 해석을 절대 진리로 받들고, 감히 다른 말을 하면 사문난적斯文亂賊으로 탄압했다. 가해자와 피해자가 모두 도그마의 포로였고, 역대 국왕들은 당쟁을 해결할 힘이 없었다. 숙종은 충역忠逆 판정을 거듭 뒤엎어 왕권을 강화하다가, 당파의 갈등을 더욱 악화시켰다. 붕당들은 서로 원수가 되었고, 피의 보복이 이어졌다.

영조의 경연은 특별하다. 그는 조선왕조 3백 년의 유산을 물려받았다. 낡은 통치 시스템은 제대로 작동하지 않았고, 붕당·국가재정·신분제도 등 모두 문제투성이였다. 그는 52년 동안 정력적으로 개혁을 추진하여, 왕조의 수명을 연장했다. 경연에서도 군주의 권위를 높이고, 권력게임에서도 꽤 멋진 경기를 연출했다. 군신君臣의 명분을 앞세워, 거꾸로 신하들을 길들였다. 파업과 단식 등으로 신하들을 제압하며, 어렵사리 탕평을 이루었다. 그러나 영조는 결국 소론을 박살 내어 노론의 권력 독점을 초래했다.

경연은 군주를 위한 평생교육이었다. 옛날의 유학자들은 폭군을 길들여서 살기 좋은 세상을 만들기를 염원했다. 조선의 경연관들은 임금을 성군으로 만들어 이상 정치를 실현한다고 큰소리쳤다. 그들의 목표는 국왕을 잘 길들이고 좋은 정치를 펼치는 것이었다. 그들은 이 목표를 달성했나? 결과는 절반의 성공이었다. 조선왕조는 왕권이 워낙 미약해서, 신하들이 두 번이나 임금을 쫓아냈다. 그래서 신하들은 군주를 쉽사리 길들일 수 있었다.

그러나 군주를 길들여도 백성들이 살기 좋은 세상은 오지 않았다. 양반의 수탈 때문이다. 양반은 토지의 대부분을 차지하고, 농민의 절반을 노비로 소유했다. 농민들은 양반에게 지대와 신공(사노비의 경우)을 내고, 국가에 각종 세금도 바쳤다. 경연관들은 이러한 구조적 모순을 외면했다. 그들은 양반이 살기 좋은 세상을 원했고, 백성들의 삶은 뒷전이었다. 간혹 국왕이 백성을 위해서 개혁을 시도해도, 양반층의 강력한 반발로 좌절되었다. 특권층인 경연관들은 계급의 이해를 벗어날 수 없었고, 이것이 경연과 도학정치의 근본적 한계였다.

조선의 유학자들은 주자학으로 사상을 통일하여, 고도의 정치적 통합과 사회적 안정을 이루고 왕조의 장수에 이바지했다. 그러나 비싼 대가를 치렀다. 주자학의 절대적 권위는 창의성과 다양성을 억압했다. 명나라에서 유행하던 양명학도 여기서는 이단이었다. 경서의 해석이 주자와 다르면 탄압하고, 그런 책은 목판과 함께 불태웠다. 진시황의 분서갱유와 다를 바 없었다. 또 성학聖學과 예학에 몰입하면서 국방과 민생에 대한 관심이 줄어 민본民本은 헛구호였다. 일부 학자들이 민생과 실용에 큰 관심을 보였으나, 그들의 영향은 적었다. 유학자들은 '성공의 덫'에 빠졌고, 조선의 현실은 성현들이 꿈꾸던 세상과 갈수록 멀어졌다.

유교라는 길들이기 프로그램은 동아시아에서 2천 년 넘게 큰 영향을 미쳤다. 긴긴 세월 속에 유교도 많이 변했다. 시대와 지역에 따라서 정치·경제·사회적 시스템도 달랐고, 또 계속 변해갔다. 그래서 유교사상이 사람들의 삶에 미치는 방식과 정도는 매우 다양했다. 우리는 경연이라는 창문을 통해서 유교사상이 조선의 정치에 끼친 영향을 흘낏 보았다. 조선에서 국왕이 이빨 빠진 호랑이였다면, 특권층은 늑대와 여우들이었다. 유교는 조선 지배층의 행동을 어느 정도 길들였을까? 지금까지 우리가 이들의 사상만 보고, 행동을 못 본 것은 아닌가?

경연은 '임금 길들이기'라는 한 편의 드라마 같다. 셰익스피어의 《말괄량이 길들이기》보다 훨씬 더 재미있다. 많은 인물들이 여기 등장한다. 공자와 맹자부터 정자와 주자를 거쳐서, 정도전과 조광조, 이황과 이이에 이르는 수많은 유학자들. 군주로는 진시황, 한무제, 당 현종, 송 인종 등 중국의 황제들과 세종, 성종, 연산군, 중종, 영조 같은 조선의 국왕들. 이들은 저마다 '훌륭한 군주'를 꿈꾸었고, 나름대로 성취와 좌절을 겪었다. 경연이라는 창문으로 엿본 그들의 이야기가 우리에게는 어떤 의미가 있을까?

1975년 저자가 미국에서 경연 연구를 시작할 무렵, 국내에서는 '유신' 독재가 날로 위세를 떨치고 있었다. 연구를 진행하면서, 문득문득 이런 생각이 났다. 조선의 유학자들은 이렇게 전제군주를 길들였는데, 20세기 한국에서는 누가, 어떻게 절대 권력을 길들일 것인가? 그 뒤로 사십 년 동안 우리는 많은 변화를 겪었다. 시민들은 군사독재를 끝내고, 민주화의 감격을 누리기도 했다. 그러나 국가권력의 횡포는 여전하고, 자본이라는 더 무서운 폭군의 서슬이 시퍼렇다. 국가와 자본이 법치의 이름으로 날뛰는데, 우리는 이들을 어떻게 길들일 것인가? 분출하는 자신의 욕망은 또 어떻게 길들일 것인가? 경연이라는 옛 거울에 비추면, 지금 우리의 모습이 조금 더 잘 보일 것 같다.

찾아보기

ㄱ

《가례嘉禮》 48, 120, 135
간관諫官 42, 78, 83, 99, 105, 146
간쟁諫諍 3, 47, 85, 142, 162, 168,
        170, 173, 186, 217, 277
갑자사화甲子士禍 189, 191, 279
강경講經 20, 33, 235, 243
강독관 31, 41, 61, 65, 81, 82, 86, 97
강독 세미나 127
《강목속편綱目續編》 156, 158, 174
강연講筵 21, 24
강의록講義錄 32, 45
강의 방식 33, 44, 50, 63, 85, 151,
        161, 201, 236, 243
강의 일정 44, 64, 91, 151, 197, 274
검토관檢討官 82, 88, 95, 108, 142
게임의 규칙 173, 208, 278
견제와 균형 167, 173, 175, 253, 278
경사經史 25, 39, 57, 58, 96, 101,
        106, 110, 118, 119, 161, 166,
        217, 236, 247, 273
경서經書 21, 22, 28, 49, 113, 128,
        155, 202, 236, 243, 265
경연관 27, 34~42, 45, 47, 49, 50, 63,
        82, 90, 91, 95~97, 102~105,
        107~109, 128, 139~142,
        144~148, 150, 161, 180, 191,
        194, 244, 247, 267, 277
경연낭청 133, 140, 145, 150, 151,
        163
경연(뜻풀이) 24
〈경연사목經筵事目〉 139
경연 서리胥吏 133, 148
경연원經筵院 104
경연일기 31, 45, 46, 104, 147, 161,
        218
경연정치 163, 165, 167, 174, 177,
        178, 193, 206, 216, 218, 274,
        278
경연 참석자 31, 140, 174, 196, 201
경연청經筵廳 99, 103, 104, 148
경연 출석 100, 117, 153, 154, 181,
        197, 199, 232, 235

경종 독살설 251
《고려도경高麗圖經》 57, 59
《고려사高麗史》 156, 160, 174, 204
공개 수업 247
공론公論 213, 261
공신功臣 137, 139, 184, 192,
        194~196, 206, 207, 214, 279
《공자가어孔子家語》 156, 160, 174
과거와 현재의 대화 166, 247
교과과정 91, 114, 128, 155, 156,
        158, 174, 202, 204
교조주의 175, 207
구언求言 171, 172, 209
구전口傳 168
국정토론 163, 165, 167, 173, 274
《국조보감國朝寶鑑》 156, 157, 174,
        236, 240, 266, 277
군사 261, 267
군상의 육폐 259
군신공치君臣共治 175
군자와 소인 196, 213, 244
군주 길들이기 3, 40, 96, 157, 177,
        196, 269
권력게임 7, 171, 178, 192, 206, 207,
        213, 216, 250~253, 266, 278,
        279, 280
근사록近思錄 48, 105, 114, 134, 156,
        158, 160, 174, 204, 205, 236,
        237, 240, 241, 266, 277
기묘사화己卯士禍 178, 204, 213, 215,
        218, 273, 279
김사형金士衡 88
꾀병 181, 278

ㄴ

낭청郎廳 105, 106
내수사內需司 170, 172, 212, 217
노론의 나라 261
《노자老子》 29, 62, 63, 156
《논어論語》 28, 64, 155, 238, 276
늑대와 여우 281
능상지풍凌上之風 179

284

ㄷ

《당감唐鑑》 30, 66, 91, 239, 265
당상관堂上官 111, 128, 142, 145, 194
《당서唐書》 28, 29, 35, 50
당쟁 221, 222, 249, 251, 266, 273
당하관堂下官 142, 145
대간臺諫 27, 41, 98, 109, 135, 137,
　　　142, 145~147, 150, 164, 166,
　　　190~192, 193, 208~212,
　　　225, 255
〈대보잠大寶箴〉 74, 91
대신수의大臣收議 188
《대학大學》 71, 76, 91, 98, 238
《대학연의大學衍義》 43, 47, 50, 74, 84,
　　　91, 95, 99, 101, 105, 114,
　　　133, 138, 156, 174, 179, 194,
　　　204, 216, 236, 240, 264, 277
《대학연의보大學衍義補》 202, 204, 236,
　　　240, 277
도그마의 포로 280
도통과 의리 261
도학道學정치 207, 281
독사讀史 33, 243, 245
독서당讀書堂 112, 142
《동국통감東國通鑑》 131, 236, 239
《동자습童子習》 156, 160, 174
동중서董仲舒 19
동지(경연)사 82, 83, 91, 95, 97, 102,
　　　103, 105, 133, 135, 136, 142,
　　　144, 147, 149, 165, 166, 194,
　　　226, 276
동지서연 76

ㅁ

《말괄량이 길들이기》 282
《맹자孟子》 28, 43, 49, 64, 101, 155,
　　　238, 262, 276
《명기편년明紀編年》 240
명분론 214, 219, 239, 274
명분싸움 252
《(송)명신언행록(宋)名臣言行錄》 113,
　　　115, 128, 156, 158, 174, 266
무신(3품) 225
무신란戊申亂 257, 258
무오사화戊午士禍 185, 186, 191, 218,
　　　279

문난問難 63, 67
《문헌통고》 156, 160, 174
밀지密旨 213, 214, 216

ㅂ

반정反正 177, 193
반칙과 살육 216
백호관白虎觀 20
번역 140, 160, 201, 243
법가法家 16, 270
법강法講 224
법치法治 16, 17, 38, 269, 282
보경당實敬堂 139, 149, 150
보문각實文閣 57, 59, 70, 91, 106
보조경기장 250
복습 160, 243
부검토관 95, 105, 108, 142
부국강병 16, 25, 270
붕당 길들이기 251

ㅅ

사가독서賜暇讀書 110, 142
사경司經 108, 142
사관史官 3, 31, 42, 47, 64, 75, 83,
　　　97, 99, 103, 105, 108, 133,
　　　135, 141~143, 146, 191, 205,
　　　226, 245, 249, 266
《사기史記》 28, 29, 35, 64, 110, 156,
　　　174, 236, 276
사림士林 207, 279
사림정치 218
사문난적斯文亂賊 280
사부師傅 72, 76, 77, 91
4서 49, 71, 91, 98, 113, 136, 155,
　　　157, 204, 238, 276
《사서대전四書大全》 120, 121, 128, 129
《사서절요四書節要》 98
《사서집주四書集註》 69
사성四聲 243
사정전思政殿 103, 104, 126, 149, 275
사정전훈의본思政殿訓義本 123, 128,
　　　246, 263, 274
사화 175, 177
삼각관계 179, 215, 219
삼각구도 167, 171, 175, 196, 278

3강 145, 147, 152, 157, 169, 197, 199, 224, 225, 231, 232, 234, 235
3경 98, 157
삼부족설 183
삼사三司 142, 145, 166, 167, 168, 170, 171, 178, 179, 184, 186, 196, 206, 207, 213, 216, 236, 278
삼파전 252
상번上番 145, 148, 161, 229, 276
《상서尙書》 21, 22, 28, 43, 49, 57, 62, 66, 74, 76, 84, 86, 88, 91, 101, 113, 155, 157, 194, 202, 204, 205, 238, 239, 263, 276
상소 37, 168, 172, 256
서연書筵 3, 69~73, 76~79, 81, 90, 101, 118, 133, 237, 264, 272
서열화 16
석강夕講 135, 150, 151, 160, 224, 231
석거각石渠閣 20
선정전宣政殿 149, 185, 231, 275
선정전훈의본宣政殿訓義本 263
설경 142, 145
설서 26, 41, 49, 271
섭정 164
성군聖君 3, 36, 161, 238, 253, 262, 268
성군의 길 214
《성리대전性理大全》 48, 110, 114, 120, 129, 156, 158, 174, 205, 236, 273, 277
성리학 6, 25, 47, 48, 86, 90, 93, 114, 119, 127, 158, 202, 207, 218, 219, 236, 266, 268, 271, 272, 279
성학 218, 238, 241, 262, 267, 281
《성학집요聖學輯要》 218, 236, 240, 266
소대召對 26, 231, 235, 236
소인 추방 172
소중화小中華 53
《소학小學》 48, 123, 156, 202, 236, 238
《속강목續綱目》 204
《송감宋鑑》 113, 156, 158, 239
《송원강목宋元綱目》 239
《송원절요宋元節要》 137
《송조충의집宋朝忠義集》 66, 91
수성지군守成之君 101

습강習講 104, 148, 228, 265
승자독식 280
《승정원일기》 104, 223~225, 227, 232, 243, 258
시강侍講 21, 26, 41, 91, 109, 271
시강관侍講官 97, 103, 107, 138, 141, 162, 227
시강직학사侍講直學士 22, 48
시강학사侍講學士 22, 26, 49, 60
《시경詩經》 23, 28, 33, 35, 36, 44, 49, 62, 63, 66, 76, 91, 113, 114, 155, 157, 202, 203, 205, 238, 239, 276
시대의 산물 271
시독侍讀 22, 26, 41, 73, 78, 91, 271
시독관侍讀官 97, 107, 142, 227, 243, 246, 258
시독학사侍讀學士 22, 26, 48, 49, 60
〈시무時務 28조〉 56, 74, 91
신유대훈辛酉大訓 261
신임옥사辛壬獄事 251, 255, 266
신하 길들이기 266
《심경心經》 205, 236~238, 240, 241, 266, 277
십구하교十九下敎 257, 258
《십팔사략十八史略》 101

ㅇ

야강夜講 235
야대夜對 148, 149, 151, 152, 163, 201, 231, 248
양명학陽明學 48, 272, 281
어용화御用化 18
어전강의 21, 22, 50
《어제독서록御製讀書錄》 262, 263
《어제심감御製心鑑》 263
《어제자성편御製自省編》 240, 263
어탑御榻 32, 103, 147, 149, 150, 229, 275
여공저呂公著 27, 32, 34
여름방학 152, 200
《여사제강麗史提綱》 240
《역대군감歷代君鑑》 240
《역대명신주의》 240
역사서 44, 49, 91, 113, 128, 238, 276
역할 분담 42, 130, 142, 167
연구 세미나 127

영(경연)사 70, 82, 95, 102~104, 109,
    135, 136, 139, 142, 143, 147,
    149, 164~166, 180, 194, 226,
    227, 229, 235, 237, 276
영(서연)사 78, 80, 82, 91
《예기禮記》 21, 23, 28, 49, 57, 62, 66,
    91, 101, 113, 138, 155, 158,
    204, 205, 238, 276
예문관 138, 140, 141, 172, 179, 192,
    276
〈예문록藝文錄〉 141
예종(고려) 55, 60, 62, 272
예치禮治 16, 269
《오경대전五經大全》 120, 121, 128, 129
《오경정의五經正義》 22
옥당玉堂 142, 169, 228, 245
왕도정치 213
왕의 일과 128
원상院相 139, 140, 143, 164
유가儒家 3, 13, 15, 51, 56, 75, 86,
    166, 237, 269
유교화 6, 93, 127, 131, 175
유신 독재 282
육경六經 28, 29, 35
《육선공주의陸宣公奏議》 239, 259
《육전조례六典條例》 104, 227
《육지주의陸贄奏議》 23, 44, 50
《은대조례銀臺條例》 227
음독音讀 140, 161, 201, 243, 266,
    277
《이강주의李綱奏議》 239
이단異端 5, 29, 48, 75, 98, 162, 213,
    272, 281
2대 197, 199, 224, 231, 235~237,
    249, 265, 275
《이문등록吏文謄錄》 156, 160, 174
이영각邇英閣 30
《이영기주邇英記注》 31, 45
1일 1강 132, 136, 140, 151, 165,
    174, 197, 200, 225, 227, 274
임사홍任士洪 162, 172, 184, 193
입강立講 32, 45, 65
입시入侍 64, 72, 77, 78, 92, 99, 102,
    105, 128, 135, 139, 147, 174,
    226, 229
입시 방식/절차 105, 136, 148~151,
    201, 227~231

ㅈ

자습 140, 160, 277
《자치통감資治通鑑》 24, 28, 30, 38, 44,
    50, 64, 70, 101, 105, 113,
    123, 126, 128, 155, 158, 239,
    277
《자치통감강목資治通鑑綱目》 47, 50,
    106, 113, 123, 127, 128, 237,
    277
강목 113, 114, 120, 123, 126, 133,
    155, 158, 174, 179, 204,
    236~239, 245, 254, 263
재가금지법 175
재이災異 19
전경典經 142, 145
《전등록傳燈錄》 75
절반의 성공 217, 267, 280
《절작통편節酌通編》 236, 240, 266
《정관정요貞觀政要》 23, 28, 50, 64,
    72, 77, 84, 91, 98, 113, 156,
    158, 174, 236, 239, 265, 277
정국공신 207, 212
정몽주鄭夢周 78, 84, 86, 119
정미환국 256
정시正時 231
정이程頤 25, 27, 37, 39, 80, 96
제왕학 36, 101, 109, 113, 116, 218
제왕학 연구소 129, 274
《제학帝學》 30, 44, 50
조강朝講 132, 135, 136, 143, 144,
    146~148, 150~153, 155,
    160, 164, 165, 173, 174, 182,
    206, 224, 235, 253, 274~276
조광조趙光祖 210~213, 279, 282
조정과 보합 256
종신 225, 226, 230, 244
종편終篇 32, 42
좌강 31, 45, 65, 202, 229
좌차/좌석 배치 103, 149, 151, 201,
    229, 230
주강 104, 135, 136, 140, 150, 151,
    160, 224, 231, 235, 253
《주례周禮》 28, 49, 238, 239
《주역周易》 22, 28, 43, 49, 62, 63, 66,
    91, 113, 155, 158, 203, 204,
    238
《주자봉사朱子封事》 240
《주자어류초朱子語類抄》 240, 266

주자학 48, 51, 69, 119, 120, 175,
    213, 219, 237, 267, 272, 281
줄다리기 179, 185
중국의 모델 13, 53, 55
《중용中庸》 101, 110, 113, 136, 155,
    157, 202, 238, 276
《중용혹문》 159, 160
지(경연)사 70, 82, 91, 95, 97, 102,
    103, 105, 109, 133~136, 142,
    144, 147, 149, 162, 165, 166,
    180, 194, 195, 226, 227, 230,
    264, 276
지(서연)사 76, 78
직제 60, 63, 78, 95, 102, 144
〈진강사목〉 135
진강책자 237
진단과 처방 16, 269
진독관進讀官 191
《진서陳書》 156, 160, 174
집현전 6, 22, 94, 106~108, 111,
    119, 128, 137, 138, 148, 191,
    273

ㅊ

차자箚子 45, 168
참찬관參贊官 82, 83, 91, 95, 102,
    105, 109, 133, 141, 142, 144,
    145, 147, 180, 194, 201, 227
창업지주創業之主 101
책리册吏 228, 229
척불론斥佛論 86, 90
《천자문千字文》 72, 91
천재지변 19, 166, 170
첨사부詹事府 118, 133
청연각 57, 59
〈청연각기淸讌閣記〉 59, 60
최승로崔承老 56, 74
추강/춘강 30, 44, 46, 271
《춘관통고春官通考》 148, 227
《춘추春秋》 28, 29, 35, 43, 44, 49, 64,
    101, 113, 133, 155, 157, 158,
    202, 203, 205, 238
《춘추호전春秋胡傳》 43, 47, 49, 114
충역 시비 249, 251, 255, 256, 266
취품取稟 227, 228
친정親政 164

ㅌ

탕평 7, 250, 251, 252, 254, 266, 280
탕평 게임 249, 261
탕평파 253, 260
택군설 257, 258
토풍土風 53, 55
《통감절요通鑑節要》 71, 91, 113
《통감촬요通鑑撮要》 98
통치 시스템 13, 17, 55, 94, 131, 221,
    273, 280
특진관 79, 103, 133, 140, 146, 150,
    165, 174, 191, 194, 195, 226,
    227, 244, 276

ㅍ

편전便殿 23, 95, 96, 100, 103, 104,
    126, 149, 229, 231, 275
평명平明 148, 231
평상복 150
폐비 윤씨 183

ㅎ

하번下番 145, 148, 180
《한서漢書》 15, 28, 29, 34, 50, 64,
    110, 113, 128, 156, 158, 160,
    174, 236, 276
함구패 190
현두/현토 228, 243
호당湖堂 112
홍문관 104, 132, 140, 141, 142, 166,
    169, 170, 186, 193, 194, 196,
    206, 228, 237, 278
《홍문관지弘文館志》 148, 227, 231
〈홍문록弘文錄〉 141, 142, 196
화풍華風 53, 55, 57
환국 221, 251
《황명통기皇明通紀》 240, 266
회강會講 59, 104, 135, 136, 138, 150
《효경孝經》 23, 28, 71, 91
《후한서後漢書》 28, 29, 50
휴강 44, 116, 117, 152, 182, 199,
    200